주 역 원 론 ③

- 자연의 대조직 -

한국주역과학연구원 · 김승호 지음

도서출판 **선영사**

머리말

　조심스럽게 시작한 강의가 어느덧 중반전에 접어들었다. 이제부터 공부할 제3권은 초등학교 3학년에 비교하면 좋을 것이다. 초등학교라는 말에 자존심이 상한다면 괘상의 제3효라고 해 두자. 어쨌든 중요한 것은 내용이다. 여기서 주역 원론이라고 명명된 본 강의는 주역의 기본적인 원리들로 구성되어 있기 때문에 기초적이면서 또한 절대적이다.

　필자는 지금 가까운 장래, 즉 이 책이 출판되고 나서의 일을 염두에 두면서 이 글을 쓰고 있다. 가장 궁금한 것은 독자들의 연령층이다. 필자가 바라는 바는 가급적 젊은 계층이 이 책을 읽는 것이다. 물론 나이가 젊잖게 든 사람이라고 해서 주역을 공부할 필요가 없다는 것은 아니다. 오히려 나이가 든 사람이야말로 주역의 지혜가 필요한 것은 두 말할 나위가 없다. 인생이란 나이가 들수록 복잡 다양해지고, 또한 중요한 위치에 이르게 되므로, 주역 같은 최고의 지혜가 필요한 것이다.

　다만 본 강의는 처음부터 철저히 현대 과학적으로 이루어졌기 때문에 아무래도 젊은 층의 이해가 쉬울 것으로 생각될 뿐이다. 주역이란 한문으로 설명되어 있어 예전에 공부했던 사람들은 오로지 글에 의거해서 괘상을 해독해 왔던 것이다.

그러나 본 강의는 완전히 틀을 달리 하고 있다. 한문이라는 것은 전혀 사용하지 않을 뿐 아니라 철저히 과학적 방식을 취하고 있다. 이는 아주 색다르다.

그러나 이렇게 한다고 해서 주역의 내용이 새로워지는 것은 아니다. 우리는 먼 옛날 공자가 깨달았던 세계를 똑같이 이해하고자 하는 것이고, 더 먼 옛날 주공이나 문왕의 깨달음에 접근하고자 할 뿐이다. 요는 내용 그 자체이다. 방법이란 사람에 따라 시대에 따라 얼마든지 달리 할 수 있다.

필자는 30여년 동안 주역의 연구에 몰두해 왔거니와, 괘상의 이해란 오직 과학적 방법에 의해서만 가능하다는 결론을 얻기에 이르렀다. 옛날 성인들은 필경 그 이상의 방법을 통해서 괘상을 깨달았을 것이다. 어쩌면 옛 성인들은 괘상을 일일이 연구했다기보다 하늘로부터 계시를 얻어 단박에 깨달았을지도 모른다. 그러나 오늘날의 평범한 사람이 옛 성인처럼 그러한 행운(?)을 기대할 수는 없다. 차라리 있는 힘을 다해 연구하여 갈 데까지 가 보는 것이 나을 것이다.

우리는 앞서 1, 2권을 통하여 조심스럽게 괘상의 이해를 시도해 보았다. 어떤 독자들은 상당히 이해가 깊어졌을 것이다. 처음 주역을 접한 독자라면 필경 '아하, 주역은 이런 것이구나. 어렵지 않은데!'하고 느꼈을 것이다.

필자가 기대한 것이 바로 그것이다. 주역은 결코 어려운 학문이 아니다. 옛 사람은 한문을 통해 접근하다 보니 괘상을 이해하기는 커녕 평생 한문의 뜻조차 이해할 수 없었다. 언어란 사물을 설명하는 수단일 뿐이다. 그런데 언어 자체가 어렵거나 표현이 애매 모호하다면 사물을 이해시킬 수 없을 것이다. 그러한 설명은 차라리 없는 것이 낫다.

예를 들어 냉장고를 사용하고자 하는데, 희랍어로 된 설명서가 있다고 하자. 젠장, 어느 천 년에 희랍어를 배워 냉장고를 사용하겠는가! 모름지기 사물에 대한 설명은 모국어로 이루어져야 하는 것이다. 중요한 것은 사물의 내용이지 설명 방법이 아니다.

본 강의는 완전히 현대식으로 이루어졌지만 혹인은 이에 반대할 수도 있을 것이다. 옛날 방식으로 힘겹게 공부했던 사람들은 괘상의 해독에 과학 내지 수학을 사용했다는 것에 심한 거부감을 느낄지도 모르겠다. 그런 사람에 대해 필자는 아무런 유감이 없다. 무슨 방법을 쓰든 주역을 깨닫기만 하면 그만인 것이다. 진리란 시대를 초월하는 것이므로 한번 깨달은 내용이 바뀌는 법은 없을 것이다. 물론 바른가 그른가는 엄격히 판가름날 뿐이다.

이제 본 강의는 제3권에 이르게 되었는바, 지난 과정을 음미해 볼 필요가 있다. 예전부터 주역을 공부해 온 사람들은 과거에 공부한 내용과 제1, 2권에서 알게 된 내용을 비교해 보라. 어느 것이 옳고 그른가? 어느 것이 많고 적은가? 어느 것이 깊고 낮은가? 주역을 10년, 20년 공부한 내용과 본 강의 제1, 2권의 내용은 어떠한 차이가 있는가?

이러한 문제는 아주 중요하다. 진실한 공부를 하기 위함이다. 우리는 우주 최고의 진리를 습득하고자 주역 공부에 뛰어들었던 것이다. 앞길은 멀고도 멀다. 모든 공부가 다 그렇겠지만 주역은 특히 한번 길을 잘못 들어서면 영원히 미신을 벗어날 수가 없다. 뿐만 아니라 아예 거짓된 이론을 과장하면서 자기 자신과 남을 속이게 된다. 인생에 나서 최고의 학문인 주역을 공부하여 기껏 거짓말쟁이가 된다면 얼마나 통탄할 일인가!

이 책을 통해 처음 주역을 공부하는 사람은 오로지 밝은 판단력으로 가늠하면 될 것이다. 또는 이제라도 새로운 각오로 과학적인 주역을 공부하기로 한다면 날로 깨달음이 깊어질 것이다.

이제 제3권부터는 깊은 논리, 또는 정밀한 논리가 등장하게 되는

바, 이는 바로 주역 원론이 목표로 하는 학문 그 자체이다. 이에 대해서는 전래의 주역 학자나 과학자·수학자 등 모든 지성인의 평가를 받을 생각이다. 진리란 힘주어 말할 필요도 없이 옳은 것이고, 주역 원론은 바로 그것이어야 할 것이다. 자, 다시 공부를 시작하자.

차 례 **1**

차 례 **2**

玉虛眞經 (1)

吾謂深低爲尊重之言 無不通於萬物之理
由此得天下多書者 爲知人 得悟吾之低語者
爲道人之師也

깊은 저 아래를 존귀하다고 하는 나의 말은 만물의 이치
에 통하지 않는 것이 없다. 그런 까닭에 천하의 많은 책을
읽은 자는 지인(知人)이 되지만, 나의 이 낮은 말을 깨달
아 얻는 자는 도인의 스승이 된다.

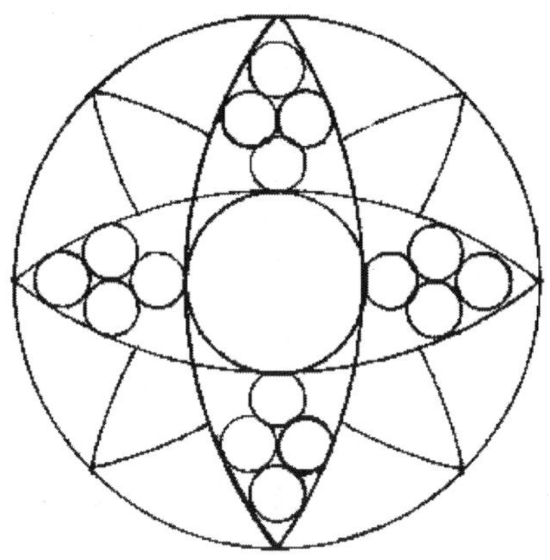

완전성의 문제

자연과학에서 완전성이란 대칭성 유지 문제를 의미하는데, 이 문제는 주역에서도 가장 중요하다. 왜냐 하면 이것은 자연의 섭리가 한쪽으로 치우치지 않았음을 논하는 문제이기 때문이다.

사물이 치우쳤을 때는 그 합당한 이유가 있어야 한다. 그리고 그 이유 자체가 이미 치우친 것이라면 다시 그것을 설명해야 한다. 이렇게 되면 이유의 이유, 이유의 이유의 이유 등으로 계속 따져 나가야 한다. 이것이 끝나기 위해서는 결국 어떠한 대칭을 발견해야만 한다.

대칭이란 평등과 함께 완전함의 속성이다. 우리는 앞서 주역의 통일장 이론을 공부했는데, 그것은 주역의 체계가 위아래로 평등해야 함을 보여 주었다. 우리의 목표는 괘상에 대한 완벽한 해득(解得)이다. 그러기 위해서는 체계의 논리를 정확히 해야 하는데, 이는 곧 완전성 문제와 연결된다.

이 장에서 논의할 문제는 통일장 이론에 대한 증명이다. 사실 통일장 이론은 완전히 평등한 이론이기 때문에 그 자체가 이미 증명이라고 할 수 있다. 하지만 그 이론을 적용했을 때와 적용하지 않았을 때 사물이 어떻게 다르게 보이는지를 예로 든다면 통일장 이론은 더욱 견고해질 것이다.

일찍이 아인슈타인은 상대성 이론을 발표하고 그것이 시험받는 상황에 처했었다. 그의 이론이 실세계에 부합되는지를 시험한 것이다. 상대성 이론에 의하면 빛은 별의 중력에 의해 구부려져야 하는데, 실험은 그 사실을 입증해 주었다.

이 장에서는 앞서 공부한 이론의 적용 실험이 이루어지게 된다. 주역의 통일장 이론은 주역 제1법으로서, 그것의 적용은 괘상 체계를 완전히 이해하는 것을 뜻한다. 그리고 그 이론을 적용하지 않았을 때는 명백한 모순이 유도되어야 하는 것이다. 그래야만 주어진 이론이 완전하다는 것이 보장된다. 수학에서도 어떤 명제를 증명하기 위해 하나의 가정을 하게 되고, 그로 인해 모순이 유도되면 가정이 잘못되었다는 것이 밝혀지는 것이다.

주역에 있어서 가장 큰 문제는 괘상을 한쪽에서만 바라보는 것이다. 옛 사람은 주로 양(陽)을 중시했고, 또한 위에서 아래를 보거나 아래에서 위를 보는 방식 중 하나를 택했던 것이다. 앞서 공부한 주역 통일장 이론은 음양을 평등히 하고 상하를 평등히 하는 이론이었다.

우선 불평등 세계를 살펴보자. 우리는 앞에서 6개 순환군의 성질을 살펴본 적이 있다. 그 결과 몇 가지 특징을 발견할 수 있었는데, 첫째는 H군의 독특함이었다. H군이란, 주지하다시피 '䷁과 ䷀, ䷁, ䷁', 이 네 가지 괘상열인바, 이것은 원소가 4개밖에 되지 않는다는 것이 당장 눈에 띈다. 그러나 다른 군들은 모두 원소가 12개이다.

그래서 H군은 처음부터 주목을 끌었던 것이지만, 이것을 수치화하고 연산을 한 결과, 역시 이상한 현상이 나타나고 말았다. H는 이것에 무엇을 곱해도 H가 되는 것이었다. 즉, H×R → H가 되는 것이다.

여기까지는 이상할 게 없다. H가 처음부터 독특한 존재였으니 연산 체계에 있어서도 무엇인가 나타나야 옳았다. 그러나 문제는 L군이었다. L군은 '䷀, ䷁, ䷁, ䷁……' 등으로 전개되는 괘열인데, 이것은 유독 H와 같은 성질을 갖는 것이다. 즉, R×L → L이다.

이런 현상이 왜 일어나는 것일까? 혹자는 이렇게 생각할 수도 있다. 'L군이 그러한 속성을 가졌다면 가진 것이지 뭐가 어쨌다는 말인가?' 하고. 그러나 필자의 생각은 30년 전부터 달랐다. 그것은 완전성 문제인바, 다른 순환군 4개와 L군은 별다를 것이 없는데도 L군만 독특한 연산 체계가 나타났기 때문이다. 우리가 당장 괘의 구조만 봐도 그렇다. 다음을 보라.

☰ → E
☲ (火) → C
☳ → F

☲ → L

☵ → H

☶ → D

　열거한 여섯 개 중 둘씩 짝을 지어 보라. 만일 IQ 시험에 나온 문제라고 한다면 독자들은 어떻게 하겠는가? 필자는 이 문제를 가지고 수많은 실험을 해 본 바 있다. 첫째는 과학자 등 지성인들에게 실시했는데, 그들은 한결같이 E−C, F−L, H−D로 짝지었다. 그리고 지성이 과학자에게 못 미치는 비전문가에게 물어봤을 때도 마찬가지였다.

　그래서 여자들에게도 실험을 해 봤다. 여자들은 남자들에 비해 생각이 좀 뛰어나기 때문이다. 그런데 결과는 마찬가지였다. 그 다음 어린아이들에게도 실시했는데, 대개는 문제의 뜻을 몰랐지만, 그 중에서도 총명한 아이들은 과학자와 같은 의견을 선택했다.

　이상의 결과를 분석하면 모른다고 대답한 사람 외에는 모두 같은 선택을 했다는 것을 볼 수 있다. 왜 그럴까? 실험에 응했던 사람들 중 대부분은 그 이유를 말하지 못했다. 그러나 전문가들은 자신이 짝을 선택한 이유는 대칭의 원리였다고 대답했다. 대칭의 원리는 다른 게 아니라 우리가 시각적으로 보는 완전성이다. 만일 다음의 둘을 짝이라고 하자.

그렇다면 충분한 이유를 설명해야 한다. 짝의 의미가 보이지 않기 때문이다. 그러나 다음을 짝이라고 한다면 어떨까?

무엇이 보이는가? 6−9는 시각적으로 무엇인가? 6, 9나 L, F군은 대칭인 것이다! 대칭이란 단둘이 만났을 때도 중요하지만, 여러 집단이 함께 모였을 때는 더욱 중요하다. 초대칭이란 말이 있는데, 이는 대칭 관계가 아니던 것이 체계를 확장했을 때 대칭이 나타나는 것을 의미한다. 그러므로 올바른 체계란 대칭 또는 초대칭이 나타나야 한다.

때로 자연은 대칭성이 파괴되는데, 그 이유 또한 대칭으로 설명될 수 있게 된다. 이는 자연의 가장 중요한 법칙인데, 주역도 예외가 될 수는 없다. 우리는 순환군 6개에 대해 대칭성의 원칙에 따라 쉽게 짝을 찾을 수 있었다. 그런데 대칭 아닌 짝이 연산 체계에 나타난 것이다.

그 짝은 다음과 같다. 즉, EF, CD, HL이다. 그림으로 보자.

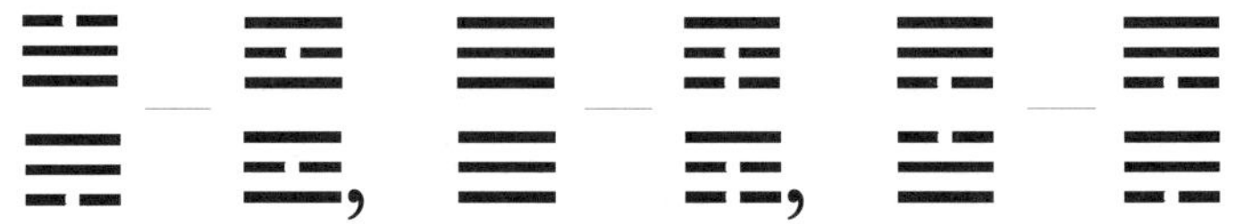

이 그림의 짝은 당치도 않다. 연산이든 무슨 뼈다귀이든 아름답지 못한 짝이다. 대칭성이 없고 체계가 보이지 않는다. 이것이 문제인 것이다! 눈으로 보는 짝은 분명 다음과 같아야 한다.

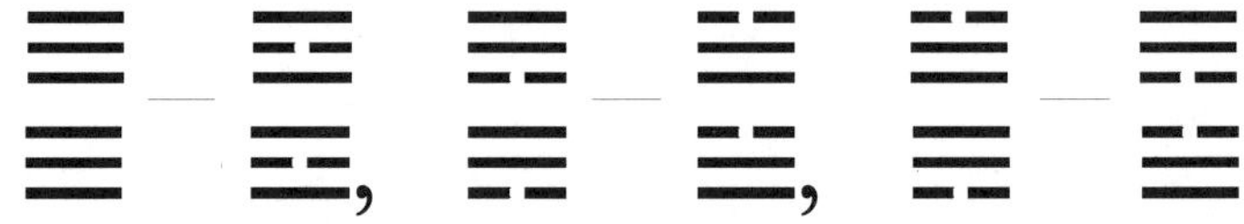

그런데 연산은 그게 아니었다. 어찌하면 좋을까! 시각을 버려야 하는가? 아니면 연산을 버려야 하는가?

어떤 사람은 이렇게 말한다.

"골치 아픈데 뭘 생각해! 다 버리면 그만이지."

당치 않은 말이다. 모르면 다 버리다니! 아예 죽어 버리면 좋지 않을까? 필자는 답을 알기 위해 실로 죽을 힘을 다했다. 하지만 시각도 옳고 연산도 옳다. 그런데 왜 모순을 유발하는가? 이것은 상당히 중대한 문제로서 만약 해결하지 못하면 앞으로 나아갈 수 없는 것은 물론이고, 그 동안 이루어 놓았던 괘상 체계는 송두리째 흔들리게 된다.

일찍이 수학계에서도 이런 일이 있었다. 집합론의 창시자인 칸토르는 아예 미쳐 버렸으며, 많은 수학자들은 위기 속에서 수학을 지켰다. 이는 소위 완전성 문제인데, 이를 간단히 설명하면 하나의 체계에서 만들어진 두 가지 결론은 서로 모순되지 말아야 한다.

그런데 우리의 주역은 어떤가? H·L군이 연산됨으로써 시각과 연산의 모순이 발생하지 않았는가! 여기서 시각이란 기하(幾何)이고, 연산이란 대수(代數)이다. 수학, 즉 수리 논리에서 도형 이론, 이를테면 순수 기하와 이를 수치화한 해석 기하는 일치하게 되어 있다. 주역도 마찬가지인 것이다. 주역은 일견 시각 기하학인 것처럼 보인다. 다음을 보라.

이것은 얼마나 시각적인가! 그러나 이것을 수치화했을 때는 다음과 같이 나타난다.

1, 2, 4, 8, 16, 32…….

이 또한 얼마나 논리 정연한가! 결국 두 가지는 하나의 섭리인 것이다. 다만 눈이냐 계산이냐에 따라 두 체계로 보일 뿐이다. 주역도 마찬가지이다. 눈에 보이는 괘상과 그것의 수리(數理)가 하나의 섭리로 통일되지 않기 때문이다.

이제 문제점을 확실히 납득했을 것이다. 문제를 한마디로 말하면 L군의 연산 체계이다. L군만 속썩이지 않았으면 H군이 이상한 것은 아무 지장이 없었다. 하필 L군이 H군과 짝이냐 말이다! 총명한 독자들은 벌써 문제의 답을 깨달았을 것이다. 그리고 상당한 기쁨을 느꼈을 것이다.

그런데 필자는 과거에 그리 총명하지 못했다. 이 문제를 10여 년이나 걸려서 겨우 풀었던 것이다. 10년이면 지루한 세월이었다. 그러나 결코 포기하지는 않았다. 모순을 발견한 이상 풀어야만 마음이 편했다. 필자는 긴긴 세월 마음 속에 이 문제를 품고 살았다. 때로는 골똘히 생각하느라고 온몸을 땀에 적시기도 했고, 때로는 병도 얻었다.

계산도 수백 번 다시 해 봤고, 어느 때는 시각이냐 계산이냐 하나만 선택을 하려고 했었다. 세상에 각종 이론을 다 동원해 보기도 했다. 그러나 문제는 요지부동이었다. 필자는 이 문제 때문에 마음 속에 늘 그림자가 있었다. 이 문제를 풀지 못하면 나의 주역은 한낱 조각에 불과한 것이다. 이토록 허무한 일이 또 있을까? 타임머신을 타고 날아가 공자한테 묻고 싶을 정도였다.

어떤 사람은 이렇게 말할 수도 있을 것이다. 그것은 아예 문제가 되지 않는 것이 아니냐고.

그러나 천만의 말씀이다. 나의 정신 속에서 확실한 의미를 갖고 발생한 문제가 어찌 의미 없는 것이랴! 이는 앞서 말한 지성의 수준 문제였다. 필자는 바보 멍청이어서 답을 푸는 데는 10여 년이나 걸렸다. 그러나 문제 자체는 분명했다. 시각과 연산 체계의 상호 모순! 필자는 그나마 문젯거리가 된다는 것을 깨달았으니 제법이었다. 아예 문제가 뭔지 모른다면 어찌 학문의 발전이 있으랴!

필자는 자나깨나 이 문제에 골몰했다. 그런데 어느 날 이 문제는 갑자기 풀렸다. 아침에 급히 양치질을 하던 순간이었다. 그 해답은 마음 속에서 저절로 모습을 드러냈다. 너무도 쉽고 단순했다. 총명한 사람 같으면 문제를 발견한 즉시 답을 알아챘을 것이다. 이 문제는 중요한 섭리를 발견하게 된 이정표 노릇을 했다.

만일 그 문제를 발견하지 못했으면 필자는 주역에 있어서 중대한 발전을 이루지 못했을 것이다. 어쩌면 주역의 대체계를 보지 못했으리라. 그 문제의 답 자체는 너무나 단순하여 누구나 알아차릴 수 있는 것이었다. 그러나 이를 해결함으로써 중대한 돌파구가 열리게 되었다. 어떤 부분의 문제는 실은 그 한 부분의 문제에 그치는 것이 아니라, 주역의 대체계를 저절로 보여 주는 거대한 문제였던 것이다.

과학의 발달도 원래 이렇게 이루어진다. 오늘날 절대로 없어서는 안 될 플라스틱도 아주 간단한 사건에서 발명되었다. 아직 플라스틱이 없던 시절 어떤 당구공 업자가 당구공 재료를 현상 공모했다. 그 결과 당구공 문제도 풀었고, 오늘날 플라스틱 문명이 눈부시게 발전한 계기가 되기도 했다.

최근의 수학계에도 이런 사건이 일어났다. 이 내용은 주역을 공부하는 데 관련이 있기 때문에 잠시 소개해야겠다. 한때 수학계에는 20세기 최대의 문제가 있었다. 그것은 최근에 극적으로 해결되었지만 자칫 21세기로 넘어갈 뻔했다. 사실 거의 모든 수학자들이 누구나 그렇게 생각하고 있었다. 그 문제는 바로 페르마의 마지막 정리로서, 이것은 300년간이나 수학자들을 괴롭혀 왔다. 수학에 취미가 있는 사람은 익히 알고 있겠지만, 문제는 아주 단순한 것이었다. 우선 문제의 발생부터 살펴보자.

$$a^2 + b^2 = c^2 \text{ (a, b, c는 정수)}$$

이 방정식은 아주 유명한 것으로, '피타고라스 정리'이다. 피타고라스는 기원전에 살던 사람인데, 그는 직각 삼각형 세 변의 관계를 연구하여 이 정리를 발견했다. 이 정리는 측량에 있어서 가장 중요한 법칙으로 인류 사회에 이바지한 것은 두말할 나위도 없다. 위의 방정식을 만족하는 a, b, c를 찾아보면 3과 4, 그리고 5이다. 즉,

$$3^2 + 4^2 = 5^2$$

이 된다. 이 외에도 a, b, c는 무수히 많다. 그런데 여기서 하나의 의문이 생긴다. 방정식은 $a^2 + b^2 \to c^2$, 이런 꼴인데, 자승(自乘)이 고정되어 있다. 만일 이것을 3승으로 하면 어떨까? 즉 $a^3 + b^3 = c^3$ 이 되는데, 이 식을 성립케 하는 a, b, c를 찾을 수 있을까? 그리고 4승이라면 또 어떻겠는가? 즉 $a^4 + b^4 = c^4$, 이 방정식을 만족하는 a, b, c를 찾을 수 있는가? 4가 아니고 5면? 나아가서 일반적으로 모든 수라면?

$$a^n + b^n = c^n \text{ (n은 2보다 큰 정수)}$$

이 방정식은 a, b, c를 찾는 문제이다. 중학교 학생 수준이면 알 수 있는 문제이다. 그러나 답은 무지무지 어려워서 근대 수학자들을 300년간이나 괴롭혔던 것이다. 이 문제는 페르마라는 법률가가 제시한 것인데, 페르마 자신은 그 문제를 풀었다는 것이다.

페르마는 부정적 방식으로 이 문제를 풀었다. 즉 $a^n + b^n = c^n$, 이 방정식을 만족하는 a, b, c는 존재하지 않는다는 것이었다. 페르마는 이렇게 말했다.

"나는 아주 중요한 정리를 발견했는데, 그 증명은 종이의 여백이 없어 생략한다."

중요한 정리란 $a^n + b^n \neq c^n$이다. 페르마는 수학 책 여백에 역사적 선언을 했던 것이다. 보통 사람이 그런 글을 써 놓았다면 무시되었을 것이다. 그러나 페르마는 보통 사람이 아니었다. 그는 법률가이면서 수학의 천재였다. 수학 역사상 많은 공헌도 한 인물이었는데, 그러한 천재가 심각하게 써 놓은 글을 무시할 수는 없었다. 그래서 수학자들이 관심을 갖고 이 문제에 달려들었던 것이다.

그런데 심상치 않았다. 쉽게 풀릴 줄 알았는데 그게 아니었다. 당시 세계 최고의 수학자인 가우스도 이 문제에 달려들었지만 해결을 보지 못했다. 그 이후 300년이란 세월이 흐르면서 이 문제는 많은 수학자를 괴롭혔다. 급기야는 세계 수학자 대회에서 논의되고, 거액의 현상금도 걸렸다. 당시 세계 제일의 수학자였던 힐버트는 20세기의 모든 수학자들에게 페르마의 문제를 풀어야 한다고 당부했다.

그로부터 수학자들의 경주는 시작되었다. 이 문제 때문에 평생을 망친 수학자도 많지만, 이 문제는 수학자들의 머릿속에서 결코 잊혀지지 않았다. 당연히 이 문제를 풀면 세계 수학자 중에 가장 유명해질 것이어서 최고의 수학자라면 한 번쯤 해결책을 생각해 봤을 것이다. 이 문제는 현상금이 걸려 있고 또한 기한도 정해져 있었다. 그것은 2003년까지로 결정되어 있었는데, 그 이후에는 인류가 발달해서 쉽게 풀 것이라고 생각했기 때문일까?

아무튼 기한이 정해진 이 위대한 문제는 21세기를 몇 년 앞두고 풀어졌다. 영국의 앤드로 와일스는 10세 미만의 어린 날부터 이 문제를 풀기로 작정했다고 한다. 그는 이후 수학을 공부했고, 체계적으로 문제에 접근해 갔다. 결국 그가 이 문제를 풀어 보임으로써 세계에서 가장 위대한 수학자가 되었다.

그렇다면 도대체 이 문제를 푸는 것에 어떠한 가치가 있는 것일까? 이것은 매우 당연한 질문이다. 주역에 있어서도 이와 유사한 질문은 수없이 쏟아질 수 있을 것이다. 그런데 페르마의 정리는 그 자체로서는 너무 유명하고 어렵다는 것 외에 별것이 아니다. 하지만 그 문제를 풀고 보니 엄청난 사실이 밝혀졌다. 앤드로 와일스는 이 문제를 풀기 위해 수천 개의 방정식을 사용했는데, 그 수천 개의 방정식은 오늘날 인류가 사용하는 모든 수학을 총망라하는 방정식이었다.

만일 앤드로 와일스가 오늘날 수학의 모든 분야에 정통하지 않았다면 이 문제는 결코 풀 수 없었을 것이다. 수학은 수많은 분과로 이루어졌으며, 그 모든 분야를 아는 사람은 극히 드물 것이다. 그런데 여기서 유의해야 할 점은 어떤 문제를 풀기 위해서 수천 가지 이론이 필요했다는 것인데, 이것은 또 무슨 뜻일까?

페르마의 정리는 곧 모든 수학 이론을 통합하는 관문이었던 것이다. 기하학이나 일반 함수론·군론·집합론·타원 함수론·순열 조합론·정수론·위상 수학·소수론·삼각 함수·복수 함수·고차 함수 등 모든 것이 하나의 문제에 사용되었는데, 이는 수학의 모든 분과를 통합하는 이론이 존재한다는 뜻이다. 그렇지 않아도 오늘날 수학자들은 방대해지고 너무나 세분화된 수학을 하나로 통합하기를 원하고 있었다. 그러던 것이 페르마의 정리를 푸는 과정에서 자연히 그 원리가 출현했던 것이다. 이는 마치 두 나라가 합병되는 것처럼 거대한 섭리가 등장하여 모든 체계를 통합하는 것과 같다.

현재 우리가 공부하는 주역은 복잡하기 그지없다. 그러나 그것이 통합되고 단순하게 이해될 날이 멀지 않은 것이다. 그런 뜻에서 필자는 주역의 한 가지 문제에 10여 년이나 필사적으로 매달렸던 것이다. 그러나 문제 그 자체가 중요한 것은 아니다. 그 문제를 풀기 위해서는 어떤 원리를 알아야만 한다. 그것은 주역의 체계를 넓히는 일이었다. 체계를 넓힌다는 것은 사물에 대한 이해를 단순화한다는 뜻이다.

L군과 H군의 만남, 그리고 비대칭성 등은 그 자체보다는 그것을 해결해 줄 이론이 더 중요하다. 만일 문제를 해결할 수 있는 이론이 발견되면 문제는 그로써 없어지는 것이지만, 이론은 그 후로도 활발하게 활동한다. 왜냐 하면 이 이론은 또 다른 문제를 해결해 주기 때문이다.

필자는 지난 30년간 주역의 이론이 수없이 발견되고 또한 계속해서 통합되어 단순해지는 것을 보아 왔다. 그러나 필자는 주역에서 좀더 어려운 문제가 등장하기를 고대하는 편이다. 그래야만 주역의 체계를 더욱 공고히 할 수 있기 때문이다. 그럼 여기서 페르마의 문제를 좀더 살펴보자.

$a^n + b^n = c^n$, 여기서 $n = 1$이라면,

$$3^1 + 7^1 = 10^1$$
$$6^1 + 23^1 = 29^1$$
$$31^1 + 100^1 = 131^1 \cdots$$

등, 이것은 무수히 나온다. 그리고 $n = 2$라면,

$$3^2 + 4^2 = 5^2$$
$$5^2 + 12^2 = 13^2$$
$$99^2 + 4900^2 = 4901^2 \cdots$$

등 이것도 무수히 나온다. 그런데 $n = 3$이면 $a^3 + b^3 = c^3$의 방정식을 만족시키는 정수가 하나도 없다. 이것은 무슨 뜻인가?

$1 \rightarrow$ 무수히 많다
$2 \rightarrow$ 무수히 많다
$3 \rightarrow$ 없다
$4 \rightarrow$ 없다

5 → 없다……

이 상태를 보면 이상하지 않은가! 1과 2는 되는데 3, 4, 5, 6……
등은 안 되는 것이다. 도대체 1과 2의 성질은 무엇이길래 성립되고
3, 4, 5 등은 성질이 무엇이길래 성립되지 않는가? 이것은 수성(數
性) 문제이다. 주역에서 다루는 것이 바로 이것이다. 주역은 사물의
성질을 규명하는 학문이므로 틀[機]의 개수는 연구 대상이 된다.

일찍이 플라톤은 정다면체의 개수에 주목한 바 있다. 정다면체는
오로지 다음 5개가 존재한다.

정4면체
정6면체
정8면체
정12면체
정20면체

여기서 문제는 왜 하필 5개밖에 안 되는가이다. 플라톤은 여기서
추출된 5라는 숫자에 신비로움을 느끼고 만물의 성질은 5개로 나누
어질 수 있다고 말했다. 동양에서도 오행(五行)이 있는데, 이것 역시
5개의 숫자이다. 그리고 정다면체는 4, 6, 8, 12, 20이라는 숫자를 갖
는데, 이것의 뜻은 무엇일까?

여기서 그 이유는 논의하지 않겠다. 다만 주역이란 학문은 사물의
틀을 규명하고자 할 따름이다. 사물의 틀이 정해지면 그것은 무수

히 많은 사물을 해석할 수 있게 해 준다. 그러므로 플라톤이 정다
면체의 숫자인 5에 주목한 것은 바로 이러한 이유 때문이었다.
　잠시 이야기가 다른 곳으로 흘렀는데 다시 본론으로 돌아오자. 우
리는 지금 괘상의 　6개 틀을 연구 중이다. 다음을 보자.

이 그림에서 숫자는 효의 자리를 얘기하는 것이고, 선을 내리 그
어 칸을 나눈 것은 두 세계를 나눈 것이다. 두 세계란 우리가 현재
보고 있는 괘상의 세계와 그 반대의 세계를 의미한다. 오른쪽의 괘
에 숫자를 거꾸로 쓴 것은 두 세계가 서로 맞물려 회전함을 의미한
다. 따라서 오른쪽의 괘는 위쪽에서 바라다봐야 한다. 이제 이것을
회전시켜 보자.

이 그림은 6이 서로 다른 칸으로 넘어가서 만들어진 것인데, 오른쪽의 괘상은 '☷'이다. '☳'이 아니다(이는 우리 쪽에서 본 것으로, 그 쪽에서 보면 거꾸로이기 때문이다). 한 번 더 회전하자.

이것은 '☵'과 '☶'을 보여 준다. 계속해 보자.

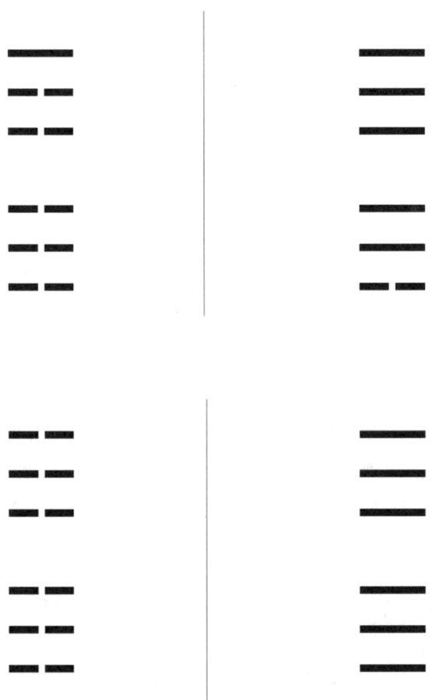

　마지막 모양은 표면 세계의 괘상이 이면 세계의 괘상과 바뀐 것이다. 이는 하나의 괘상이 존재하면 그 이면의 세계에는 정반대의 괘상이 잠재한다는 것을 뜻한다. 그리고 두 세계, 즉 실제의 세계와 그림자 세계는 서로 순환하는 것이다. 즉, 생성과 소멸을 거듭하는 순환 구조이다. 그런데 우리가 방금 조사한 괘상 순환은 바로 E군이었다.

　그럼 다시 보자.

이제 이 괘상을 순환시키지 말고 하나씩 자리를 바꾸어 보자.

이 그림은 머리와 꼬리를 대칭적으로 바꾼 것이다. 이제 이것을 순환시켜 보자. 순환 방향은 시계 방향이다.

이 변화가 계속되면 결국 처음 상태로 돌아오게 된다. 즉, 순환을 하면 이 괘상들은 바로 D군이다. 우리는 여기서 무엇을 알 수 있는가? 아주 중요한 것이므로 잘 알아두자! 그것은 E → D라는 것이다. 즉, E군에서 대칭적으로 서로 하나씩 효를 교환하면 D군이 생성된다는 것이다. 다시 보자.

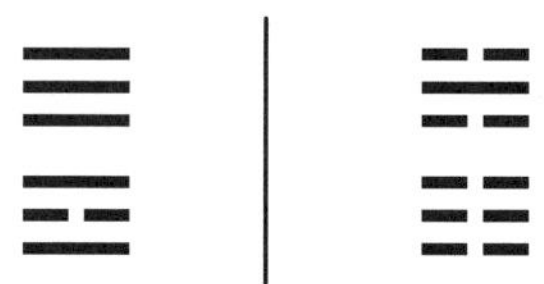

이것은 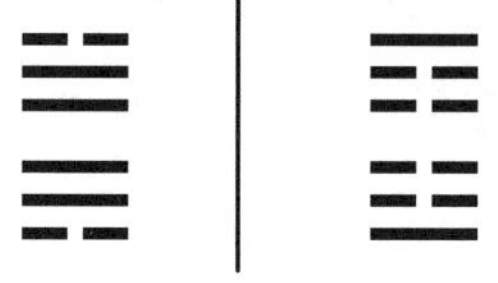으로 한 단계 순환한 것이다.
이제 여기서 잠깐 순환을 멈추고 효를 서로 바꾸어 보자.

이것은 머리와 꼬리가 대칭적으로 바뀐 것이다(그런데 잊지 말아
야 할 것은 각 덩어리 중 오른쪽의 괘는 거꾸로 되어 있다는 것이다).
　이제 을 보자. 이것은 F군이 아닌가! 무엇을 뜻하는 것
일까? D → F, 바로 이러한 변화를 의미하는 것이다. 다시 보자.

　이것은 D군인데, 이번에는 시계 반대 방향으로 순환시키자. 그러
면 다음과 같이 된다.

이제 여기서 순환을 멈추고 효를 서로 바꾸어 보자.

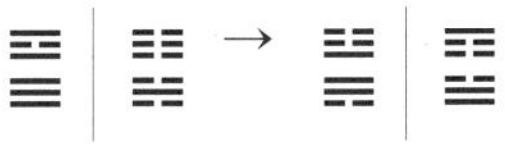

여기서 [괘] [괘]은 무엇인가? 바로 L군이다. 무슨 뜻인가? D → L이란 뜻이다. 잠시 정리해 보자. 처음부터 보면 E → D, 그리고 D → (F, L)이다. 이것은 E군에서 시작한 단계적 변화를 보여 주고 있다. 이는 E군에서 F나 L군으로 변화할 수 없고 반드시 D군을 통과해야 함을 보여 주고 있다. 반대로 F, L에서도 D를 통과해야만 E에 도달할 수 있다는 뜻이다. 이상의 사실을 염두에 두고 더 진행해 보자.

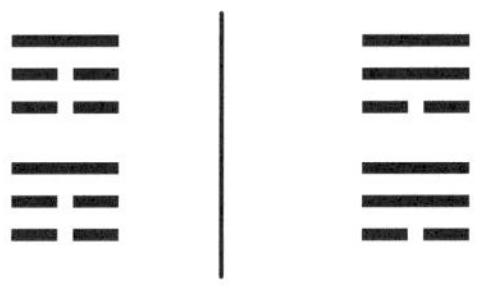

이는 F군인데, 한 단계를 순환시키면 [괘] [괘] → [괘] [괘]가 된다. 여기서 순환을 멈추고 효를 바꾸어 보자.

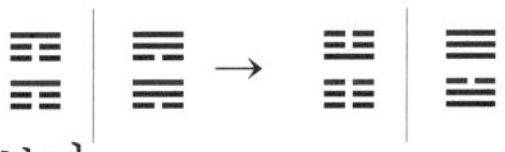

[괘] [괘] → [괘] [괘]

[괘] [괘]은 바로 C군이다. 마찬가지 방식을 L군에 대해서도 적용해 보자.

[괘] [괘]은 L군인데, 시계 반대 방향으로 순환시키면 다음과 같이 된다.

이제 여기서 순환을 멈추고 효를 바꾸자.

은 C군이다. 결론은 무엇인가? 즉,

$$(F, L) \rightarrow C$$

이다. 다시 나아가자. 은 C군인데, 이것에서 효를 바꾸어 보자.

은 H군이다. 이제 최종 단계에 이르렀다. 처음부터의 모든 과정을 써 보자.

$$E \rightarrow D \rightarrow (F, L) \rightarrow C \rightarrow H$$

여기서 화살표로 나타낸 것은 각 단계를 보여 주는 것이다. 이 단계는 뛰어넘을 수가 없다. E는 반드시 D로만 갈 뿐이다. D는 또한 (F, L)로만 변한다. 마찬가지로 (F, L)은 → C, C는 H로 변하는 것이다. 물론 화살표를 다음과 같이 반대로 할 수도 있다.

$$E \leftarrow D \leftarrow (F, L) \leftarrow C \leftarrow H$$

이제 중대한 결론에 도달했는데, 여기서 나타난 군들의 위치는 바로 각 군의 위상 관계이다. 위상 관계란 각 군의 성질을 비교 해석했다는 뜻이다. 다시 써 보자.

$$E - D - \left(\begin{matrix} F \\ L \end{matrix} \right) - C - H$$

화살표는 생략했다. 그 대신 서로의 관계를 확실히 묶어 주었다. 그림에서 E와 H는 상당히 멀다. 이것은 성질이 큰 차이를 보인다는 것을 의미한다. 또한 E에서 진화하여 최종적으로 H에 도달한다는 것을 보여 주고 있다. E군의 성질은 어떠했나? 연산의 성질을 보면 E군은 남에게 해(변화)를 끼치지 않는다. 다음을 보자.

$$E \times R \to R$$

H군의 성질은 어떤가? H군은 남에게 반드시 해를 끼친다.

$$H \times R \to H$$

E와 H는 너무나 성질이 다르다. 그래서 위상 관계도에 보면 그토

록 거리가 떨어져 있는 것이다. 위상 관계도에 숨은 뜻은 대단히 많은데, 그것을 여기서 일일이 음미할 수는 없다. 다만 이 그림은 절대 잊어서는 안 된다. 왜냐 하면 괘상의 극의를 깨닫는 데 반드시 필요하기 때문이다.

그럼 이제부터 맨 앞에서 제기된 문제를 풀어 보자. 문제는 H와 L의 비대칭성에 관한 것이었다. 위상 관계도에서 보면 L과 F는 한통속이다. 그리고 H와는 C를 사이에 두고 있다. 그런데 하필 L만이 H와 같은 연산의 성질을 갖고 있는가? 즉,

$$L \times R \to L$$

인바, 이것은 왜 이렇게 이루어질까? 굳이 그럴 바엔 F도 똑같은 결과를 이뤄야 하지 않겠는가! 그럼 이 문제를 풀자는 것이다. 지루하므로 장을 바꾸어서 살펴보자.

玉虛眞經 (2)

常無欲以觀其妙 常有欲以觀其徼

욕심 없음으로써 그 깊은 묘리를 보고 욕심에 매달려 헤
어나지 못하면 겉에 드러난 것만을 보게 되나니…….

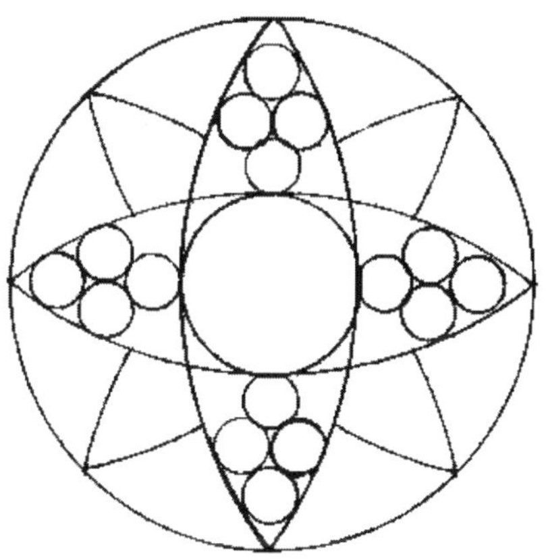

괘상의 불변군(不變群)

계속되는 논리에 지치지는 않았는지 모르겠다. 그럼 여기서 잠시 화제를 돌려보자.

무협지를 읽다보면 내공(內功)이란 말이 많이 나온다. 이 말은 상당히 신비한 내용을 포함하고 있는데, 흔히 말하는 힘과는 다른 개념으로 쓰인다. 힘이란 대체로 근육의 굵기에 의해 정해진다. 그러나 내공의 힘은 결코 근육의 힘이 아니다.

필자도 약간의 내공을 가지고 있는데, 근육은 별 볼일 없다. 하지만 근육이 훨씬 강한 사람은 결코 힘이 모자라지 않는다. 내공은 육체에만 있는 것이 아니다.

무술에 있어서 '외공(外功)'이란 '기술'을 말한다. 정신에도 외공이 있는데, 이는 논리 기술이다. 그러나 정신에 있어서 내공이란 논리의 기술이 아니라 복잡한 것도 지치지 않고 이해하는 힘을 말한다.

내공이란 지능은 아니지만 정신에 있어 절대적으로 중요하다. 흔히 질긴 사람이라는 말이 있는데, 질기다는 것이 바로 정신의 내공이다. 정신의 내공이 강한 사람은 어떤 일에도 결코 좌절하지 않는다.

 필자는 정신의 내공이 상당히 강한 편인데, 내공이 강하지 않았다면 주역을 공부하지 못했을 것이다. 주역은 실로 광대하고 복잡하다. 물론 복잡하다는 것은 겉으로 느껴지는 모습인데, 논리적으로 길을 잘 찾아가면 주역은 치밀할 뿐 결코 복잡하지 않다. 치밀하다는 것은 섬세하다는 뜻도 있지만 합리적이라는 뜻도 있다. 우리는 지금 합리적이고도 섬세하게, 즉 치밀하게 주역을 탐구하고 있다. 그 와중에 가장 필요한 힘은 정신적 내공이다. 논리의 기술은 세상의 잡학(雜學)에 대한 견문이 넓으면 자연적으로 향상될 수 있다. 그러나 내공이란 지식만 있다고 되는 일이 아니다. 내공은 불굴의 투지로서 의지에 속한다. 의지가 강하다는 것은 지성과는 아주 다른 하나의 인격인데, 여기서 정신의 구조를 잠시 살펴보자.

 우리의 정신은 무엇으로 이루어졌을까? 그 정신의 작용은 세 가지로 압축할 수 있다. 첫째는 지(知)이다. 이것에서 지능(知能)이 생성된다. 둘째는 정(情)인데, 이것에서 감정이 나온다. 셋째는 의(意)라는 것인데, 여기에서 의지가 나온다. 이들 정신의 세 가지 요소를 주역의 범주로 나누면, '정(情)'은 지(地)에 해당되고, '의(意)'는 천(天)에 해당되고, '지(知)'는 인(人)에 해당된다.

 인간이 갖추어야 할 최상의 덕은 이 세 가지로써 그것은 지·인·용(智仁勇)이다. 여기서 지(智)는 인(人)이고, 용(勇)은 천(天)이며, 인(仁)은 지(地)이다. 이들 덕목 중에 의지가 강하다는 것은

정신적 용기인데, 이것이 아주 강해 불멸의 상태가 되면 천덕(天德)
이라 말하고, 괘상으로 ☰에 해당된다. 정신의 내공이란 바로 ☰의
힘이다.

논리적인 일은 무엇이든 내공의 힘이 필요하지만, 주역은 특히 내
공이 약해서는 공부를 할 수가 없다. 논리의 기술은 둘째 문제로서,
이것은 남이 알려줄 수 있다. 그러나 정신적 내공은 오직 스스로만
강하게 할 수 있는 것이다. 독자들의 내공은 얼마나 강한가?

본론으로 돌아오자. 다음의 괘상을 보자.

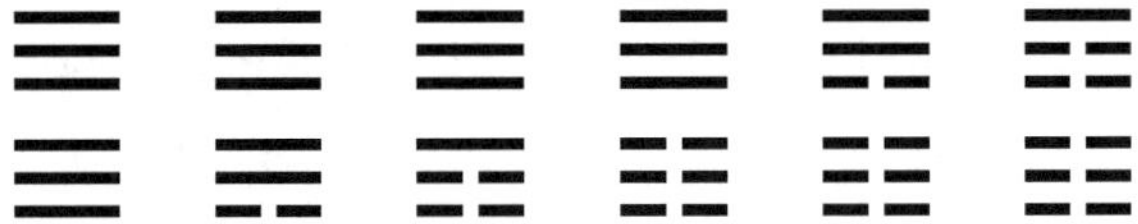

이것들은 군주괘열이다. 즉 E군인데, 이것을 뒤집어 보자. 그러면
다음 괘열을 얻는다.

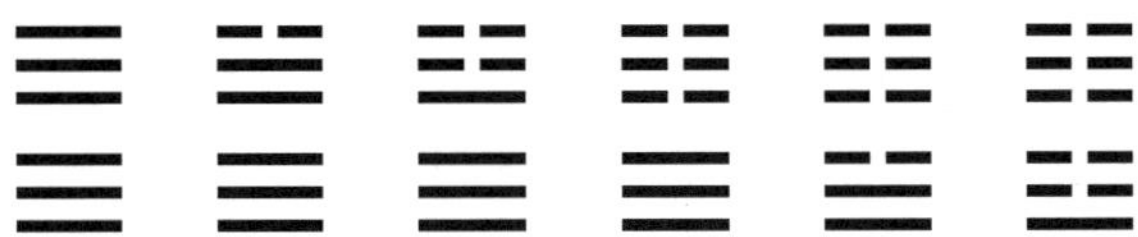

이것들은 어느 군에 속하는가? 바로 E군이다. E군은 뒤집어도 E
군이 되는 것이다. C군은 어떨까? 보자.

이것을 뒤집으면 다음과 같다.

이것들은 역시 C군이다.

D군을 보자.

이것을 뒤집으면 다음과 같다.

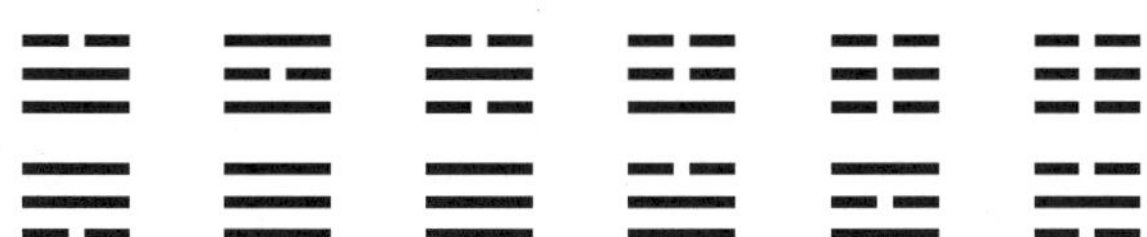

이것은 D군이다. H군을 보자.

이것을 뒤집으면 다음과 같다.

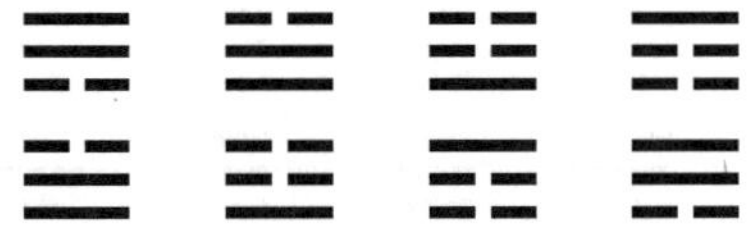

이것은 H군이다. 이상을 모두 종합하면 다음과 같다.

E → E
C → C
D → D
H → H

이상의 4개 군은 회전에 의해 불변이다. 그래서 이것을 회전 불변
군(回轉不變群)이라 한다. 다른 군을 보자.

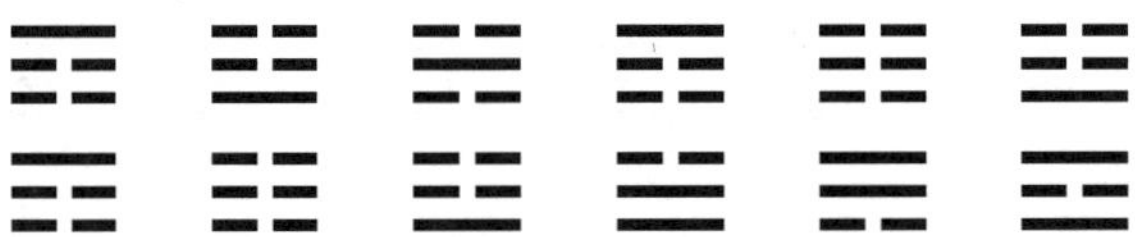

이것들은 F군인데, 뒤집으면 다음과 같이 된다.

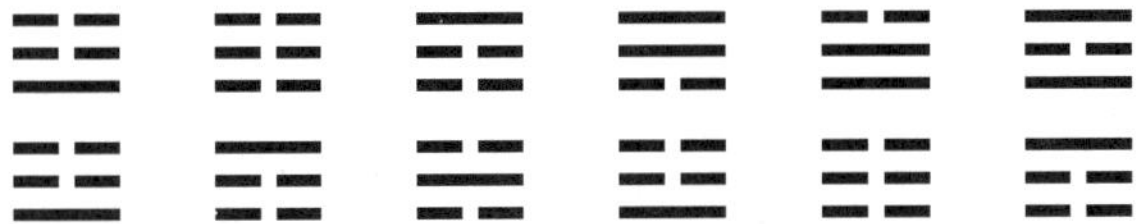

이것은 L군이다. 즉, F군을 뒤집으면 L군이 된다. 따라서 L군을 뒤집으면 F군이 되는 것이다. 이것은 F ↔ L인바, 회전하면 변화하는 군이다. 그래서 회전 변화군(回轉變化群)이라고 명명된다.

이상의 결론은 무엇을 의미하는가? 회전 불변군은 아래에서 시작하든 위에서 시작하든 변화가 없는데, 이는 일정한 값을 유지한다는 것이다. 반면 회전 변화군은 괘상을 보는 방향에 따라 값이 변한다.

이것은 대단히 중요하다. 우리는 앞서 괘상을 보는 방법이 두 가지 있다고 공부한 바 있다. 그런데 F군과 L군은 보는 방법에 따라 수치가 변한다. 즉, 괘상을 보는 방법이 두 가지 있다는 것을 알려준다.

이제 이 사실을 가지고 앞장에서 공부한 위상 관계도를 살펴보자. 위상 관계도는 다음과 같다.

$$E - D - \left(\frac{F}{L} \right) - C - H$$

이 중에서 연산을 살펴보면 L과 H는 특이했다. 즉,

$$R \times L \to L, \; R \times H \to H$$

이다. 그렇기 때문에 H와 L은 서로 동지가 된다. 위상 관계도에서 보면 H는 중앙 ($\frac{F}{L}$)의 위쪽과 동지가 된다. 이는 비대칭 현상이다. 하필 위쪽과 관계를 갖느냐 말이다. 위쪽 군 F와 아래쪽 군 L은 한 집안 식구인데 말이다. 마땅히 아래쪽하고도 동지가 되어야 한다. 이는 완전성의 문제이다. 위아래가 평등 또는 대칭이어야 한다는 뜻이다.

이제 문제를 해결할 때가 되었다. 우리는 방금 F와 L은 회전 변화군이라는 것을 알았다. 그 사실을 기억하고 위상 관계도를 다시 보자.

$$E - D - (\frac{F}{L}) - C - H$$

이제 이것에서 각 군이 자체 회전한다고 하자. 그러면 위상 관계도는 다음과 같이 변한다.

$$E - D - (\frac{L}{F}) - C - H$$

이것은 중앙만 바뀐 것이다. 이 때 H 자신도 이미 회전했는데, 그 결과 동지 관계를 보면 위쪽으로 향하고 있다. 좀전에는 아래쪽을 향하지 않았는가! 이제 평등, 즉 완전성을 갖춘 것이다. 즉, 회전하고 있는 상태에서 보면 H는 위아래와 대등한 관계를 맺는다.

달리 말하면, 괘상이란 수치를 매길 때 두 가지 방법이 있는바, 그렇게 해야만 완전성을 갖추게 된다. 이것이 주역을 공부하는 데 가장 중요한 개념이다. 즉, 한 가지 방법으로만 수치를 매기면 모순(불완전성)이 발생한다는 것이다. 따라서 모순을 바로잡기 위해서는 괘상을 보는 방법을 두 가지로 해야 한다는 것이다.

이제 괘상 수치화의 절대 원리를 이해했을 것이다. 이 절대 원리에 입각해서 각 군의 위상 관계를 다시 분석하자.

먼저 아래에서 위로 보는 방법을 택해 보자. 그렇게 하면 L군은 5, 10, 15, 20 등 5의 배수로 정해진다. 이 때문에 R×L → L이 된다. 5의 배수는 무슨 수를 곱해도 5의 배수를 이루기 때문이다.

이제 위에서 아래쪽으로 보는 방법을 선택해 보자. 그러면 이번에는 F군이 5의 배수로 나타난다.

하나의 예를 들어 보면 다음과 같다.

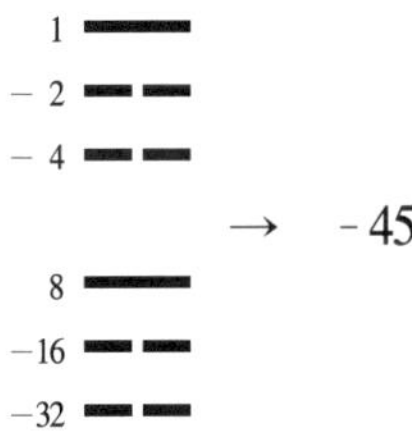

결국 이번에는 R×F → F가 된다. 이 모든 것은 무엇을 뜻하는가? F와 L은 서로 상보적 관계를 이루며 모든 군들의 완전성을 보장하는 것이다. 이제 위상 관계도를 다시 보자.

$$E - D - \left(\frac{F}{L} \right) - C - H$$

여기서 F와 L은 ( ) 안에 묶어 두었는데, 이는 서로 변환이 이루어진다는 뜻이다. 이것을 염두에 두고 각 군의 변화를 보자. 앞장에서 우리는 각 군의 괘열 사이에 무엇이 나타나는가를 살펴보았다. 이를 다시 한 번 보자.

2, 4, 8, 16, 32

이는 E군의 수열인바, 그 사이를 보면.

3, 6, 12, 24, 48

등으로 나타난다. 이것은 D군의 수열인데, 이에 대해 우리는 E → D의 관계로 표현한 바 있다. 그리고 또 수열 3, 6, 12, 24, 48의 사이에는 9, 18, 36 등의 수열이 있는 것도 살펴봤다. 이는 F군이다. 따라서 E → D → F의 관계가 성립되고, F군에서 다시 그 사이 값을 취하면 27, 54, 22, 44 등을 얻는데, 이는 C군이다.

다시 C군의 사이 값을 취하면, 1, 2, 4, 8, 즉 E군을 얻게 된다. 결국 E → D → F → C --------> E와 같은 방식으로 순환하는데, 여기서 D → F는 회전율에 의해 D → L이 되는 것이다. 회전율이라는 것은 보는 방법을 달리 한다는 뜻이다. 당초 우리는 아래에서 위라는 한 가지 방식을 임의로 선택했는데, 이를 달리 하면 결과도 달라진다. 그러나 E → D는 변화가 없고 C → E도 마찬가지이다. 결국 모든 관계를 그려 보면 다음과 같이 된다.

$$E - D - \left(\begin{array}{c} F \\ L \end{array}\right) - C$$

　이 그림은 연산(각 수열의 사이 값)을 통해 얻어진 결과인데, 이것은 효의 자리바꿈에 의해 얻어진 결과와 같다. 재미있는 일이다. 시각(기하)과 연산(대수)이 일치를 이루는 장면이다. 다만 C에서 H로 가는 길은 시각 논리, 즉 효의 자리바꿈으로 이루어지는데, 연산 논리에서는 C에서 H로 가는 길이 없다.

　이는 더 큰 통합 이론이 등장해야 한다는 뜻인데, 그것은 다음으로 미루자. 우리는 단지 C 다음에 H를 배치하는 것이 맞다고 생각하면 그만이다. 이미 효의 자리바꿈의 방식으로 C → H가 이루어짐을 보았다. 모종의 연산에 의해서도 이것이 보장된다면 더욱 완벽할 것이다. 그러나 아쉬워도 당분간 참자. 우리는 이미 더 중요한 사실 하나를 더 얻었다. 그것을 논해 보자.

　H군은 원소수가 아주 적다. 이래저래 H군은 특수한 것이다. 시각 논리에 의해서는 H군이 C와 연결되는데, 연산 논리에 의해서는 연결이 안 된다. 이는 또 하나의 H군의 성질인 것이다. 따라서 우리는 위상도를 다음과 같이 그릴 수 있다. 즉,

$$E - D - \left(\begin{array}{c} F \\ L \end{array}\right) - C \cdots\cdots H$$

　이 그림에서 점선으로 표시한 것은 중간 도출 연산에 의해 연결되지 않는다는 것을 나타냈다. 이것은 잘된 일이다. 왜냐 하면 H는 원소도 유독 4개이고, 곱하기 연산에서도 파괴적인 성격을 보이고

있는 등 아주 유별나다. 그래서 이것을 나머지 5개 군으로부터 독립시키고 싶은 것이다. 그렇게 되면 5개 군이 모여서 새로운 체계를 구성할 수 있다. H군만 제외되면 5개 군은 총원소 60개가 된다. 즉, 12×5 → 60이 되는 것이다.

그런데 60이라는 숫자는 상당히 매력이 있는 숫자이다. 60갑자(甲子)의 숫자이기 때문이다. 물론 외형 숫자가 같다고 해서 그 내용마저 같을 수는 없다. 다만 가능성이 커질 뿐이다. 아무튼 H군을 빼 버리면 나머지 5개 군은 원소의 숫자 면에서 평등해진다. 이러한 조건을 가진 군들끼리라면 체계의 조화를 이룰 수 있게 될 것이다.

만일 5개 군의 원소 60개가 바로 60갑자와 일치한다면 우리는 대단한 체계를 얻게 된다. 그리되면 60갑자의 완전한 뜻이 해석되고 그것으로 천체의 운행에 괘상을 붙일 수 있게 될 것이다.

우리는 앞서 6개 군을 특이점 분류라는 방식으로 분류해 봤다. 그 방식에 의하면, E군은 위상 좌표 노릇을 하기 때문에 빠져 버리고, C군이 중앙, 그리고 나머지 4개 군이 둘레에 사방으로 배치되었다. 이 때는 H와 D가 마주 보고 F와 L이 마주 봤는데, 분류 방식은 깔끔했지만 결과가 아름답지 못했다.

왜냐 하면 E군이 태극군이라는 의미로 무대에서 빠진 것도 좋았고, C군이 중앙에 있는 것도 좋았는데, 둘레에 배치된 군들에 완전성이 결여되어 있었던 것이다. 완전성 결여는 H군 때문인데, 12개의 원소를 가진 군들 속에 H군이 대등히 자리잡고 있었던 것이다.

그 결과 E군을 뺀 각 군의 원소 합이 52가 되어 버렸다. 52라는 숫자는 왠지 재미가 없다. 60이나 72 등은 의미가 쉽게 드러나지만

52는 도대체 무슨 숫자란 말인가! 물론 52라는 숫자는 오늘날 서양에서 쓰는 카드의 숫자로서 동양의 화투장 숫자 48과 함께 충분한 뜻이 있다. 그렇다 하더라도 12+12+12+12+4는 아름답지 못하다. 하필 4인가 말이다!

이러저러한 이유로 H군은 독특하게 취급하고 싶었던 것이다. 만일 충분한 이유에서 H군이 빠져 준다면 나머지 군들은 아름답게 조화를 이룰 수 있을 것이다. 그러던 중 H군은 중간 도출 연산에서 제외되었는데, 이는 다행한 일이다.

하지만 문제는 또 있다. H군이 빠져나갔는데, 이로 인해 군 전체의 위상 관계도가 약화될 수도 있다. 위상도를 보자.

$$E - D - \left(\begin{array}{c} F \\ L \end{array} \right) - C - H$$

이 그림은 모든 군을 의미 있게 배치해 준 것인데, H의 위치가 불안하다면 각 군의 상호 관계도 불안해질 것이다. 우리가 원하는 것은 어떤 체계에서는 분명 전체가 자리잡아야 하는 것이고, 또한 그렇다 하더라도 그 체계 안에서는 H가 특별히 드러나야 하는 것이다.

현재 시각 논리, 즉 효자리 바꿈 체계로서 H는 전체 군들 중에서 상대적 위치가 분명하다. 그런데 우리는 시각 논리 말고 연산 논리로써 모든 군들을 정리할 수 있겠는가? 그래야 마음이 놓인다. 문제는 위상 관계도를 연산 논리로써 보장하는 그러한 연산 방식이 존재하는가이다.

결론적으로 그러한 연산은 존재한다. 다만 그것은 한 차원 높은 이론이기 때문에 다음으로 미룰 뿐이다. 그렇다면 된 것이다. 이제 H군은 전체 지도에 자리잡을 수 있고, 또한 그것이 섬(독특)이라는 것도 확실해졌다. H가 독특하다는 것은 중간 도출 논리에서 제외되기 때문이다. H는 스스로의 중간 도출 방식에서 닫혀 있다. 즉, H → H인 것이다.

이상에서 우리는 각 군의 위상 지도를 완료했고, 또한 H군의 독특성도 증명했다. 성과가 많았다. 그런데 뭐니 뭐니 해도 가장 중요한 것은 각 군들이 완전성을 갖추기 위해서는 통일장 이론이 필요했다는 것이다. 이는 다시 말하면 이렇다.

통일장 이론 폐기 → 불완전성
완전성 보장 → 통일장 이론

이는 통일장 이론이 진리라는 것을 증명한 셈이 되는 것이다.

충분히 이해를 했는가? 이제 우리의 주역은 상당한 경지에 이르고 있다. 지금까지의 과정을 완벽하게 터득하지 못했다면 앞으로 나아가는 것을 삼가야 할 것이다. 왜냐 하면 주역이 점점 복잡해지기 때문이다. 그러나 지금까지의 과정을 완전히 소화했다면 주역은 날이 갈수록 단순해진다. 그야말로 손바닥 들여다보듯 훤히 주역을 들여다볼 수 있게 되는 것이다.

玉虛眞經 (3)

玄之又玄 衆妙之門

현묘하고 현묘한 것, 모든 묘한 것의 문이니라.

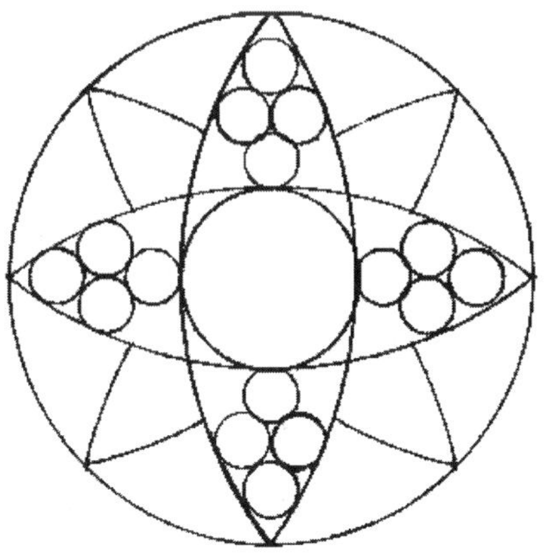

점(占)의 도(道)

필자는 10여 년 전 미국에서 한 신문사 주최로 열린 바둑 대회에
참석한 적이 있다. 우리 조는 17명이었는데, 바둑은 두 명이 하는
경기이므로 부득이 한 명은 부전승으로 뽑을 수밖에 없었다. 그래
서 17명이 추첨을 하기로 했는데, 종이쪽지 17장 중 하나만 표시를
하고 잘 섞어서 무작위로 한 장씩 뽑았다. 이 때 당첨이 되는 사람
은 우연이고 또한 운이었다.

필자는 추첨에 상당히 흥미를 느꼈다. 17명 중 가장 운 좋은 사람
이 되고 싶었던 것이다. 필자는 바둑 실력이 상당한 편이어서 우승
후보로 지목되었지만, 내 실력으로 이기는 것보다 운을 더 선호했
기 때문이었다. 17명이면 그다지 많은 숫자는 아니지만 당첨 확률
이 6%밖에 되지 않는 어려운 상황이었다. 이런 상황에서 하늘로부
터 선택된다는 것은 어찌 즐거운 일이 아닐까! 필자는 흥분된 마음

으로 쪽지를 뽑았는데, 그만 당첨이 되고 말았다.

신기하고 즐거웠다. 그 당시 누군가가 이렇게 말했다.

"하여튼 저 사람 운은 알아줘야 돼!"

필자는 이 말을 듣고 더욱 기쁘고 자랑스러웠다. 운이 좋다는 것은 복이 많다는 뜻이고, 복이 많다는 것은 귀한 사람이라는 뜻이니 당연히 기쁠 수밖에 없었던 것이다. 지금도 그렇지만, 그 당시에 필자는 총명한 사람이기보다는 복 많은 사람이기를 바라고 있었다.

옛말에 이런 말이 있다.

'힘있는 장수는 용감한 장수만 못 하고, 용감한 장수는 지혜로운 장수만 못 하며, 지혜로운 장수는 인격 있는 장수만 못 하고, 인격 있는 장수는 복 있는 장수만 못 하다.'

이렇듯 복이란, 인격보다도 한 단계 더 높이 있는 것이다. 특히 승부의 세계에 있어서는 더욱 그렇다. 축구 경기에서도 운으로 이기든 실력으로 이기든 이기는 것이 최선이다. 필자가 만일 복권에 당첨된다면 돈도 돈이려니와 복 있는 사람이라는 그 자체를 더 좋아할 것 같다. 정말로 복 있는 사람이라면 앞으로도 계속 좋은 일이 많지 않겠는가!

사랑의 세계에도 이런 말이 있다.

'애써서 얻은 사랑은 행복하다. 그러나 애쓰지 않고 얻은 사랑은 더욱 행복하다.'

사랑에 있어서 지극한 정성으로 님의 마음을 잡을 수 있다면 행복할 것이다. 그러나 힘 안 들이고 좋은 님을 만날 수 있다면 이 얼마나 좋겠는가! 운 나쁜 사람은 아무리 노력해도 안 되는 경우가 많이 있다.

필자에게는 또 이런 일이 있었다. 어떤 귀인과 물가에서 술을 마시고 있었는데, 그 사람의 옷에 꽃잎이 떨어졌고, 잠시 후 필자의 옷에는 새똥이 떨어졌다. 별게 아닐 수도 있겠지만, 필자는 그 사람이 부러웠다. 새똥과 꽃잎을 맞은 사람 중 누가 더 복이 있는가? 또한 누가 더 귀인이겠는가?

바둑 얘기를 계속해 보자. 필자는 부전승에 올라 구경을 하면서 쉬고 있었고, 16명은 경기를 해서 8명으로 압축되었다. 다음은 8+1 → 9명을 3조로 나누어 리그전으로 승부했다. 그래서 최종적으로 3명이 올라왔는데, 다시 추첨을 하게 되었다. 한 명을 뽑아 부전승으로 올리고, 두 명은 대결하여 그 중 한 명을 뽑는 것이다. 한마디로 재미있는 상황이 된 것이다.

필자는 한 번 부전승을 했기 때문에 별 기대를 하지 않고 쪽지를 뽑았다. 그런데 이게 웬일인가! 필자는 거기에서 또 한 번 당첨의 기쁨을 맛보았다. 누가 다시 말했다.

"글쎄, 운으로는 저 사람한테 안 된다니까!"

듣기 좋은 얘기였다. 그 사람은 나를 아주 복 많은 귀한 사람으로 보는 것 같았다.

필자는 결승전에서 중국 사람과 맞붙었다. 기분이 좋았던 필자는 빠른 속도로 바둑을 두어 나갔는데, 그러다가 아주 큰 실수를 저지르고 말았다. 누가 봐도 필자의 패배가 분명했다. 그런데 또 한 번 이변이 일어났다. 상대방이 승리를 낙관했던 탓으로 더 큰 실수를 범했던 것이다. 그 결과 필자는 뜻하지 않던 승리를 거두었다.

그 날 따라 필자는 운이 매우 좋았던 것 같다. 운이란 사람의 힘으로는 어찌할 수 없다. 17명의 추첨에서 당첨되는 운은 한 나라를 지배하는 대통령의 힘으로도 쉽게 만들어 낼 수 없는 것이다. 운은 오로지 하늘의 작용으로 만들어진다.

운에 대한 얘기를 더 해 보자. 필자가 아는 어떤 사람이 하루는 산에 놀러 갔다. 산에서 1박을 하는 여행이었는데, 밤중에 재미 삼아 장작을 팼다. 그러던 중 사고가 발생했다. 나무조각이 튀어 눈에 박힌 것이다. 밤이어서 병원 문이 닫힌 상황이었다. 그는 할 수 없이 다음날 병원에 갔는데, 다시 큰 병원으로 가라고 했다. 그래서 큰 도시로 발길을 돌렸다. 그러노라니 시간이 많이 걸려, 결국 눈을 구할 수 없게 되었다. 한쪽 눈을 실명한 것이다. 예상치도 않은 운명이 느닷없이 그를 찾아왔던 것이다.

한 사람 얘기만 더 하자. 이 사람은 여자와 함께 하룻밤을 새웠다. 다음날은 고스톱으로 밤을 새웠다. 그리고 소주를 잔뜩 마시고 나서 오랫동안 걷게 되었는데, 갑자기 몸에 마비가 왔다. 과로가 겹쳐 중풍을 맞았던 것이다. 그는 결국 반신 불수가 되어 일찍 죽었다. 그는 매우 풍족한 생활을 누렸는데, 운명의 화살을 맞아 덧없이 사고를 당했던 것이다.

운명은 이렇게 예고도 없이 찾아오는 법이다. 그래서 인간은 누구나 운명에 대해 겸손해야만 한다. 언제 어떤 일이 발생할지 모르기 때문이다. 공자도 말했거니와, 운명은 실로 두려운 존재이다. 그래서 인간은 옛날부터 운명을 알려고 노력해 왔는데, 그 방편으로 점이 필요했던 것이다.

인간에게는 자유 의지가 있다. 그러나 그것을 어떻게 행사하느냐에 따라 운명이 크게 달라진다. 산으로 가야 할까? 바다로 가야 하나? 언제 집을 나서야 하나? 어느 길로 가야 하나? 누구와 사귀어야 하는가? 등등, 인간은 선택의 바다에서 살아가고 있는 것이다.

총명이라는 것은 선택을 잘하기 위해 존재한다. 그러나 제아무리 총명하다 하더라도 운명을 이겨낼 수는 없다. 인간은 운명 앞에서는 참으로 무력하다. 그래서 겸손해야만 하는 것이다. 겸손은 행동을 신중하게 해 주고 하늘로부터도 복을 받을 수 있게 해 주는 최상의 덕목이다.

모든 것을 저 스스로 알아서 할 수 있다고 장담하는 사람은 어느 날 벼락을 맞을 수도 있다. 그렇기 때문에 인간은 너무 자유롭게 행동해서는 안 된다. 항상 운명을 생각하며 매사에 조심해야 한다. 여기서 조심한다는 것은 운명의 존재를 항상 유념하라는 뜻이다. 그리고 운명이란 아무리 총명한 사람이라 해도 파악하기가 어렵다.

그래서 점을 치게 된다. 이제 점에 대해서 얘기해 보자. 흔히 점을 미신이라고 생각한다. 하지만 미래를 알아내는 비법이라고 생각하는 사람도 있다. 두 가지 생각이 모두 맞다. 점이란 것은 다소 미신적인 요소가 있는 반면, 미래를 알아내는 신기한 방법이기도 한 것이다.

그러나 필자는 점의 또 다른 면에 대해 얘기하고자 한다. 운명에 대해서는 겸손해야 함을 분명히 얘기하였다. 이는 아무리 강조해도 부족하다. 운명에 대한 겸손, 이는 운명을 생각하게 하는 조심성이다. 운명은 반드시 존재한다. 그러나 모든 것이 운명이라는 것은 아니다.

우리는 운명을 알기 위해서 점을 치는데, 그 자체로써 이미 선한 일이다. 운명에 대해 겸손한 태도이기 때문이다. 어떤 사람이 만일, "운명이 어디 있어? 최선을 다하면 그만이지"라고 얘기한다면, 이는 상당히 위태롭다고 아니할 수 없다. 최선이라는 말은 눈에 보이는 대로 행동한다는 뜻이다. 나름대로의 능력에 의존한다는 말이다. 이 말을 잘 생각해 보면, 되는 대로 행동하겠다는 뜻과 다를 바 없다. 사람은 으레 가급적 최선의 행동을 하게 마련이다. 눈 감고 길을 걷는 사람이 어디 있겠는가!

이처럼 사람의 행동은 원래부터 이유에 의해 선택되어진 것이다. 어린아이는 경험이 적어서 행동을 선택하는 일에 능숙하지 못하다. 그래서 종종 위험할 수도 있다. 어른이 되면 잘 알아서 행동하게 된다. 그저 능력껏 행동하는 것이다. 하지만 이로써 다 되는 것은 아니다. 운명을 생각해야 한다.

점이란 운명을 알기 위함인데, 반드시 미래를 맞히지 못해도 점은 유익하다. 점을 통해 운명의 존재를 음미하는 것이니 그 자체가 바로 조심성인 것이다. 점의 결과는 그 사람의 도력(道力)에 따라 정확하거나 또는 엉뚱할 수도 있다. 그러나 일단 점을 친다는 생각이 중요하다.

인간은 누구나 자유 의지가 있으므로 마음대로 행동할 수 있다. 그러나 점이란 자유 의지를 약간 비워 놓겠다는 뜻이다. 나는 총명하니까 알아서 행동할 수도 있지만, 얼마간은 하늘의 점지에 맡겨 보겠다는 뜻이다. 이 얼마나 훌륭한 인격인가!

군자는 원래 최선을 다해 지혜를 습득해야 하지만, 총명한 사람이
라도 하늘에 되묻는 정신이 필요하다. 하늘이 답을 주느냐 아니냐
를 따질 필요는 없다. 묻는다는 자체가 중요한 것이다. 이것이 바로
겸손이자 초월적 지혜이다. 자신이 모르는 것이 있다고 인정하고
하늘에 묻는 것이니 얼마나 지혜로운가!

하나의 예를 보자. 축구 대전표를 짤 때도 인간의 생각대로 상대
방을 선택할 수 있다. 그러나 그것은 분쟁의 소지가 될 수도 있다.
아무리 잘 선택한다 하더라도 모두에게 만족을 줄 수는 없다. 그래
서 추첨을 한다.

이는 인간이 판단하지 않겠다는 뜻이다. 운명에 맡기는 것이고,
하늘에 맡기겠다는 것이다. 추첨의 결과가 나오면 사람들은 당연히
그에 따르게 된다. 불만은 있을 수 없다. 당초부터 하늘에 맡겼던
것이고, 이제 하늘이 선택해 준 것이기 때문이다.

이는 하늘이 총명하다는 것은 아니다. 그저 하늘이 판단했다는 것
뿐이다. 이유는 없다. 하늘의 판단은 원래 이유가 없는 법이다. 그
결과에 따르느냐 마느냐는 인간의 마음에 달려 있다. 점이란 여러
가지 목적으로 치게 되는데, 행동 방침을 정하기 위해 점을 쳤다면
그 결과에 따르면 그만이다.

점에 나타난 것은 하늘이 선택해 준 것으로서 그것의 이유를 따
질 필요가 없다. 만일 점괘대로 행동했는데도 불구하고 불이익을
당했다면 이는 이미 그런 운명이 지워져 있었을 뿐이다. 물론 하늘
이 그렇게 정해 준 것을 인간이 그에 따랐을 뿐이다. 당초 하늘에
게 행동 방침을 물은 것은 하늘의 명령에 따르겠다는 뜻이었다. 그

러므로 그 명령이 좋든 나쁘든 따질 필요가 없다. 그저 따르기만 하면 된다.

점을 쳐서 미래를 안다는 것은 또 다른 섭리이기 때문에 여기에서는 논하지 않겠다. 단지 점이란 믿고 따르기 위해서 쳐야만 한다. 맹목적일 수도 있고 어리석을 수도 있다. 그러나 그것은 하늘의 지혜(명령)이기 때문에 인간의 지혜를 넘어설 수가 있다. 물론 인간의 판단보다 어리석은 명령을 하늘이 내려줬다고 해도 따라야 한다. 그것은 하늘과의 약속이다.

옛날 주자는 어느 날 점을 쳤다. 그래서 얻은 괘상은 ䷠이었다. 이것은 은퇴를 뜻하는 괘상이다. 그래서 주자는 관직에서 물러나 고향으로 돌아갔다. 즉, 하늘에 묻고 하늘이 답하자 그에 따랐을 뿐이다. 물러나는 것이 좋다는 것은 아니다. 단지 하늘의 명령이 그렇다는 것뿐이다.

인간은 흔히 점을 칠 때 미래를 반드시 알고자 한다. 이는 매우 어리석은 짓이다. 점이란 이럴 수도 저럴 수도 없을 때 하늘에 따른다는 뜻으로 쳐야 한다. 하늘이라고 해서 인간처럼 생각하고 답을 주는 게 아니다. 인간은 그저 하늘의 추첨(점괘)에 맡긴 것이다.

그러나 점을 자주 쳐서는 안 된다. 왜냐 하면 인간이 충분히 판단할 수 있는데 일부러 하늘에 맡기면 안 된다는 것이다. 너무 점을 자주 치는 사람은 비겁한 사람이다. 자유 의지를 포기한 사람이다. 지혜를 포기한 사람이다. 책임감이 없는 사람이다. 그러나 점을 절대 안 치겠다는 사람은 벼락맞을 사람이다.

사람은 비록 총명할지라도 때로는 자신의 지혜를 덮어 버리고 선택권을 하늘에 맡겨야 한다. 이것을 일컬어 점도(占道)라고 한다. 즉, 점치는 사람의 마음가짐을 뜻한다. 사람은 점도를 깊게 수행하면 나중에는 점이 맞아떨어지기도 한다.

요점을 이야기하면 점도를 수행하는 사람은 첫째, 하늘의 명령을 따라야 하고, 둘째는 하늘의 계시(점괘)를 믿어야 한다. 점을 칠 때 이미 하늘의 명령에 따르기로 했고, 또한 하늘의 계시를 믿기로 한 것이므로 그것에 충실해야 하는 것이다. 점도란 이 두 가지에서 비롯된다.

다음으로는 점을 칠 때의 진지함이다. 점을 칠 때는 오직 결과를 궁금해할 뿐 일체의 잡념을 버려야 한다. 점이 제대로 쳐지기 위해서는 집중이 잘 되어야 하고, 경건한 마음을 가져야 한다. 그러나 집중과 경건은 결국 한 가지 마음으로 귀결하게 된다.

그것은 점괘에 대한 순수한 의문이다. 이는 어린아이가 사물에 대해 궁금해하는 바로 그런 천진함과 간절함이다. 점을 치기에 앞서 이미 따르고 믿겠다는 마음으로 임하는 것이고, 점을 치기 시작할 때는 집중과 경건, 즉 순수한 의문을 가져야 한다.

이러한 것을 갖추게 되면 4번째 단계에 이르게 되는데, 그것은 점괘의 해석이다. 모처럼 훌륭한 인격으로 점을 쳐서 계시를 얻었는데, 그 뜻을 모르면 점괘는 무용지물이 된다. 그런데 점괘의 해석이란 처음에 말한 세 가지 인격, 즉 따르겠다는 결심, 믿겠다는 마음, 순수한 의문보다 중요한 것은 아니다. 점괘의 해석이란 지적(知的)인 사항에 해당되는 것으로, 인간 자체의 문제이다. 점괘의 해석은 그리 어려운 것이 아니므로 처음의 세 가지에 유의해야 한다.

  그런데 점괘의 해석에서 괘상 그 자체를 이해하는 것과 실생활에 적용하는 것과는 상당히 다를 수 있다. 예를 들어 괘상 ䷀은 양극(陽極)으로서 이 점괘를 얻으면 좋을 리 없다. 재물이 생기지 않고, 분쟁이 생길 우려도 있으며, 애인과 헤어지거나 고독해진다. 몸에 상처를 입을 수도 있다. 다만 성직자나 수도자가 이 괘상을 얻으면 대성한다.

  다른 괘상을 보자. 괘상 ䷔의 경우, 여자가 얻으면 득세한다. 그러나 남자가 이 점괘를 얻거나 평화스러울 때 이 괘상을 얻으면 사고를 당할 수 있다.

  괘상의 현실 적용과 그 자체 해석은 이렇듯 다르다. 하지만 괘상 그 자체의 뜻을 분명히 알면 자유 자재로 적용할 수 있다. 인간은 사물을 생각함에 있어 자기 나름대로의 방식이 있어서 자연스럽게 생각하질 못한다.

  예를 들어 군인이란 얼핏 씩씩하고 강하니까 ䷀이라고 보기 쉽다. 그러나 군인은 ䷃이다. 군인은 오로지 명령에 따를 뿐 자유 의지가 없으므로 이렇게 해석되는 것이다. 공무원도 마찬가지이다. 그러나 상인이나 성직자·도인 등은 ䷀이다. 다만 군대는 ䷀에 해당된다. 사회 일각에 혼란이 가중되면 군대를 파견하게 되는데, 그 역할은 아주 강력하다. 그러므로 군대는 ䷀인 것이다. 하지만 직업을 묻는 점괘에서 ䷃가 나오면 군인·공무원·선생님 등이고, ䷀은 상인이나 자유직·학자 등이다.

  이상에서 점의 도리와 괘상의 적용 등을 살펴봤는데, 점을 공연히 쳐서는 안 된다. 반드시 절박한 이유가 있어야 한다. 다만 평화가 너무 오래 지속되면 점을 쳐야 한다. 세상의 일은 무슨 일이든 오래 지속되면 변화를 상정해야 하는 것이다.

그리고 무엇인가 자연스럽지 못하고 불안한 기분이 들면 점을 쳐야 한다. 물론 특별한 일이 있을 때, 무엇인가 선택할 일이 생겼을 때 점을 치는 것이다. 그리고 점을 칠 때는 있는 힘을 다해 생각하고 나서 점에 의지하기로 확고한 결심을 세워야 한다. 무릇 주역을 공부하는 사람은 점도의 수행에도 게으르지 말아야 한다.

끝으로 점은 보통 얼마 만에 쳐야 하는가? 매년 또는 매달 쳐도 좋다. 변화가 많고 진지하게 살고자 한다면 1주일에 한 번 정도면 좋으리라! 그러나 매일 치는 점은 왠지 이상하다. 점이란 인격이 높아야 그 자격이 주어지는 것이다. 매일 점칠 자격이 있는가? 점괘를 훌륭히 해석할 능력은 있는가?

玉虛眞經 (4)

無名 天地之始 有名 萬物之母

이름 없는 것은 하늘과 땅의 시작이고, 이름 있는 것은 만물의 어머니이다.

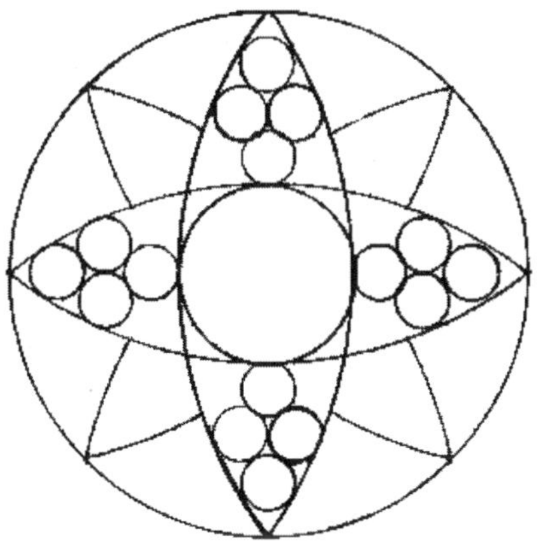

숫자 6의 신비

6은 수학에서는 최초의 완전수라 하여 상당히 독특한 숫자이다. 완전수란 1+2+3 = 1×2×3 = 6이란 의미인데, 6은 주역에서는 절대숫자이다. 괘상이 바로 6개의 획으로 이루어진 것이다. 자연계에는 눈의 결정이 육각형이므로, 이는 대단히 신기한 일이다. 하필 6각형일까? 차라리 눈의 결정이 두루뭉실하거나 여러 가지 형태면 좋으리라! 그런데 눈은 유독 6각형을 고집한다.

그리고 주역의 괘상을 분류하는 데도 6개의 순환군이 필요하다. 그 외에 원둘레는 반지름으로 끊어 나가면 딱 6번으로 떨어진다. 즉, 6각형이 되는 것이다. 우리가 사는 우주도 전후 좌우 상하, 즉 6개의 방향이 있다. 정다면체의 수는 5개인데, 넓은 의미로 보면 구(球)도 1면체이다. 그러므로 모두 합쳐서 역시 6개의 정다면체가 있는 셈이다.

이렇듯 6이라는 숫자는 두고두고 음미해야 할 신비의 숫자이다. 특히 우리는 괘상 순환군 6개를 주목해야 한다. 이 장에서는 순환군 6개의 총체적 구조를 다시 한 번 고찰해 보자. 다음을 보자.

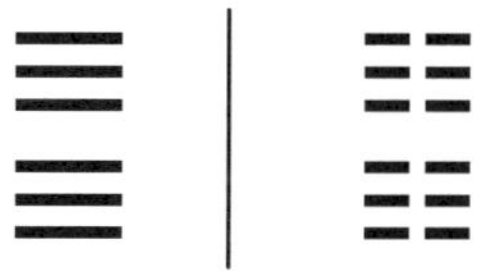

이것은 E군을 나타낸 것인데, 좌측은 눈앞에 실제로 전개되고 있는 괘상이고, 우측은 이면에 잠재하고 있는 괘상이다. 합해서 6개의 요소로 이루어져 있다.

이 관계를 잘 이해하기 위해 어떤 상황을 가정하자. 여기 하나의 공이 있다고 하고, 이것이 차츰 줄어들고 있는 상황을 생각하자. 공은 점점 줄어들어 마침내는 하나의 점이 되었다고 하자. 이제는 더 줄어들 수가 없다. 그것은 우리가 사는 공간에서 가장 작은 점의 상태까지 줄어들었기 때문이다. 그러나 이 점이 더 줄어든다고 상상해 보라. 어떻게 될까?

수학에서는 흔히 마이너스 숫자가 있다. 즉 -1, -4, -27 등이다. 이들 음수는 양수와 마찬가지로 쓰이고 있는 것이다. 이런 방식으로 공간을 생각할 수는 없을까? 이론적으로 무리가 없다. 그래서 마이너스 공간을 생각하면 그 공간은 점보다 더 작은 공간이다. 물론 점이 우리의 공간에서 사라지면 0인데, 내면의 다른 공간으로 커지면 그것은 마이너스 공간으로 커 가는 셈이 된다. 즉, $R \rightarrow 0 \rightarrow -R$이 되는 것이다. 이것은 우리 공간의 구(球)가 점점 작아지

다가 0 이하로 작아지면 오히려 다른 쪽으로 발생하는 모습을 표현하는 것이다.

이제 우리 공간을 ☰로 나타낸다고 하자. 획이 6개인 것은 삼차원 공간의 요소가 6개이기 때문이다. 이면 공간(마이너스 공간)도 요소는 6개이다. 물론 그것은 ☷로 표시되어야만 한다. 당초 두 가지 종류의 공간을 가정했기 때문이다. 이러한 논리는 오늘날 소립자 물리학에서 적용되는 중요한 원리이다.

우리는 이러한 상태를 다음의 그림으로 표시했다.

이것은 좌표 요소의 순서를 정하면 다음과 같이 된다.

$$
\begin{array}{c|c}
6 & 1 \\
5 & 2 \\
4 & 3 \\
\\
3 & 4 \\
2 & 5 \\
1 & 6 \\
\end{array}
$$

여기서 왼쪽은 내면 공간이다. 여기까지는 앞장에서 이미 살펴본 것을 부연 설명한 것에 지나지 않는다. 이제 자세히 살펴보자.

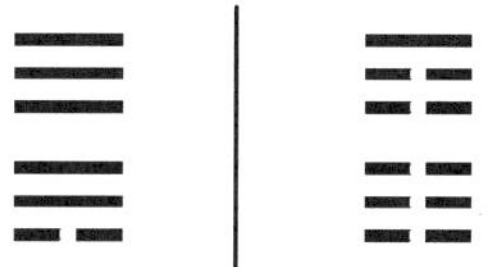

이 그림은 하나를 저쪽 공간으로 들여보내고 다른 하나를 이쪽 공간으로 뽑아낸 것이다. 즉, 회전시킨 셈이다. 그 결과 이쪽 공간에는 ☷이 생기고 저쪽에서는 ☳이 생겨났다. 이러한 상황은 계속 이어질 수 있다.

이것은 계속하면 제자리로 돌아오는 순환 체계이다. 모든 것은 12단계이고, 원소는 내외 공간을 합쳐 12개이다. 그리고 각 요소는 점 대칭으로 음양이 반대로 되어 있다.

이것은 H군을 나타내는데, 다른 군과 마찬가지로 원소가 12개이다. 이것은 몇 단계의 순환 체계인가? 언뜻 보기에는 4단계이다.

이것은 4단계를 거쳐 원래 상태로 돌아온 모습이다. 그러나 자세
히 보자.

숫자를 붙인 것은 자세히 살피기 위함이다. 이제 숫자와 함께 순
환시켜 보자.

이 변화도에서 4단계를 거쳐 자기 자체의 모양으로 돌아왔다. 같

은 모양으로 돌아온 것이다. 즉,

이 된 것이다. 그러나 숫자를 보면 다음과 같이 된다.

2	3		6	1
1	4		5	2
6	5		4	3
5	6		3	4
4	1		2	5
3	2		1	6

　처음에는 위의 오른쪽 그림과 같았다. 즉, 제자리에 돌아온 것은 아니지만, 제자리에 '돌아온 것과 마찬가지' 상태가 된 것이다. 이것은 무엇을 뜻하는가? 영화 필름으로 따지면 6개 순환군이 모두 길이는 같다. 다만 H군만은 내용이 3번 반복되는 것이다. 그런데 괘상이란 내용만 따지는 것이다. 그래서 H군은 4개 원소로 보이게 된 것이다.

　H군이라 하더라도 내외 공간 요소의 총수는 같다. 그것은 12개인데, 이 12개 원소를 음양 대칭률을 지키는 범위에서 무제한 변환시켜 보면 전체의 체계 종류는 6개밖에 되지 않는다. 그래서 결국 주역의 괘상은 6개 순환군으로 나뉘게 되는 것이다. 그리고 중요한 사실은, 괘상이란 4차원 순환체의 3차원 단면이라는 것이다. 여기서

4차원 순환체란 내외 공간을 통틀어 말하는 것으로, 이 순환체는 괘상보다 먼저 존재한다. 언뜻 생각하면 괘상이 먼저 있고 그 중에서 12개씩 또는 4개를 짝으로 묶어 순환체를 구성한 것 같은데, 실은 그게 아니다. 순환체는 범주 개념으로서 이미 존재하고 있었던 것이다.

이 순환체는 태극으로부터 단계적으로 진화해 왔다. 우리 인간은 3차원밖에 볼 수 없으므로 순환체는 결국 12개 단면으로 쪼개어서 볼 수밖에 없었던 것이다. 실제로는 순환체가 그 자체로 한 덩어리일 뿐이다. 단지 순환체 덩어리로서 세상의 사물을 대비시키기에는 적합치 않으므로 단면을 이용하는 것이다. 하지만 순환체를 한 덩어리로 볼 때만 다른 순환체와의 관계가 총체적으로 드러나게 되어 있다.

이제 각 순환체의 성질을 다시 한 번 살펴보자.

이것은 E순환체를 전개한 것인바, 즉 E군 괘열이다. 이것을 수열로 써 보면 다음과 같다.

63, 61, 57, 49, 33, 1, - 63

이 수열은 6단계를 지나면 같은 숫자가 나타난다. 물론 음양이 대칭이다. 이 수열을 전부 써 보자.

63, 61, 57, 49, 33, 1, -63, -61, -57, -49, -33, -1

이제 이 수열을 아무 곳에서나 시작해서 예를 들어 6개를 써 보자.

61, 57, 49, 33, 1, -63

다른 것을 또 써 보자.

49, 33, 1, -63, -61, -57

이제 두 수열을 비교해 보자. 뚜렷한 특징이 나타난다. 부호를 따지지 말고 숫자만 보자. 즉, 절대값을 보라. 그러면 다음을 얻는다.

49, 33, 1, 63, 61, 57

또한 다음을 얻을 수도 있다.

61, 57, 49, 33, 1, 63

두 수열은 어떤가? 숫자의 종류가 완전히 일치하지 않는가! 이것은 시작점이 어디라도 상관없다. 다시 하나를 보자.

1, -63, -61, -57, -49, -33

이것은

1, 63, 61, 57, 49, 33

이 되는데, 이것을 앞의 두 집합과 비교하라. 숫자의 종류가 완전히 일치하지 않는가! 이것은 E순환체가 갖는 고유 수치이다. 6개의 숫자, 즉

63, 61, 57, 49, 33, 1

은 E순환체의 숫자이다. E군 전개에서 다른 숫자는 나타나지 않는다. 결국 순환체란 6개의 값을 갖는 체계인 것이다. 물론 음양값이 모두 있을 뿐이다. 우리는 6이라는 숫자를 또 만났다. 6개 순환체, 6개의 순환값, 오로지 6이다.

다른 순환체를 조사하자.

이것은 C군 전개이다. 수열로 변환하면,

27, ﹣11, 43, 21, ﹣23, 19, ﹣27

이 된다. 여기서 6개만 취하면,

27, 11, 43, 21, 23, 19

와 같은 수치를 얻는다. 이것은 C군 특유의 수치이다. 괘열을 아무리 길게 전개해도 이들 6개의 숫자만 반복해서 나타난다. 다른 순환체도 모두 이와 같은 상황이 이루어진다.

D군을 보자.

이것을 수치로 환산하면 다음과 같다.

﹣3, 59, 53, 41, 17, ﹣31, 3

이 가운데 6개를 취하면,

3, 59, 53, 41, 17, 31

을 얻는다.

F군을 보자.

이것을 수치로 바꾸면 다음과 같다.

9, -47, -29, 7, -51, -37, -9

이 중 6개를 취하면,

9, 47, 29, 7, 51, 37

이 된다. L군을 보자.

이것을 수치로 바꾸면 다음과 같다.

-45, -25, 15, -35, 5, 55, 45…….

다시 이 중 6개를 취하면,

45, 25, 15, 35, 5, 55

가 된다. 마지막으로 H군을 보자.

이것을 수치로 하면 다음과 같다.

39, 13, -39, -13

그런데 H군은 사정이 좀 다르다. 숫자의 종류가 2개밖에 없는 것이다. 그러니 할 수 없이 2개를 취해야 한다.

39, 13

이제 모든 것을 한 곳에 집결시켜 보자.

49, 33, 1, 63, 61, 57 → E
27, 11, 43, 21, 23, 19 → C
3, 59, 53, 41, 17, 31 → D

9, 47, 29, 7, 51, 37　　　→ F

45, 25, 15, 35, 5, 55　　→ L

39, 13　　　　　　　　→ H

　이들 숫자는 모두 32개로, 이를 두 배로 하면 64괘 모두를 나타낼 수 있다. 각 군이 6개 내지 2개의 독특한 숫자를 갖는 것은 주어진 섭리로서 숫자의 분석을 통해 각 군의 특성을 조사할 수 있다. 각 군의 숫자를 더해 보자.

$$49+33+1+63+61+57 = 264 \rightarrow E$$

$$27+11+43+21+23+19 = 144 \rightarrow C$$

$$3+59+53+41+17+31 = 204 \rightarrow D$$

$$9+47+29+7+51+37 = 180 \rightarrow F$$

$$45+25+15+35+5+55 = 180 \rightarrow L$$

$$39+13 = 52 \rightarrow H$$

　이상의 숫자가 각 군의 통합 숫자이다. 이들 숫자에는 무슨 뜻이 있을까? 숫자들은 1, 3, 5, 7, 9…… 식으로 해서 63까지 존재한다. 이들은 어떤 원리에 의해 분산하여 해당된 지역으로 집합한다. 이에 대한 자세한 분석은 뒤로 미루고 우선은 외형 구조만 살펴보자. 각 군에 의해 주어진 숫자는 6개, 즉 264, 144, 204, 180, 180, 52이다. 이제 이들을 크기 순으로 배열하자.

$$264 \to E \to 1$$
$$204 \to D \to 2$$
$$180 \to F \to (3)$$
$$180 \to L \to (3)$$
$$144 \to C \to 4$$
$$52 \to H \to 5$$

여기서 (3)은 두 개인데, 어쩔 수 없는 일이다. F와 L은 통합수가 같은 것이다. 따라서 F와 L은 크기 순위가 같다. 이제 이들 순위에 따라 발전 개념도를 그려 보자.

$$1 \to 2 \to (\begin{smallmatrix} 3 \\ 3 \end{smallmatrix}) \to 4 \to 5$$

이것은 바로,

$$E \to D \to (\begin{smallmatrix} F \\ L \end{smallmatrix}) \to C \to H$$

인데, 이 그림은 어디서 보았을까? 바로 위상 관계도이다. 위상 관계도는 시각 기하 논리 법칙과 중간 도출 원리에 의해 그려진 것인데, 지금 또 다른 원리에 의해 그것이 다시 나타났다. 주역의 섭리는 실로 묘한 것이다. 어떤 방식이 되었든 진리는 불변인 것이다.

우리는 세 가지 방법으로 진리를 검증했다. 이 외에도 많은 방식이 있지만, 그것을 일일이 논의할 필요는 없다. 단지 우리는 위상

관계도가 더욱 공고해졌다는 것을 느낀다. 이에 따라 앞으로 전개
될 논리에는 위상 관계도를 사용할 수 있게 되었다.

$$E \to D \to (\begin{smallmatrix} F \\ L \end{smallmatrix}) \to C \to H$$

이 그림의 타당성은 이제 재론할 필요가 없다. 단지 이 그림은 무
슨 뜻이 있는가가 문제이다. 그것은 앞으로 논의할 과제지만 간단
히 살펴봐도 중요한 요소를 찾아낼 수 있다.

먼저 E군을 보자.

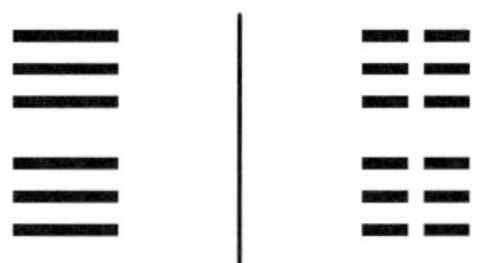

이것은 음양이 섞이지 않고 반반으로 나누어져 있다. 즉, 양극(兩
極) 구조인 것이다. 반면 H군을 보자.

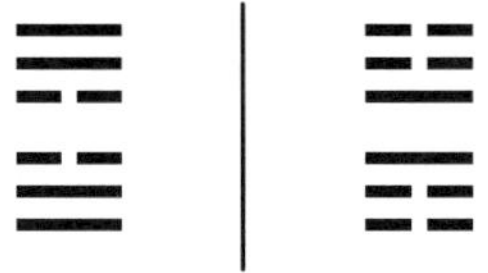

이것은 6극 구조로서, 음양이 각각 삼각형을 이루고 있다. E →
H는 결국 2 → 6인 것이다. 양 한 성분만 따져 보면 1 → 3이다.
한곳에 몰려 있던 성분이 3등분되고 있는 모습이다. 3태극이란 말

을 들어 본 적이 있는가? 여기서는 3이란 숫자가 중요하다. E →
H, 이 과정은 우주의 진화를 보여 주고 있다. 우리가 E를 그림으로
색깔을 넣어서 그려 보면 바로 태극 그림이다. H도 마찬가지로 그
려보면 1 → 3으로 전개되는 세분화이다.

여기서 무엇을 알 수 있는가? 세분화된 그림은 무엇이라 불러야
하는가? 그것은 소극(小極)으로 불러야 마땅할 것이다. 우주는 태극
에서부터 소극으로 진화되고 있다는 뜻이다. 그 안의 세세한 과정
이 각 군에 배당된다.

($\frac{F}{L}$) 군은 중간에 있으니 중극(中極)이라고 부르면 어떨지? 이
에 대해서는 상세히 논의하겠지만, 우선 위치의 특성에 따라 명명
하기로 하자. D군은 준태극(準太極), C군은 준소극(準小極)이다. 이
름이 반드시 중요한 것은 아니다. 단지 군들의 위치를 음미하는 데
사용하면 된다. 앞으로 우주의 진화 모습은 더욱 깊게 아름답게 파
헤쳐질 것이다.

이 장에서 유의할 것은 위상 관계도를 재검증한 일이다. 무엇인가
심상치 않은 느낌이 들지 않는가! 우리는 이제 각 군의 관계를 완
전히 터득해 냈다. 눈에 보이는 위상 관계도가 바로 그것이다. 이
속에는 무궁 무진한 보물이 숨겨져 있다. 그것을 탐색하는 일은 다
음으로 미루자.

玉虛眞經 (5)

有無相生 難易相成 長短相較 高下相傾 前後相隨

유무(有無)는 서로 낳고, 난이(難易)는 서로 이루고, 장단(長短)은 서로 나타내고, 고하(高下)는 서로 기울고, 전후(前後)는 서로 따른다.

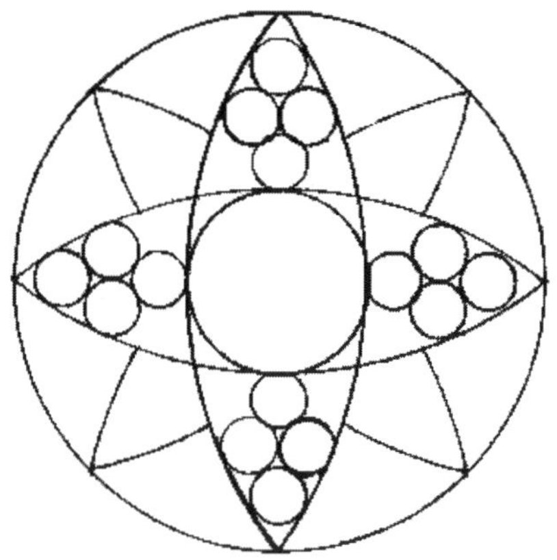

대가(大家)의 길

지금까지 공부한 것을 이해하는 독자들은 주역의 상당한 경지에 이르고 있다. 다만 어떤 독자는 이상한 느낌도 들 것이다. 왜냐 하면 주역이라면 그저 괘상을 공부하는 것이라고 생각할 수 있기 때문이다.

예를 들어 '☶☳은 어머니가 자식을 잉태한 모습'으로, 사물의 시작을 의미한다. 사냥꾼이 숲 속에서 길을 잃은 모습이다. 만일 이 점괘를 얻었다면 노력 끝에 결실을 맺는다. 사업의 시작에 좋은 괘상이다. 다만 혼돈스러워 아직 질서를 잡지 못한 상태이다. 이 괘상은 ☷을 ☵이 흔들어 주고, 또한 ☷을 ☵이 덮친다. 그래서 혼돈스럽고 암울하다. 미지의 세계로 나아가는 모습으로, '고향을 떠나는 젊은이의 모습이다.'라는 식으로 괘상을 설명하면 그만이지, 어째서 군이니 위상이니 위치 해석이니 이토록 복잡한 말이 많은가 말이다.

일리가 있는 말이다. 그러나 잠시 참고 필자의 말에 귀를 기울여 보자. 우리는 거의 매일 TV를 본다. 뉴스를 보거나 축구 중계도 본다. TV를 켜고 *끄는* 방법도 잘 알고 있다. 그것은 처음에 살 때 설명을 들었기 때문이다.

그러나 TV를 만드는 법을 공부한다면 어떨까? 보지도 듣지도 못했던 이상한 이론을 배울 것이다.

예를 들어 E = IR을 보자. 이는 '옴의 법칙'이라는 것인데, 전류와 전압의 관계를 보여 주고 있다. TV 안에는 콘덴서니 저항이니 트랜지스터니 하는 복잡한 물건도 들어 있다. 리모콘만 있으면 모든 것이 다 해결되는 것은 아니다.

자동차 운전을 생각해 보자. 학원에 다니고 연습하고 면허 시험도 본다. 나중에는 베테랑 운전사가 되겠지만, 자동차를 만들 수 있는가? 우리는 지금 주역을 전문적으로 공부하는 중이다. 꿈 해몽하듯 괘상을 적당히 해석하고 한문책이나 읽으면 되는 게 아니다. 냉장고도 그렇다. 사용 설명서만 있으면 가정에서는 그만이지만, 기술자는 그게 아니다.

주역에서도 간단히 말로 설명할 수 있는 것도 있고, 그 내면을 상세히 알아야만 이해될 수 있는 것도 있다. 주역이 무슨 초등학생 그림 맞히기인가! 천지의 원리를 규명하는 것이 주역이다. 겉으로 보기에 주역 64개의 괘상은 간단해 보이지만 그 내면 체계는 아주 심오한 것이다.

비행기를 그리는 것은 어린아이도 할 수 있지만, 만드는 것은 그리 쉽지 않다. 주역도 한문 깨나 알고 열심히 읽으면 그런 대로 일가를 이룰 수 있지만, 공자님의 마음은 영원히 모를 것이다. 지금껏 공부한 것이 지루하거나 어려울지 모르지만 그것이 바로 주역이다. 공부란 철저히 해야 하는 것이다.

하나의 일화를 얘기하자. 누가 필자에게 라디오 통신 원리를 물은 적이 있다. 그래서 필자는 $E_g - I_P$ 곡선에 대해 설명해 주려고 하는데, 그 사람은 "어려운 얘기를 좀더 쉽게 설명해 달라"는 것이었다. 기가 찰 노릇이었다. 서울역 가는 방법을 물으면 전철을 알려주든지 택시를 타라고 하면 그만이다.

그러나 상대성 원리를 설명해 달라면서 '쉽게'라는 말을 하면 되겠는가! 라면 끓이는 방법은 쉽다. 그러나 오향장육(五香醬肉) 만드는 방법은 어렵다.

그래서 필자는 그 사람에게 이렇게 말했다.

"당신은 라디오 만드는 방법은 배울 수 있습니다. 청계천에 가서 부속품을 사다가 조립하면 되죠. 그러나 그 원리는 배울 수 없을 것입니다."

주역의 괘상에 대한 것은 원전에 다 씌어 있다. 그것을 집에 준비해 두었다가 필요할 때마다 읽으면 된다. 점치는 책도 있으니 그것을 준비하면 그만이다. 그러나 주역의 원리를 배우려면 고도의 논리가 필요하다. 주역은 추리 소설처럼 열심히 읽으면 저절로 알게 되는 것이 아니다.

필자도 소설은 많이 써 봤다. 그것은 그저 줄거리를 연구하고 기술적으로 쓰면 그만이다. 하지만 주역은 그리 간단한 것이 아니다. 《논어》라든가 《맹자》라든가 《대학》이나 《중용》 같은 책은 열심히 읽으면 된다. 그러나 주역은 그리 될 수 없다. 오로지 깊은 논리를 깨달아야만 한다. 꿈 해몽하듯 적당히 넘어가서는 주역의 뜻을 영원히 모르게 된다.

어떤 주역 학자가 말했다. 그 사람은 필자의 친구로서 한문에 도통했고 주역의 논리에도 일가를 이루었다. 다만 그는 수학을 잘 모른다. 그의 괘상에 대한 설명을 보자.

땅은 가장 아래에 있다. 그러므로 ☷은 음값이 가장 높다. 땅 위에는 무엇이 있나? 바다가 있다. 그러므로 ☵는 ☷ 다음으로 음값이 높다. 바다에는 무엇이 있나? 물이 담겨져 있다. 그러므로 ☵은 ☷ 다음으로 음값이 높다. 물은 어디서 오는가? 산에서 흘러내린다. 그러므로 ☶은 ☵ 다음이다. 산 위에는 무엇이 있나? 바람이 분다. 그러므로 ☶ 위에는 ☴이다. 바람 부는 하늘엔 무엇이 있나? 밝음이 있다. 그러므로 ☴ 위에는 ☲이다. 밝은 하늘 더 높은 곳에는 무엇이 있나? 우레가 있다. 그러므로 ☲ 위에 ☳이 있다. 그러나 하늘은 더욱 높다. 따라서 ☳ 위에 ☰이 있다.

언어 논리가 그럴 듯하다. 이와 비슷한 논리가 있다. 원숭이 뭐는 빨갛다, 빨간 것은 사과다, 사과는 맛있다, 맛있는 건 바나나다, 바나나는 길다, 기니까 기차다. 나중엔 무엇이 나올까? 말하기는 쉽다. 그러나 내용은 없다. 그런 사람은 더 공부해서 시인(詩人)이 되면 좋을 것이다.

주역은 깊은 섭리가 있으므로 서울역 가는 길처럼 간단히 설명할 수가 없다. 필자는 30년간 주역을 공부했는데, 그래 봤자 64개의 그림을 연구했을 뿐이다. 별게 아닐 것 같다. 그러나 그렇지 않다. 주역의 각 괘상의 연관도를 모두 계산한다면 그 숫자가 $64 \times 63 \times 62 \times 61 \times 60 \times 59 \cdots\cdots 10 \times 9 \times 8 \times 7 \times 6 \times 5 \times 4 \times 3 \times 2 \times 1$이다. 이 숫자는 엄청나서 평생을 세어도 다 세지 못한다. 우주를 다 먼지로 만들어도 이 숫자에 이르지는 못한다. 그래서 체계라는 것이 필요하다. 모든 것을 이해할 수 있는 논리와 공식이 필요한 것이다. 간단히 말할 수 있는 것이 따로 있지, 주역은 절대 그런 것이 아니다. 주역은 인간이 만든 모든 학문보다 깊고 넓다. 간단히 설명할 수 있는 것이 절대 아니다.

괘상을 보자. ䷗은 물 속에 있는 우레로서 점점 성숙해 가고 있는 모습이다. 괘상 ䷗도 비슷해서 땅 속에서 점점 기운을 축적하고 있는 것이다. 이것이 바로 두 괘상에 대한 설명이다. 이로써 무엇을 알 수 있는가? TV로 말하면 겉모양만을 설명했을 뿐이다.

이번에는 효(爻)에 대해 논해 보자. ䷗에서 다섯 번째, 즉 ☵의 가운데 있는 양은 무엇인가? 간단히 말하자면 숲에 빠져서 아직 벗어나지 못한 사냥꾼의 모습이다. 괘상 ䷗에서 다섯 번째 양은? 이것은 공급되고 있는 형상이다. 즉, 갈증이 해소되고 있는 모습이다.

어떤가? 위와 같은 설명으로 효사를 이해하겠는가? 세상에는 말로 할 수 있는 것이 있고, 말로 할 수 없는 것이 있다. 그렇다면 다음을 보라.

$$\triangle 4 + (8\pi^2 m / h^2)(E - V)4 = 0$$

이것은 파동 방정식이다. 파동의 섭리를 이로써 설명할 수 있는

데, 이것은 말로 할 수가 없다. 한강 다리를 놓는 데 필요한 지식은 수십 개의 방정식이다. 그것은 절대로 말로 할 수 있는 게 아니다. '간단히 알기 쉽게'는 더더구나 안 된다.

주역을 한마디로 얘기해 달라면 음양이라고 말할 수 있다. 상대성 원리는 시공간 내에서의 물체의 운동이다. 이로써 다 설명이 되겠는가? 원래부터 복잡한 것은 어쩔 수 없이 복잡한 설명이 필요하다. 간단한 것을 너무 좋아하면 안 된다.

최신예 전투기 만드는 방법은 몇 대의 트럭에 실을 만큼 많은 서류가 필요하다. 거기에 비하면 주역의 이론은 한 트럭도 되지 않을 것이다. 주역의 논리에 관해 저술한 책 몇 권을 읽고 어지러워하는 사람은 시인이 되면 된다. 필자도 주역에 대해 간단히 설명하고 싶다. 사실 필자는 가장 간단히 설명하고 있는 중이다. 더 이상 좋은 설명법은 존재하지 않는다.

알기 쉽게라는 말은 잔인한 말이다. 어느 정도 논리를 알아야 설명할 게 아닌가! 필자는 지금 '어느 정도의 논리'로 설명하고 있을 뿐이다. 주역은 주역다워야 하고, 대가(大家)가 되기 위해서는 어렵다 쉽다를 떠나서 해야 할 공부는 의무적으로라도 다할 수밖에 도리가 없는 것이다. 공부가 재미있고 논리가 어렵지 않으면 더 말할 나위가 없다. 공부가 어려울 때가 문제이다. 그러나 주역에 흥미가 있는 사람은 당연히 공부가 재미있을 것이다. 그것이 논리적이든, 소설 스토리처럼 술술 풀려 나가든 말이다.

필자의 경우에는 재미보다는 의무적으로 시작했었다. 18세 때 주역을 처음 접했는데, 그 당시 너무나 어려워서 화가 났을 정도였다.

책을 집어던지기도 했고, 주역을 엉터리 학문이라고까지 혹평했었다. 그러나 공자가 주역을 그토록 좋아했다는 데 대해서는 너무나 신비한 기분이 들었다. 그 때문에 열심히 하기로 작정했다.

그러나 방법이 문제였는데, 옛 선인들의 가르침에 따라 주역책을 백 번쯤 읽어 보았다. 그 결과 얻은 것이 전혀 없었다. 그래서 방법을 달리 했다. 이번에는 논리를 파고들었다. 처음 3년 정도는 성과가 없었다. 그러나 지치지 않았다. 결국에는 활로가 열리고 있었다. 나중에는 공부의 방법을 터득했다.

그것은 자기 자신이 무엇을 모르는지를 분명히 하고, 또한 무엇을 아는지 분명히 하는 것이다. 필자는 수많은 책을 읽었다. 동양학·수학·물리학·논리학·생물학·화학·철학 등 모든 학문을 주역을 이해하는 데 동원했다. 그 결과 조금씩 주역의 문이 열리기 시작했던 것이다.

나중에는 주역 공부가 점점 재미있었다. 그것은 나날이 증폭되어 갔다. 이에 따라 공부가 쉬워졌고 아는 것도 늘어만 갔다. 주역에 대해 아는 것이 많아지자 사람도 차츰 변해 갔다. 공부는 이제 저절로 되어갔다.

이와 비슷한 경우로 이런 말이 있다. 처음엔 사람이 술을 먹고, 다음엔 술이 술을 먹고, 나중엔 술이 사람을 먹는다고. 주역 공부도 마찬가지이다. 처음엔 어렵고 진도가 잘 나가지 않지만 점점 아는 게 생기게 마련이다. 그러면 차츰 공부가 쉬워지고 재미있어진다. 그러다가 나중엔 주역 공부를 하지 않으면 견딜 수가 없다. 필자는 주역 공부를 위해 평생을 살고 있다. 그리고 주역으로 인해 인품 자체가 끊임없이 변하고 있을 뿐만 이니라 지혜도 상당히 향상되고 있는 중이다.

그러나 주역 공부에 있어서는 30년 전에 갖고 있던 의문을 계속 던지고 있다. 기초를 튼튼히 하기 위함이다. 완벽한 체계는 기초에서 비롯된다. 필자는 아직도 이렇게 묻는다.

☷의 뜻은? ☳과 ☶의 차이는? 주역에 있어 시간의 방향은? 또한 그것은 괘상의 논리에서 어떻게 표현되는가? 그리고 지금껏 이룩해 놓은 체계는 과연 모순인가? 무엇이 가장 중요한 원리인가? 무엇을 더 알아야 하는가? 무엇을 고쳐야 하는가? 학문의 길은 이처럼 애쓰는 사람에게 열리는 법이다.

玉虛眞經 (6)

聖人處無爲之事 行不言之敎.

성인은 처함이 없는 일을 하고 불언(不言)의 가르침을
행한다.

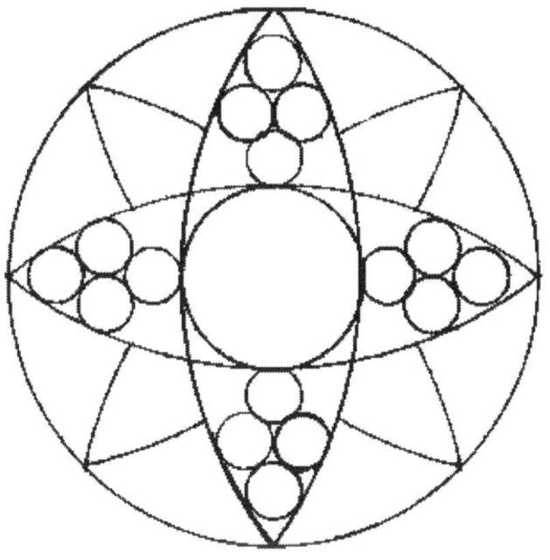

천지의 계층

주역을 공부함에 있어 우리는 중요한 도구를 가지고 있다. 그것은 '통일장 이론'이라고 명명된 것으로, 괘상을 보는 방법이 두 가지 있다는 것이다. 위에서 보는 방법과 아래에서 보는 방법이다. 만일 그렇지 않으면 불완전성이 출현하게 된다. 그렇기 때문에 통일장 이론은 반드시 필요하다. 이에 따라 우리는 하나의 확립된 이론을 가지게 되었는데, 이것을 활용하면 괘상을 잘 정리할 수 있다.

그러나 한 가지 애매한 점이 있다. 우리 인간은 사물을 나름대로 체계를 사용해서 바라보는데, 실제 사물은 인간의 뜻대로 되는가이다. 이 문제는 다른 식으로 표현될 수 있다. 인간은 자연을 바라볼 때 수학이라는 도구를 쓴다. 어떤 현상이든 수학적 체계로 바라보는데, 과연 그것이 현실과 맞아떨어지느냐이다.

오늘날 과학에서는 수학적 이론과 물리적 현상간의 문제라고 말한다. 이와 같은 문제는 주역에서도 똑같은 입장이 아닐 수 없다. 물리학에서는 수리 논리로써 체계화시킨 원리는 실세계에 정확히 반영되는 것으로 알려져 있다. 그래서 '신(神)은 수학자'란 말이 있을 정도이다. 이 말은 자연의 모든 것이 수리 논리로써 조직되어 있다는 뜻이다. 자연과학에서는 어떤 현상이 실제로 관찰되었어도 그것의 수리를 찾아내지 못했으면 그 현상을 이해 못 한 것으로 간주한다. 수리 논리는 그만큼 중요하다.

천재 물리학자 디락은 어떤 수리 논리를 발견해 놓고 다음과 같이 말했다.

"이처럼 아름다운 것을 신이 채택하지 않을 리 없다."

이것은 매우 유명한 말인데, 과학자들은 자연의 모든 현상을 수리로써 바라보는 것이다. 만일 어떤 현상에 수리가 발견되지 않거나, 발견되었다 하더라도 그리 아름답지 못하면, 그것은 진리가 아니라고 의심받게 된다. 여기서 아름답다는 것은 수리 논리가 단순 명료함을 뜻한다. 또 '신은 경제적이다'라는 말도 있는데, 이는 자연의 원리가 단순하다는 것이다. 물론 단순하다는 것은 수리적으로 단순하다는 뜻이다. 수리적으로 단순한 것도 언어로 표현하면 굉장히 어려울 수 있다. 자연 현상의 거의 대부분은 언어로써 완전히 묘사하는 것이 불가능하다.

이와 같은 상황은 주역에서도 마찬가지인데, 수리 논리만이 괘상을 이해할 수 있는 수단인 것이다. 그러나 수리 논리와 실제적 이해는 다소 차이가 있는 것처럼 느껴지지만 사실이 그런 것은 아니다. 비록 과학자라 하더라도 사람은 수리 논리보다는 실생활의 언어로 이해하는 데 익숙하고, 또한 경험의 논리나 느낌으로 이해하는 데 익숙하다. 따라서 우리는 사물을 제대로(수리적으로) 이해하기 위해 모종의 훈련과 조율이 필요하다.

이제 괘상으로 돌아가 보자. ☳과 ☴은 보는 방법에 따라 같은 값을 갖는다. 즉, ☳은 아래에서 보면 양 5의 값을 갖고, ☴는 위에서 보면 양 5의 값을 갖는 괘상이다. 이는 ☳은 양이 5만큼 활동한다는 뜻이고, 또한 ☴는 양이 5만큼 잠재되어 있다는 뜻이다. 여기까지는 추호도 어긋남이 없는 진리이다.

그런데 위의 표현은 두 가지 문제점을 가지고 있다. 첫째는 표현이 좀 길다는 것이다. 이는 잠재니 활동이니 하는 생활 언어가 있기 때문이다. 앞으로 이것은 적절히 기호적인 표현으로 바뀌어야 한다. 둘째는 주어진 괘상이 음인지 양인지를 딱 잘라서 말하지 않고 있다는 것이다. 물론 통일장 이론에 의해 잠재력과 활동력을 정확히 나타내고 있다. 다만 둘로 나누지 않고 동시적으로 표현하지 못하고 있다는 것이다.

즉, ☴은 한마디로 무엇인가 말이다. 선천 복희 팔괘도에서는 ☴을 ☰ 다음으로 높은 양에 배치하였는데, 이는 ☴이 아주 높은 양괘(陽卦)라는 뜻을 포함하고 있다. 반면 ☳은 음괘(陰卦)로 보고 있는데, 우리의 직관은 어떠한가? 연못과 바람 중 어떤 것이 양이고 어떤 것이 음인가? 이 문제는 앞에서도 나왔는데, 그에 대한 답으로 우리는 잠재력과 활동력으로 나누어서 표현했다. 그렇지만 잠재니 활동이니 하는 말은 너무 복잡하다. 단 한마디로 음양을 표현하면 얼마나 좋으랴!

바람과 연못에 있어 우리의 직관은 아주 명료하게 구분한다. 즉, 바람은 양이고 연못은 음이다. 여기에는 인식의 비밀이 존재한다. 우리는 ☴에 대해 잠재력이 5라고 할 수 있고, ☱은 활동력이 5라고 할 수 있는데, 하필 우리의 인식은 활동력 5만 유의하고 있다. ☴와 ☱을 보는 즉시 우리는 ☴가 양임을 단번에 알 수 있다. 즉 활동력 5가 인식의 세계에 들어온 것이다.

그렇다면 사람의 인식이란 원래 활동력에 더 유의하도록 되어 있는가? 그렇지 않다. 다음을 보자.

☳와 ☶은 무엇이 양이고 무엇이 음인가? 우레와 산 중에 어떤 것이 양이라고 말할 수 있는가? 이는 무엇을 뜻하는가? 우레는 잠재력이 4인 양괘이다. 이런 뜻에서 선천 복희 팔괘도는 같은 입장을 취하고 있다. 복희 팔괘도는 오로지 잠재력을 위주로 했기 때문에 일률성은 있으나 ☱을 양으로 보는 모순이 나타나고 있다.

우리의 인식으로 ☱은 음이고 ☴은 양이다. 자세히 살펴보자. 우리의 인식은 ☴과 ☱를 볼 때는 누가 시키지 않아도 활동력 위주로 평가해서 ☴을 양으로 채택했다. 그런데 ☳과 ☶에서는 잠재력을 위주로 평가해서 ☳을 양으로 쉽게 뽑아냈다.

'사람의 인식 구조는 도대체 무엇인가? 어느 때는 잠재력에 유의하고 어느 때는 활동력에 유의한다. 여기에는 어떠한 규칙이 있는가?'

이 점은 철저히 규명되어야 한다. 그렇지 않다면 주역이란 한낱 개인의 의견이 난무하는 장이 될 것이다.

우선 원전 주역의 관점을 보자. 전래의 주역에서는 ☶, ☳, ☱을 음괘로 분류한다. 그 이유는 획이 짝수이기 때문이다. 또한 ☰이 변해서 나타났기 때문이다. ☰에서 아래가 변하면 ☴이 되고, 중간이 변하면 ☲가 되고, 위가 변하면 ☱가 된다. ☰은 양극인바, 여기에서 변하여 음괘를 이룬 것이다. ☰은 숫자로 하면 9가 된다. 삼천양지(三天兩地)의 원리에 의해서이다. ☴, ☲, ☱은 8이다. 3+3+2 → 8이기 때문이다.

그리고 ☴, ☲, ☱, 이들 셋은 모두 부드러운 성질을 띠고 있다. 그 점으로 미루어 보면 음괘가 분명해 보인다. 그리고 원전에 보면 ☴은 장녀, ☲는 중녀, ☱은 삼녀이다. 그 논리로는 ☰에서 처음 변해 음을 얻었으니 ☴은 장녀라는 것이다. 마찬가지로, ☲는 두 번째로 변한 것이고, ☱은 세 번째로 변한 것이다. 이 때 변화의 순서는 아래에서 위로이다. 이는 복희 팔괘도가 위에서 아래로의 논리를 적용한 것과 묘한 대비를 이룬다.

다른 괘를 보자. 이번에는 ☳, ☵, ☶으로, 원전에서 이들은 양괘로 분류된다. 음극인 ☷에서 변하여 이루어졌기 때문이다. ☳은 처음 변해서 된 것이므로 장남이고, ☵은 두 번째로 변해서 이루어진 것이므로 중남이고, ☶은 세 번째로 변해서 만들어진 것이므로 삼남이다. 이들 역시 아래에서 위로라는 논리를 사용하고 있다. 이들의 값은 모두 7이다. 2+2+3 → 7이기 때문이다. 이들은 모두 딱딱하다. 이 점에서 보면 양이라고 할 만한 것이다.

이상은 원전 주역의 논리이다. 그럼 여기서 생각해 보자. ☵와 ☲은 무엇이 양이고 무엇이 음인가? 불과 물 중 어느 것이 양인가 말이다! 또한 ☴과 ☶은 무엇이 양인가? 바람과 산은 어떤 것이 음

인가 말이다. 그리고 ☳과 ☱, 즉 우레와 연못은 어떤 것이 양인
가? 우리의 직관으로 대답해 보자.

불 → 양, 물 → 음
바람 → 양, 산 → 음
우레 → 양, 연못 → 음

이것이 우리의 직관이다. 여기서 원전과 일치하는 견해는 우레와
연못뿐이다. 그 외에 불·물·바람·산은 전혀 반대이다. 원전에서
는 불·바람은 음이라고 했는데, 직관은 어째서 양인가? 또한 원전
은 물과 산을 양이라고 했는데, 어째서 그런가? 이러한 원전의 가
르침(견해)은 분명 우리의 견해(직관)와 정면으로 대치되고 있다.

이에 대해 우리는 무조건 원전의 사고 방식을 따라야 하는가? 그
리하여 '불은 음이고 물은 양이다, 바람은 음이고 산은 양이다'라고
생각해야 하는가? 뭔가 석연치 않다. 불은 분명 양이라는 생각은
쉽게 고쳐지지 않는다. 아니, 정말 우리의 생각을 고쳐야 하는가?
문제가 매우 심각하다. 이래서는 주역의 논리를 바로 세울 수 없다.
어느 장단에 맞춰 춤을 춰야 한단 말인가?

침착하게 다시 한 번 살펴보자. 원전의 생각은 이렇다.

'☱, ☳, ☲, 이 셋은 양에서 나왔고, 획수가 음이고, 값이 8, 즉
짝수이고, 모두 부드러운 성질을 가졌다. 그러므로 음인 것이다.'

이런 상황인데, 우리가 '짝수, 획수, 부드럽다, 양에서 나왔다' 등에서 바로 음이란 결론에 도달하는 것을 이해할 수 있는가? 그럴 수 없다. 설사 그것을 받아들인다 해도 써먹을 데가 없다. 불이 음이고 물이 양이면 어떻게 되는가?

원전 주역에서 보면 ䷾은 완성을 뜻하는 괘인데, 그 이유는 불은 양이라서 올라가는 성질이 있고, 물은 음이라서 내려가는 성질이 있는바, 이 둘이 서로 교차하고 있으니 작용이 왕성하다는 것이다. 한의학에서 물은 음이기 때문에 양의 위치, 즉 머리로 올라가야 좋고, 불은 양이므로 음의 위치, 즉 팔다리 쪽으로 내려가야 좋다고 한다. 소위 수승화강(水升火降)이라 말한다. 이는 ䷾에서 나온 논리로 원전은 분명 ☵을 양, ☷을 음이라고 밝히고 있다. 사람 환장할 노릇이다! ☶에 대해 어느 때는 양이라고 하고, 어느 때는 음이라고 하니 말이다. 참으로 답답하다.

또 하나의 괘상을 보자. 괘상 ䷑은 부동의 산에 거센 바람이 부딪혀 오는 것을 나타낸다. 또한 겉으로는 멀쩡한 물체가 속으로 곪고 있는 형상이다.   따라서 괘상 ䷑은 산이 바람을 아래로 억누르고, 바람은 위로 올라가려는 모습이다. 이 때는 어떤 것을 양이라고 말할 수 있는가? 가만히 있는 산이 양인가, 아니면 부딪혀 오는 바람이 양인가? 분명 바람이 양이고 산은 음이다. 원전에서는 이렇듯 바람을 양으로써 전개하고 있다.

다른 괘상을 보자. ䷓은 바람이 대지에 불고 있는 모습이다. 즉, 지방을 순시하고 감춰져 있는 것을 살피는 것이다. 바람은 양인가, 음인가? 원전에서는 바람이 양이라는 입장을 취하고 있다.

또 보자. ☵은 물이 흩어지는 모습이다. 물은 아래로 흩어져 가고 바람은 위로 흩어져 간다. 그래서 원전은 이 괘상에 대해 흩어질 환(渙)이라는 이름을 붙여 놓았다. 바람은 어디까지나 양인 것이다. 그것이 부드럽든 아니든, 짝수든 아니든, 하늘에서 왔든 어쨌든 양이다. 물은 음일 수밖에 없다.

이제 정리를 해 보자. 원전에서 ☵, ☶, ☳ 등을 음이라고 한 것은 어디까지나 ☰과 비교해서 말한 것이다. ☰은 극양이므로 ☵, ☶, ☳은 음이 될 수밖에 없다. 다시 말해서 상대적으로 음양을 말한 것뿐이다. ☴, ☲, ☱도 마찬가지이다. 양이라고 하는 것은 ☷에 대해서일 뿐이다. ☶은 땅에서 우뚝 솟은 것이니 양이 아니고 무엇이랴! ☵은 중앙에 양이 침투해서 땅을 풀어 주는 것이니 양이 아니고 무엇이겠는가! ☳도 마찬가지이다. 진동하고 있는 모습이므로 고요한 땅에 비하면 당연히 양이 되는 것이다.

또한 이들 괘상에서 값을 따지는 것도 ☵, ☶, ☳이 모두 8로서 같은 값이라는 것은 이들 체계가 6, 7, 8, 9 네 개밖에 없기 때문이다. 6은 가장 낮은 수이니 음이고, 9는 가장 높은 수이니 양이다. 그리고 8은 9에서 내려왔으니 음이고, 7은 6에서 올라왔으니 양일 뿐이다.

만일 모든 수를 비교하면 당연히

9

8

7

6

이 되고, 위로부터 양값이 크고, 아래부터 음값이 큰 것이다. 또한 ☳, ☵, ☶, 이들 셋은 음이 위주가 되어 작용이 일어났으니 음이라는 것뿐이다. ☴, ☲, ☱은 양이 위주가 되어 작용을 일으키고 있다.

하지만 무엇이 발동을 걸었든지 실제의 작용이 중요하다. 주역 원전에서 ☳, ☵, ☶들을 음괘라 하고 ☴, ☲, ☱들을 양괘라 한 것은 시각을 상대적으로 한정시킨 것뿐이다. ☳, ☵, ☶은 특이점으로 보면 분명 음이다. 즉, 음 희소성(稀少性)이다. 그래서 음이 강조되고 있는 것이다. ☴, ☲, ☱도 마찬가지이다. 양이 희소하기 때문에 그 작용이 두드러질 뿐이다.

이들을 넓은 세계로 끌고 나오면 새로운 비교 기준이 생기게 된다. 원전 주역도 이들 괘상을 대성괘에 적용시킬 때에는 음양 분류를 다시 하고 있다. 예를 들어 ☵는 ☰에 비해 음이고, 음이 하나 있어 특이점을 형성하기 때문에 음 작용이라는 뜻으로 음괘라고 한 것뿐이다.

그러나 모든 괘상들이 등장하는 대성괘라는 무대에서는 의미가 확연히 달라진다. ䷜에는 분명 ☵가 양이고 ☷이 음이다. 이 때에는 ☵가 중녀라든가, ☷이 중남이라는 것은 의미가 없다. 또한 ☵가 음 희소 작용이라든가, ☷이 양 희소 작용이라는 의미는 사라진 것이다. 오로지 종합적인 작용이 관건일 뿐이다.

원전이 이 원리를 적극 수용하고 있다. 다만 원전에서는 통합 적용 원리를 설명하지 않고 있을 뿐이다. 그것은 우리가 해야 할 일로서 원전에서 사용하고 있으되 설명하지 않은 원리를 찾아내야만 한다. 그리하여 ☰가 양이고, ☳이 양이고, ☴는 음이고, ☷이 또한 음이라는 원리를 밝혀야 한다.

우리는 역시 수리 논리를 사용하게 되겠지만, 우선 문제점부터 분명히 할 필요가 있다. 문제는 매우 단순하다. 잠재력이니 활동력이니 하는 말은 덮어두고, 우리의 직관과 완전히 부합하는 논리 체계를 발견하자는 것이다. 그러나 직관이 논리에 항상 우선한다는 뜻은 아니다. 다만 우리의 인식이 너무나 분명하여 물러설 여지가 없으므로 이에 맞는 논리는 없는가 알고 싶을 뿐이다.

만약 우리의 인식과 논리가 일치한다면 이보다 좋은 일은 없을 것이다. 만일 약간의 일치를 보인다면 우리의 인식 방법을 따져 보는 계기가 될 것이다. 그런데 만일 논리와 인식이 너무나 다를 때는 난관에 봉착하게 될 것이다. 아내(직관)를 따를 것인가, 친구(논리)를 따를 것인가? 제발 논리와 인식이 일치하기를 바랄 뿐이다.

우선 우리의 직관은 괘상을 어떻게 느끼고 있는지를 따져 보자.

☰? 이것은 생각할 나위가 없이 무조건 양이다.

☱? 양이다. 물이나 연못이나 산이나 바람이나 우레나 땅이나 무엇과 비교해도 양이 틀림없다.

☳? 이것도 양이다. 진동하고 있는데 무슨 이유를 대도 양이라는 사실을 양보할 수 없다.

☴? 이것은 부드럽다. 그러나 돌아다닌다. 부드럽다고? 그럼 음이 아니다. 땅은 분명 음인데 뭐가 부드럽다는 말인가? 부드러움, 즉

유연성이라는 것은 오히려 양의 성질이다. 여자는 몸이 부드러울 뿐이지 오히려 남자보다 융통성이 없다. 몸 갖고 따지지 말자. 바람은 땅과 비교하거나, 물·산·연못과 비교하거나, 무조건 양이다. 불과 비교해도 마찬가지이다. 바람이 불면 불은 더욱 거세어진다. 그러므로 불과 바람은 같은 것이다. 따라서 우리의 인식은 ☴에 대해 양이라는 판정을 내리는 것이 분명하다. 즉, 우리의 인식에 ☰, ☳, ☲, ☴은 양이다.

다른 괘를 보자.

☷? 이것은 죽으나 사나 음이다. 생각할 나위가 없이 음극인 것이다.

☵? 물은 음인가, 양인가? 말할 것도 없이 음이다.

☶? 산은 부동의 상징이다. 음이 아니고 무엇이랴!

☱? 연못은 담겨 있는 상황이다. 침착함을 상징하거니와 나서지 않는 모습이다. 당연히 음이다. 즉, 우리의 인식에 ☷, ☵, ☶, ☱은 모두 음인 것이다.

그럼 다시 정리해 보자.

☰, ☲, ☳, ☴ → 양
☷, ☶, ☵, ☱ → 음

이것은 어디까지나 우리의 인식일 뿐이다. 문제는 논리가 과연 이것을 뒷받침해 주느냐이다. 미리 무어라고 단정지어 말할 수는 없다. 조심스럽게 다음으로 전진해 보자. 우선 땅에서 출발하여 차츰 위쪽으로 높아지는 과정을 살펴보자. 양이 침투하는 과정을 추적하자는 것이다. 땅은 원래 가장 낮은 곳에 위치하고 있으며, 양은 아래와 같이 위로부터 침투하는 법이다.

$$\downarrow$$
☷

화살표에 따라 양이 침투한다는 것이다. 양이 위에 있기 때문이다. 음이 양으로 침투하는 과정은 이와 반대이다. 아래 그림을 보자.

☰
$$\uparrow$$

화살표는 음의 침투 경로를 표시하고 있다.

우리는 이 두 가지 원리에서 출발할 생각인데, 이 원리는 인식과 논리가 완전히 일치하는 모습이다.

땅부터 시작하자. ☷은 순음으로서 양이 전혀 건드리지 않고 있다. 이 상태에서 양이 하나 붙는다고 하자. 어디로 붙겠는가? 양은 위에서 온다는 것을 유념하라! 따라서 ☷의 위에서 양이 내려와 붙을 것이다. 즉, ☶이 된다. 이것은 순음에 양이 최초로 붙은 모습이다. 그 다음엔 이것이 파고들 것이다. 그러면 ☵이 된다. 여기에서 양 하나가 더 지원되면 ☳이 된다.

지금까지의 과정을 정리해 보면 다음과 같다.

☷ → ☶ → ☵ → ☳

이것은 위에서 보는 방법에 해당된다. 그럴 수밖에 없다. 땅이란 가장 낮은 곳에 있으니 위에서 볼 수밖에. 그리고 양이란 위에 있으니 위에서부터 침투하는 것이다. 좀더 진행시켜 보면 다음과 같이 된다.

$$\equiv\hspace{-0.5em}\equiv \rightarrow \equiv\hspace{-0.5em}\equiv \rightarrow \equiv\hspace{-0.5em}\equiv \rightarrow \equiv\hspace{-0.5em}\equiv \rightarrow \equiv\hspace{-0.5em}\equiv \rightarrow \equiv\hspace{-0.5em}\equiv \rightarrow \equiv\hspace{-0.5em}\equiv \rightarrow \equiv$$

어렵게 생각할 필요 없다. 위에서부터 2진법 체계로 발전시킨 것이다. 이것은 양이 침투함에 따라 점점 양으로 변하다가 마침내는 ☰에 이르는 모습을 보여 주고 있다. 또한 양이 침투함으로써 차츰 양이 증가하고, 결국은 ☰에 이른다는 것이다.

이제 이것들을 계층적으로 쌓아 보자.

이것은 아래에서부터 올라가는 모습을 보여 주고 있다. 물론 양이 위에서부터 침투했기 때문에 상승이 이루어지는 것이다. 이는 단순히 위에서 아래로의 체계를 의미한다. 선천 복희 팔괘도가 바로 이렇게 되어 있다. 이제 선천 복희 팔괘도의 구성 배경이 더욱 뚜렷해졌다. 그것은 양기가 위로부터 침투해서 차츰 괘상 변화를 일으키는 모습이다. 다른 말로 표현하면 위에서 아래로 살펴봤다는 뜻이다. 이것은 통일장 이론의 한 가지 방식인데, 이 방식으로 체계를 잡으면 ☰에서 시작해도 마찬가지 결과가 나타난다.

이것은 ☰이 위로부터 변화를 시작한 모습이다. 결국 ☷에서 시작하든 ☰에서 시작하든 위에서 시작하면 같은 결과를 얻는다. 다만 하나의 문제가 있다.

이 순서는 '위에서' 양이 내려오면서 괘상이 발전하는 모습이다. 양이란 원래 위에 있기 때문이다. 그러나 다음을 보자.

이것은 부자연스럽다. 왜냐 하면 이것은 음이 위에서부터 내려오면서 변화를 주기 때문이다. 당초 위에서 내려온 음은 어디서 유래하는가? 음이란 처음부터 위에 있을 이유가 없다. 그래서 반드시 다음과 같은 순서가 되어야 한다.

☷ → ☳ → ☵ → ☶ → ☴ → ☲ → ☱ → ☰

그 반대는 절대 안 된다. ☷이란 최초로 변화하면 무조건 ☳이 되기 때문이다. 이하 마찬가지이다. 그렇다면 ☰은 어떻게 변화해야 하는가? 그것은 뻔하다. 아래부터 변화하는 것이다. 왜냐 하면 ☰을 변화시킬 음은 당초부터 아래에 있기 때문이다. 따라서 ☰으로부터 시작한 변화는 다음과 같다.

이 그림은 ☰에 음이 아래로부터 침투하여 점차 변화한 모습을 보여 준다. 여기서 중요한 결론 중 하나는, '양은 위에서부터 오고 음은 아래로부터 온다'는 것이다. 이것은 너무나 당연한 결론이다. 그러나 사람들은 이렇게 단순한 원리조차 무시해 버린다. 어쨌건 변화도 두 개를 정리해 보자.

이 그림에서 화살표는 진행 방향을 나타내고 있는데, 좌측은 선천 복희 팔괘도이고 우측은 새로 출현한 팔괘도이다. 그러나 두 팔괘 도는 대등한 가치를 갖고 있다. 또한 두 팔괘도는 바로 완전성이라 는 것을 보여 주고 있다. 그런데 이 두 팔괘도는 각자 약점을 가지 고 있는 것처럼 보인다. 그것을 보자.

두 그림에서 중간 이상에 위치한 것을 양이라 하고 그렇지 못한 것을 음이라 할 때, 좌측에서는 ☱가 양이 되어 있고 ☴이 음이 되 어 있다. 연못이 양이고 바람이 음이라니! 이것은 왠지 이상해 보인다. 우측은 어떤가? ☶이 위에 있고 ☳이 아래에 있다. 즉, 산이 양이고 우레가 음이다. 이것은 역시 이상하지 않은가!

이렇듯 두 팔괘도는 합리적으로 만들어졌는데도 우리의 인식과 상당한 대조를 보이고 있다. 그리고 이들 자체를 보면, 양쪽이 서로 다른 상태를 이루고 있다. 이는 올라갈 때와 내려갈 때가 서로 다름을 보여 준다.

건물을 한번 생각해 보자. 1층 → 2층 → 3층 → 4층……으로 올라가고, 내려올 때는 4층 → 3층 → 2층 → 1층이 된다. 그런데 주역의 괘상도 이상한 현상을 보이고 있다. 물론 한쪽 팔괘도만 사용하면 그런 현상은 없어진다. 그러나 동등한 존재 가치가 있으므로 일방적으로 어느 한쪽을 폐기 처분할 수는 없는 노릇이다.

우리는 이 두 가지를 합치는 더 큰 논리 체계를 발견해야만 한다. 두 팔괘도를 평등한 조건으로 합치는 방법이 없을까? 물론 그것은 당연히 합리적인 조건이어야 한다. 즉, 완전성의 보장이 있어야 한다는 것이다. 현재 두 팔괘도는 존재를 서로 인정함으로써 전체적으로는 완전성을 이루고 있다. 하지만 한 개가 아닌 두 개가 존재함으로 여간 불편하지 않다. 가능하다면 하나로 줄이고 싶다. 그리고 또한 각 팔괘도는 모순을 함유하고 있어 이것을 제거하고 싶다.

이제부터 그 작업을 해 보자. 우리가 사용할 원칙은 '먼저 자리 잡은' 괘상은 또다시 이동하지 않는다는 것이다. 자연계 또한 이러한 원칙이 존재한다. 하나의 법칙이 먼저 존재한다면 그 법칙에 따라 현상이 일어난다. 나중에 생긴 법칙은 앞에 생긴 법칙을 부정할 수는 없다.

예를 들어 소립자 물리학에서는 자연계에 존재하는 물질의 네 가지 힘을 통일하려 하는데, 그것은 실제로 시간을 거꾸로 거슬러 올라가서 그 법칙을 구하는 것이다. 오늘날 첨단 과학 이론에서는 전자력과 약력이 먼저 통합되고, 거기에 강력이 추가된다. 이 과정은 과거에 존재했던 법칙으로 통합이 이루어진다는 것을 알려준다.

팔괘도를 보자. 먼저 하늘에는 ☰이 있었다. 그리고 땅에는 ☷이 있었다. 물론 하늘이 곧 ☰이고 땅이 곧 ☷이다. 여기서 '있었다'라고 과거형으로 표시한 것은, 그들이 시간적으로 가장 먼저 존재했음을 강조하기 위함이다. 이를 일컬어 천지 개벽이라고 말한다. ☰과 ☷이 없었을 때는 바로 태극 상태이다. 태극은 무어라 정의할 수 없는 존재이며, 이것에 의해 천지가 병립되게 된 것이다. 이제 우리는 ☰과 ☷에서 변화를 추구할 수 있다. 다음을 보자.

이것은 하늘에서 일어난 최초의 변화이다. 그리고 땅에서는 다른 변화가 일어난다. 즉, 다음을 보라.

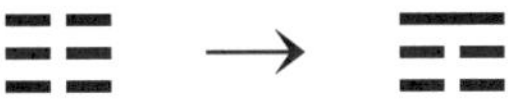

변화는 두 곳에서 일어났다. 이것은 창조의 과정이다. 하늘은 바람을 낳은 것이다. 그와 함께 그것은 자리를 '획득'하게 된 것이다. 다시 말하면 태초에 하늘은 바람을 낳고, 그것을 바로 아래에 배치하였다. 물론 이와 함께 땅은 산을 낳고, 그것을 바로 위에 배치한 것이다. 이는 창조와 등급이 이루어진 것을 나타내는데, 등급이란 존재 서열인 셈이다. 다시 진행하자.

$$☰ \rightarrow ☴ \rightarrow ☳$$

이것은 하늘에서 연속적으로 이루어지는 과정이다. 마찬가지로 땅에서는 다음과 같은 진행이 이루어진다.

$$☵ \rightarrow ☶ \rightarrow ☴$$

여기까지는 평등하고 완전하다. 전혀 틀린 구석이 없다. 또다시 진행해 보자.

$$☰ \rightarrow ☴ \rightarrow ☳ \rightarrow ☵$$

이 과정은 자연스럽다. 그러나 문제가 발생했다. ☵은 과거에 이미 창조된 것으로 자리까지 확실히 잡고 있다. 어떡하면 좋을까? 그러나 이미 창조되어 자리잡은 것에 대해서는 재론할 필요가 없다. 음식을 만드는 데 있어서 이미 친 양념을 또다시 칠 필요가 없는 것과 같은 이치이다. 이와 마찬가지로 자연계도 법칙이 두 번 생길 필요가 없다. 이런 까닭으로 ☵은 폐기 처분해야 한다. 아니, 그것은 아예 생기지도 않는다. 여기서 정리해 보자.

☰ → ☳ → ☶ → (☷)

이 과정도에서 ☷에 ( )를 친 것은, '☷은 없고 그 자리는 있다'
는 뜻이다. 땅의 진행 과정도 살펴보자.

☷ → ☳ → ☱ → ☲

여기서도 문제가 생겼다. ☰이 생긴 것이다. 아니, 생기려 하는
것이다. 그러나 그것은 용납될 수 없다. 왜냐 하면 이미 창조되어
자리잡고 있기 때문이다. 따라서 진행도는 다음과 같다.

☷ → ☳ → ☱ → ( )

여기서는 ( ) 속을 아예 비워 놓았다. ☰이 생길 뻔했지만 생기지
못했으니 미련을 둘 필요는 없다. 다만 그 자리는 존재하는 것이다.
다시 진행시켜 보자.

☰ → ☳ → ☶ → ( ) → ☱

이것은 무척 재미있는 모양이다. ☰에서 발생한 것이 ☳, ☶, ☱
인데, 이는 원전 주역의 가르침과 정확히 일치한다. 아닌게 아니라
☰에서는 ☳, ☶, ☱이 태어난다. ☰에서의 간격을 보면 4이다.
어째서 4인가?

1 → 2 → 4

이제 이해가 되는가? 두 배씩 멀어져 가는 것이다. 그러므로 1, 2, 3씩이라는 방식은 우리 마음대로 편리하게 생각한 것에 지나지 않는다. 그러나 자연의 법칙은 인간의 뜻대로 된다는 보장이 없다. 아무튼 땅의 진행을 보자.

$$\text{☷} \rightarrow \text{☳} \rightarrow \text{☵} \rightarrow (\quad) \rightarrow \text{☷}$$

이 그림도 무척 재미있다. ☷에서 ☳, ☵, ☷이 생기고 있기 때문이다. 여기서 ( )는 자리만 있고 괘상은 없으나 이것을 더욱 간편하게 생각하는 방법이 있다. 즉, ☷에서는 당초 ☳, ☵, ☷의 세 가지 괘상이 생겼는데, 이것은 1, 2, 4 방식으로 멀어져 갔다고 생각하면 된다. 사실 ☷ → (☳, ☵, ☷), 이 과정이 원래의 창조 과정이다. 마찬가지로, ☰ → (☴, ☲, ☶)가 된다. 물론 후착 소거(後着消去) 방식은 더욱 중요한 법칙으로서 방금 말한 창조 과정을 포함하고 있다. 더 진행해 보자.

$$\text{☰} \rightarrow \text{☴} \rightarrow \text{☶} \rightarrow (\quad) \rightarrow \text{☵} \rightarrow \text{☷}$$

이것은 다소 문제가 있다. ☷은 이미 땅에서 존재하고 있기 때문이다. 그래서 없애야 한다. 땅에서도 이와 같은 입장이다.

☷ → ☵ → ☶ → ( ) → ☳ → ☲

☷는 이미 하늘에서 존재하고 있다. 그래서 버려야 한다. 계속 진행하자. 하늘은 다음의 과정이다.

☰ → ☵ → ☶ → ( ) → ☳ → ( ) → ☴ → ☷

☷와 ☴은 이미 땅에서 생겨 있는 것이다. 이것을 버리면 결국 다음과 같이 된다.

☰ → ☵ → ☶ → ( ) → ☳ → ( ) → ( ) → ( )

마찬가지 원리에 의해 땅에서는 다음의 과정이 된다.

☷ → ☵ → ☶ → ( ) → ☳ → ( ) → ( ) → ( )

이제 모두를 정리하자.

☰   ( )
☵   ( )
☶   ( )
( )   ☳
☴   ( )

( ) ☷
( ) ☶
( ) ☵

이 그림은 하늘에서 아래로, 또는 땅에서 위로 나타나 발전하는 과정을 보여 준다. 이제 이 그림을 좌우로 합쳐 보자(마침 요철이 딱 맞는다!). 그러면 다음과 같이 된다. 즉,

☰
☱
☲
☳
☴
☵
☶
☷

이 그림은 일목 요연하다. 이것은 바로 천지 계층도인데, 자연계의 질서를 보여 준다. 여기서 차지한 자리가 바로 각 괘상의 위상 관계도이다. 필자는 이것을 '단군 팔괘도'라고 명명한 바 있는데, 물론 단군이 만든 것은 아니다. 필자가 우리의 조상님을 거론한 것은 존경심 때문이었다. 복희 팔괘도도 원래 복희씨가 만든 것이 아니라 소강절이라는 학자에 의해 명명되었을 뿐인데, 필자와 마찬가지

로 복희씨를 존경했기 때문일 것이다.

그러나 복희 팔괘도에는 문제가 있다. 그것은 위에서 바라본 체계일 뿐이다. 즉 일방적인 규칙으로서 전체적으로 살펴보면 완전성 법칙을 무시하고 있다. 그러므로 복희 팔괘도는 반쪽인 셈이다. 그러나 이에 비해 단군 팔괘도는 완벽하다. 이것이 바로 과학 주역의 참 모습인 것이다. 그러나 숨겨진 법칙을 살펴보면 원전의 대원리와 전혀 모순이 없다.

우리는 앞서 ☳ ☵ ☶ 등을 양이라고 하는 원전의 가르침을 보았다. 또한 ☷ ☴ ☲ 들은 음이라고 말한다. 앞으로 그 당위성을 자세히 검토할 것이다.

그리고 단군 팔괘도의 배치에는 어떤 숨은 규칙이 있을까? 단군 팔괘도에서 볼 수 있는 것은 바람·불·우레가 양이라는 것이다. 또한 연못·물·산은 음이라는 것인데, 이것은 우리의 인식과 조금도 어긋남이 없다. 이제야 우리는 인식과 논리가 완전히 일치하는 결과에 도달했다. 그러나 일부러 그렇게 만든 것은 아니다. 자연스런 원리에 의해 이 결과에 도달한 것뿐이다. 다행한 일이다. 논리와 인식이 서로 다르다면 한참 애먹었을 뻔했다.

여기서 잠시 단군 팔괘도를 음미하고 넘어가자. 수리 논리는 잠시 접어 두고 생활 논리로 팔괘를 따져 보자. 가장 낮은 곳에는 무엇이 있는가? 물론 땅이 있을 것이다. 그 위에는? 산이 있다. 바다 속을 보라. 그 속에도 땅이 있고 해저산이 있다. 해저산 위에는 무엇이 있는가? 물이 있다. 이것이 바로 바닷물이다. 물이 한 곳에 모이면 그것을 무엇이라 하는가? 바로 연못이다. 그러므로 큰 연못은 바다인 것이다.

이와 같이 우리의 인식은 단군 팔괘도의 계층과 어긋남이 없다. 더 진행해 보자. 바다 위에는 무엇이 있는가? 거대한 육지가 있다. 주역의 용어로 말하면 우레이다. 땅 위는 밝다. 즉 불이다. 밝은 그곳에는 무엇이 있는가? 바람이 있다. 바람 위에는 끝없는 하늘이 있다.

다소 유치한 인식 방법이지만, 이것은 단군 팔괘도의 논리와 일치하는 결과이다. 이제 우리는 단군 팔괘도의 수리 논리를 찾아볼 것이다. 그렇게 함으로써 우리의 주역 체계는 더욱 공고해질 것이다. 다음 장에서 다시 진행하자.

玉虛眞經 (7)

生而不有 爲而不恃 功成而不居.

낳아도 갖지 아니하고, 하여도 의지하지 아니하고, 공을
이루어도 머물지 아니한다.

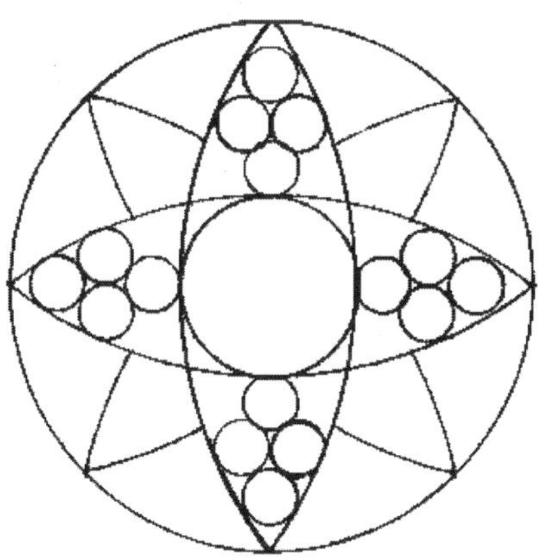

우주인과 주역

이 제목은 다소 신비해 보이지만 다 그만한 이유가 있다. 주역의 기원에 대해 다시 한 번 살펴보기 위해서이다. 주역이 만들어진 시기는 3,000년 이상, 또는 10,000년 정도일 수도 있다. 이것은 주역이 매우 오래 전에 출현했다는 뜻인데, 그 당시엔 글조차도 만들어져 있지 않았다. 그러나 주역은 그 용도가 오늘날까지도 밝혀지지 않았다.

지구상에는 상당히 오래 된 경전들이 있다. 그러나 그 경전들은 언어가 만들어진 후에 제작된 것이다. 언어가 없으면 어떻게 뜻을 전할 수 있겠는가! 그러나 이에 비해 주역은 매우 독특하다. 그것은 언어도 없이 이루어졌고, 후에 성인이 그것을 필사적으로 해석하고자 했다. 공자도 평생을 주역 연구에 매달리고, 나중에는 언어로써 짧게 설명을 했다.

공자는 원래 모든 면에 있어 자세하기로 유명한 성인이다. 그런데도 불구하고 자신이 가장 중요시했던 주역에 대해서는 별 말씀을 하지 않았다. 왜 그랬을까? 그것은 다름이 아니라, 주역은 문자를 초월해 있으며, 문자를 사용하게 되면 오히려 그 뜻을 올바로 전할 수가 없기 때문이다.

이 점에 대해 간략하게 짚고 넘어가자. 오늘날 인류의 찬란한 문명을 이룩하게 된 원인은 두 가지로 요약할 수 있다. 첫째는 수학의 체계화로, 수학에 기호를 도입하는 일이다. 만일 수학에 기호가 사용되지 않았다면 오늘날 문명의 수준은 3,000년 전 농경 수준과 마찬가지일 것이다. 자동차나 TV·고층 빌딩·휴대폰·인공 위성 등 문명의 이기는 결코 만들 수 없었을 것이다. 사물에 있어서 이런 기호화는 바로 수학의 성립으로 나타났다. 오늘날 사용하는 단순한 숫자도 바로 기호인데, 거기에는 상당한 지혜가 포함되어 있다. 예컨대 칠천구백삼십육만 오천이백사십구를 79,365,249로 간단히 쓸 수 있다. 만일 숫자가 이처럼 기호화되지 않았다면 곱셈은커녕 덧셈도 만만치 않았을 것이다. 수학은 대수(代數) 또는 해석(解析)이라는 용어로 일컬어지기도 하는데, 대수는 바로 기호화를 의미한다. 예를 들어 보자.

어떤 수가 있는데, 그것에 자기 자신을 곱한 다음, 세 배를 한 숫자를 더하고, 거기에서 일곱이라는 숫자를 뺐더니 답이 0이었다면, 처음의 숫자는 얼마이겠는가?

문제가 상당히 복잡하다. 이러한 문제의 답은 이조 때의 현인이었

던 이율곡은 물론 선천 복희 팔괘도를 주장했던 소강절이나 성인의
반열에 오른 맹자나 삼국지의 제갈공명도 풀지 못한다.

그 까닭은 문제가 기호화되지 못한 데 있다. 오늘날에는 위와 같
은 복잡한 문장을 다음과 같이 간단히 처리한다.

$$\chi^2 + 3\chi - 7 = 0$$

문제의 답은 이 방정식을 풀면 쉽게 나온다. 중학생 정도면 쉽게
풀 수 있는 문제이다. 이것은 문제도 아니다. 오늘날 우주나 원자의
세계에는 아주 복잡한 방정식들이 있는데, 그것은 언어로 나타낸다
면 책 한 권으로도 부족할 뿐만 아니라, 아예 설명이 불가능하지만
기호를 쓰면 간단히 한 줄로 표현할 수 있다.

기호의 쓰임새는 이루 다 말할 수 없다. 그것이 없었다면 TV는
커녕 라디오의 발명도 불가능했고, 선풍기나 냉장고는커녕 아예 전
기라는 것도 없어서 아직까지 촛불을 쓰고 있을 것이다. 수학의 출
현, 즉 사물의 기호화는 이토록 인류 문명을 놀랍게 변화시켰던 것
이다.

그런데 그러한 수학의 출현은 불과 몇 백 년밖에 되지 않는다. 물
론 고대 그리스에도 수학이 있었지만, 그것은 기호를 사용하지 않
는 조잡한 산수였다. 중국에도 그것이 있었다. '삼천구백이십칠억
오천삼백구십팔만 오천육백이십사' 등……

이런 식으로 계속 연결된다면 무엇을 연구할 수 있겠는가! 주역
에 있어서도 중국 학자들이 수백 년 동안 연구한 내용을 필자는 단

며칠 만에 풀어냈다. 그것은 바로 기호화의 힘일 뿐 결코 필자가 똑똑해서가 아니다.

어떤 사람은 이렇게 말한다. 수학은 배워서 뭐에 쓰느냐고? 물론 수학은 별로 쓸모가 없다. 물론 이 말은 일반인에게 해당되는 것이다. 그러나 고도의 과학을 연구하는 사람에게 있어서 수학이 없다면 장님이 길을 걸어서 서울을 찾아가는 것처럼 세상이 캄캄하다. 수학은 오늘날의 인류 문명을 일으켜 세운 가장 큰 원동력이다. 그것이 없었으면 인류 사회는 영원한 농경 사회가 되었을 것이다.

그러므로 요점은 바로 이것이다. 즉, 인류 역사상 최초의 기호 사용은 주역에서 이루어졌다는 것이다. 언어도 사용되기 전에 말이다. 이 어찌 우연한 일이겠는가! 너무도 심상치 않은 일이다. 주역은 고도의 개념인 음과 양에 대해 $--$이나 $—$이라는 아주 단순한 기호를 사용한다. 주역이 복잡해진 것은 어리석은 인간이 그것을 언어로 해석하면서부터 발생한 일이다. 공자가 주역의 해석을 짧게 마친 것도 이 때문이다.

그럼 이쯤에서 인류 문명의 발생 원인에 대한 두 번째 사항을 얘기하자. 그것은 원소를 발견하고 그것에 기호를 붙인 것에 기인한다. 이 역시 기호화이다. 예를 들어 술은 C_2H_6O 또는 CH_2CH_3OH이다. 이것을 '알코올'이니 '주(酒)'니 한다 해도 그 성분에 대해서는 전혀 얘기하고 있지 않는 것이다. 오늘날 우리가 병원에서 맞는 주사도 이런 원소 기호로서 성분이 나타나 있다.

만일 이처럼 물질의 원소가 기호화되지 않았다면 오늘날 재료 문명은 이루어지지 못했을 것이다. 플라스틱이나 비닐·옷감·합금

등 모든 재료의 발명이 불가능했을 것이다. 그런데 이런 원소의 기호화가 최초로 이루어진 것은 바로 주역에서이다. ━이나 ╍이든지 수성(數性)의 기호화인 동시에 원소의 기호화이다.

사실 주역은 이 정도에 그치지 않는다. 주역은 오늘날 최첨단 수학의 기법을 다 포함하고 있다. 앞으로 인류의 지성과 수학이 더 발달한다면 그 전모가 드러나겠지만, 간단히 살펴봐도 그 속에 간직되어 있는 수많은 내용이 쏟아져 나온다.

괘상 ䷓은 오늘날 수학의 $\left(\begin{smallmatrix} b \\ a \end{smallmatrix}\right)$라는 행렬을 나타내고 있다. $\left(\begin{smallmatrix} b \\ a \end{smallmatrix}\right)$는 a+bi로 쓸 수 있는데, 주역의 괘상은 완전히 이것과 일치한다. 또 주역의 괘상에서 음양의 배합에 따른 체계화는 파스칼의 삼각형이라는 이항전개 계수와 완전히 합치한다. 컴퓨터 문명을 가능케 했던 2진법 체계도 주역에서 이미 이루어진 것이지만, 오늘날 아직 수학에 도입되지 못한 더 중요하고 편리한 내용도 수두룩하다.

필자는 지금 주역을 예찬하려는 것이 아니다. 단지 그 속에 들어 있는 고도의 문명을 밝히려는 것뿐이다. 주역은 오늘날처럼 고도의 수학이 발명되기 전까지는 이해가 원리적으로 불가능한 것이었다. 이토록 주역이 고도의 수학으로만 이해할 수 있다면 왜 돌도끼에 동굴 생활하는 원시 시대에 만들어졌을까?

그에 대한 답은 하나뿐이다. 주역은 그저 나타났을 뿐, 당시 인류에게는 아무 소용이 없었다.

이 정도만 알아두자. 주역에 대한 이러한 배경을 염두에 두고 현실로 돌아오자. 이 장에서 논의하고자 하는 것은 음괘와 양괘이다. 우리는 앞장에서 ☷, ☳, ☲ 등을 양괘라고 하는 고전 주역의 설명을 접한 바 있다. 그리고 그것들이 우리의 인식과 다르다는 것도 따져 보았다. 이제부터는 원전 주역에서 명명되고 있는 음괘·양괘, 즉 ☵, ☶, ☲과 ☳, ☴, ☷ 등을 살펴보려고 한다.

도대체 왜 ☵ 등을 음이라 하고 ☳ 등을 양이라 하는가? 우리는 이미 그들의 계층화를 통해 새로운 의미를 발견한 바 있다. 그리고 그것들이 논리와 인식상 일치한다는 것을 발견하였다. 먼저 그 계층을 보자.

이것을 수치화하면 위에서부터,

7

5

3

1

    - 1
    - 3
    - 5
    - 7

로 값을 취할 수 있다. 아직 그 이유는 모르지만, 계층이 체계화된 것이라면 그와 같은 분포를 이룰 것이라고 대충 짐작할 수 있다. 이 중에서 ☰과 ☷은 아주 자명하다. 왜냐 하면 1+2+4라는 2진법 체계이기 때문이다. 문제는 ☳, ☵, ☶, ☴이다. 이것들이 어째서 1, -1, 5, -5의 값을 취하느냐이다.

먼저 ☳, ☵, ☶이 양괘인 뜻을 살펴보자. 이들 셋은 ☷보다 높게 있다. 단지 그런 이유 때문에 양이란 말인가? 아니면 음극인 ☷에서 나왔기 때문에 양인가? 또는 획수인가? ☶은 5획으로 되어 있다. --이 2획이고 —이 1획이기 때문이다. ☵나 ☳도 5획으로 홀수이다. 홀수는 흔히 양수라고 하는데, 오늘날 수학에서는 그저 홀수라고만 한다. 하지만 양수라니 말도 안 된다.

양수란 1, 2, 3, 4, 5……이고, 음수란 -1, -2, -3, -4, -5…… 등이다. 오늘날 양수란 0보다 큰 수이고, 음수란 0보다 작은 수이다. 하지만 옛날 중국에서는 0보다 작은 수라는 개념 자체가 없었다. 그저 짝수를 음이라고 했고 홀수를 양이라고 했을 정도였다. 그러므로 그 옛날 양수가 존재했다는 생각은 아주 어리고 순진한 생각이다.

다시 보자. 고전 주역에서 —은 3이라고 하고 --은 2라고 한다.

이 숫자의 의미는 오늘날 첨단 수학을 동원해야만 그 이유가 밝혀지지만, 옛 사람들은 그저 획을 가지고 3이니 2라고 했을 뿐이다. 예전에 ━은 ━━━로 썼다는 것이고, ━━은 그대로 썼다는 것이다. 즉, 3획과 2획이다. 그래서 ☳, ☵, ☶ 등은 7이 된다. 역시 홀수이다. ━을 1로 하든 3으로 하든 ☴, ☲, ☱는 짝수, 즉 8이 된다. 혹은 4이다. 물론 ☰은 9 또는 3이고, ☷은 6이다. 결국 모두 짝수 또는 홀수라는 얘기이다.

과연 옛 성인은 홀수나 짝수를 잘 아는 상태에서 얘기를 했단 말인가! 아니면 겨우 홀수는 양이고 짝수는 음이라는 논리로, ☳ 등을 양이라 하고 ☴ 등을 음이라 했는가! 만일 그렇다 하더라도 여기서 말하는 양과 음으로 무엇을 논의할 수 있는가? 아들 딸의 분류? 단지 그뿐인가? 결코 그렇지 않다. 성인의 가르침을 그토록 단순하게 이해하는 것은 신성 모독이다. 그리고 또한 주역의 구성이 그토록 어설픈 원시인의 논리로 이루어졌다고 생각한다면 주역을 매우 무시하는 일이다.

앞에서 예를 들어 잘 설명하지 않았나! 주역은 인류의 최첨단 수학의 원리로만 이해할 수 있다고 말이다. 주역에서 제일 처음 나오는 논리인 삼천 양지(三天兩地)만 하더라도 현대 수학의 위상 개념을 사용하지 않으면 절대 증명할 수 없다. 따라서 지난 5천 년 동안 수없이 많은 학자들이 천3 지2를 설명한 것은 다 엉터리이다. 그들이 서산대사이든 소강절이든 맹자이든 묵자이든 모두 마찬가지이다.

천3 지2는 효 자체의 뜻을 얘기한 것이지만, 그 수리는 토플로지,

즉 위상 수학의 체계 안에서만 풀릴 수 있다. 필자도 한때 위상 수학을 몰랐을 때는 천3 지2의 뜻을 몰라 무척 애를 먹었다. 할 수 없이 옛 문헌을 뒤적이며 이상한 논리로 꿰어 맞추기 식으로 이해했던 것이다.

지금 생각하면 소름끼치는 일이다. 그토록 위대한 주역을 공부함에 있어 가장 기초가 되는 원리를 엉터리로 이해하다니!

다시 말하건대, 주역 속에 있는 것은 모두 수학의 최상급 개념들이다. 그러므로 이 같은 주역을 짐승 털 벗겨 입고 동굴에 살던 원시인이 절대 이해했을 리가 없다. 그들은 100이라는 숫자를 세지 못했을 뿐만 아니라 5 이상의 숫자를 세지 못하는 부족도 있었다. 필자는 주역에 억지 논리를 붙이는 것이 아니라, 괘상을 이해하기 위해 할 수 없이 현대 과학의 이론을 적용시켰던 것이다.

그 결과 비로소 괘상을 차츰 이해하게 되었는데, 그토록 고도의 과학 개념을 주역이 포함하고 있다면 인간 이외의 어떤 초인이 관련된 것이라 하지 않을 수 없다. 주역을 무시하지 말라! 우주인이 지구로 날아와서 그것을 남겼다면 오히려 자연스러운 일이리라. 그와 같은 고도의 수학 구조를 그 옛날 누가 알 수 있었겠는가! 성인만이 우리들을 위해 그것을 해석해 주었을 뿐이다.

이제 앞서 추출해 낸 팔괘의 중심 내용, 즉 단군 팔괘도를 보면 ☷은 1이고 ☵은 -3, ☶은 -5이다. 이것은 위에서부터 내려다보는 방식에 의해 나타난 숫자이다.

<pre>
⚋ -1   ⚋ -1   ⚊   1
⚋ -2 → 1   ⚊   2 → -3   ⚋ -2 → -5
⚊   4   ⚋ -4   ⚋ -4
</pre>

이와 마찬가지로 ☱, ☲, ☴은 위로 바라보기 식으로 해서 다음의 값을 얻을 수 있다.

$$☱ \rightarrow -1 \quad ☲ \rightarrow 3 \quad ☴ \rightarrow 5$$

문제는 ☳ ☵ ☶인데, 이 세 가지 괘상이 무슨 이유로 위에서 아래로 보는 방식을 취하며, 또한 ☱ ☲ ☴들이 왜 아래에서 위로 보느냐이다. 여기서 하나 다행인 것은 있다. 마침 ☳ ☵ ☶과 ☱ ☲ ☴은 각각 단체적으로 똑같은 체제를 갖추고 있다는 것이다. 즉, ☳ ☵ ☶은 아래에서 위로이고, ☱ ☲ ☴은 위에서 아래이다. 주역 원전도 ☳ ☵ ☶은 음괘, ☱ ☲ ☴은 양괘로서 단체적 성질을 천명하고 있다. 문제는 양괘 또는 음괘라는 이유이다. 다음을 보자.

$$(a+b)^3 \rightarrow a^3+3a^2b+3ab^2+b^3$$

이것은 수학에서 소위 '이항 전개'라고 말하는데, 주역의 구조와 밀접한 관계를 갖고 있다. 위의 방정식에서 각 항의 계수만 취하면 1, 3, 3, 1이다. 이는 팔괘의 구성과 일치한다. 즉, ☰ → 1개, ☱ ☲ ☴ → 3개, ☳ ☵ ☶ → 3개, ☷ → 1개이다. 위의 방정식에서 a를 ⚊로 놓고 b를 ⚋로 놓으면 뜻은 완전히 같게 된다.

이것은 $a^3 \to$ ☰, $3a^2b \to$ ☱, ☲, ☳. $3ab^2 \to$ ☴, ☵, ☶. b^3 → ☷이라는 뜻이다. 더 자세히 말하면, $a^2b \to$ ☳, $bab \to$ ☲, $b^2a \to$ ☶이다. 그런데 $ab^2+bab+b^2a = 3ab^2$이다. 참고로 말하면, 대성괘 64는 7층 구조를 갖고 있다. 이는,

1, 6, 15, 20, 15, 6, 1

로 표현되는데,

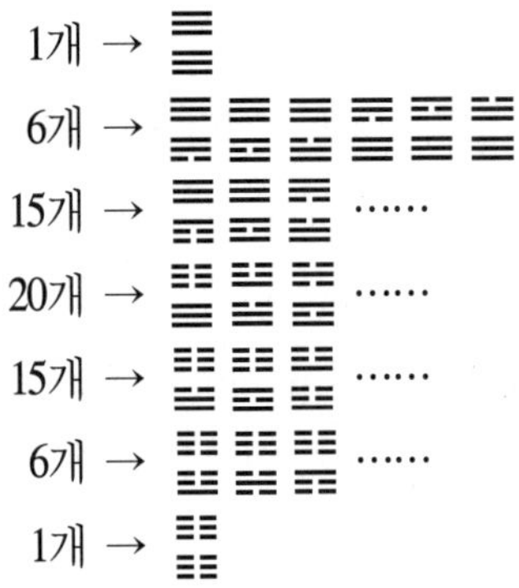

1개 → ䷀
6개 → ䷀䷀䷀䷀䷀䷀
15개 → ䷀䷀䷀ ······
20개 → ䷀䷀䷀ ······
15개 → ䷀䷀䷀ ······
6개 → ䷀䷀䷀ ······
1개 → ䷁

등을 의미한다. 다시 본론으로 돌아오면 1, 3, 3, 1은 획이 3일 때 나타나는 종류를 나타내고, 1, 6, 15, 20, 15, 6, 1은 획이 6일 때, 즉 대성괘 종류를 나타내 주고 있는 것이다. 획이 2일 때는 1, 2, 1인데, 이는,

⚌ → 1개, ⚍ ⚎ → 2개, ⚏ → 1개

라는 뜻이다. 획이 하나면 1, 1이다. 이는,

$$\text{—} \to 1\text{개}, \quad \text{--} \to 1\text{개}$$

를 의미한다. 획이 0이면 1인데, 이는,

$$\text{태극} \to 1\text{개}$$

라는 뜻이 된다. 그런데,

$$\text{태극} \to 1$$
$$\text{음양} \to 1,\ 1$$
$$\text{사상} \to 1,\ 2,\ 1$$
$$\text{팔괘} \to 1,\ 3,\ 3,\ 1$$
$$\vdots$$
$$64\text{괘} \to 1,\ 6,\ 15,\ 20,\ 15,\ 6,\ 1$$

은 프랑스의 수학자 파스칼이 발견한 이항 전개 계수이다. 소위 파스칼의 삼각형인 것이다. 이는 매우 재미있는 일이다. 수학에서 중요한 뜻이 있는 이항 전개 계수는 주역의 괘상 숫자를 의미하는 것이니 말이다. 이는 나중에 다시 고찰하겠지만, 지금은 팔괘에 국한시키기로 하자.

팔괘는 1, 3, 3, 1인바, 여기서 3, 3은 ☷ ☶ ☵ 와 ☴ ☲ ☳ 을 의미한다.

이제 --을 오늘날 수학의 마이너스(−)라고 하고 —을 플러스(+)라고 해 두자. 사실 음과 양은 짝수와 홀수가 아니라 −와 +인 것이다. 따라서 ☰은 +++이고, ☷은 −−−다. 다음 괘상을 +−로 표시해 보자.

☶ → +−−

☵ → −+−

☳ → −−+

☴ → −++

☲ → +−+

☱ → ++−

그런데 현대 수학에서 확립된 음양의 곱셈 원리에 의하면 다음과 같이 된다.

☰ → +++ → + → 양괘

☷ → −−− → − → 음괘

☶ → +−− → + → 양괘

☵ → −+− → + → 양괘

☳ → −−+ → + → 양괘

☴ → −++ → − → 음괘

☷ → ＋－＋ → － → 음괘
☷ → ＋＋－ → － → 음괘

무엇이 보이는가?

☰ ☷ ☳ ☶은 양괘이다. 그리고 ☷ ☴ ☵ ☱은 음괘이다. 이는 주역 원전의 논리와 완전히 일치한다. 결국 원전은 옳았던 것이다. 그리고 원전의 논리는 바로 현대 수학의 논리였다. 옛날 중국에서는 (＋)(－)(－) → (＋)의 논리를 몰랐다. 현대에는 물론 중학생도 아는 것인데, 이러한 논리를 인류가 알게 된 것은 몇 백 년밖에 되지 않는다.

그렇다면 이상하지 않은가! 몇 천 년 전 주역 책에서는 이미 (－)(＋)(－)를 (＋)라 했는데, 인류는 그것을 겨우 몇 백 년 전에 알았을 뿐이라니! 몇 천 년 전 혹은 몇 만 년 전에 우주인이 다녀가지 않았다면 도대체 이것을 어떻게 설명할 수 있단 말인가! 굳이 우주인이 주역을 만들지 않았다면 (－)(＋)(－) → (＋)라든가, (＋)(－)(＋) → (－)라는 논리를 어떻게 옛 사람이 알 수 있었겠는가?

막연히 성인의 가르침이라면 필자도 더 이상 말하지 않겠다. 다만 주역 원전의 논리는 현대 수학의 논리이고, 또한 현대 수학의 논리가 아니라면 주역의 논리는 절대로 풀리지 않는다. 누구든지 ☵ ☴ ☷이 양인 이유를 설명해 보라. 현대 수학의 논리를 적용하지 않으면 영원히 풀리지 않을 것이다.

다시 나아가자. 이제 우리는 ☰와 ☷ ☳ ☶ 등이 양괘이며, 또한

☷와 ☴☲☱ 등이 음괘라는 것을 확실히 알았다. 그럼 여기서 통일장 원리를 적용하자. 양괘에 대해서는 양기의 축적과 음기의 활동, 그리고 음괘에 대해서는 음기의 축적과 양기의 활동을 선택하자. ☰☳☵☶ 등은 ↓로 보고, ☷☴☲☱ 등은 ↑로 보자는 것이다. 그리하여 다음을 얻는다.

$$☰ \rightarrow 7$$
$$☶ \rightarrow -5$$
$$☵ \rightarrow -3$$
$$☳ \rightarrow 1$$
$$☷ \rightarrow -7$$
$$☴ \rightarrow 5$$
$$☲ \rightarrow 3$$
$$☱ \rightarrow -1$$

이제 이것을 크기 순으로 탑을 쌓아 보자.

$$☰ \rightarrow 7$$
$$☴ \rightarrow 5$$
$$☲ \rightarrow 3$$
$$☳ \rightarrow 1$$
$$☱ \rightarrow -1$$
$$☵ \rightarrow -3$$

☷ → −5

☵ → −7

을 얻게 된다. 이것은 천지 계층, 즉 단군 팔괘도인데, 우리는 이로써 모든 것을 해결한 것이다. 즉, 네 가지 사실을 확인했다.

첫째, 원전 주역의 논리인 ☷ ☷ ☷ → 양, ☷ ☷ ☷ → 음이다.

둘째 단군 팔괘도의 수치를 확립함으로써 괘상이 자연계에서 실제 작용하는 성질을 규명하게 된 것이다.

셋째, 통일장 이론의 적용에 의해 음양의 완전성이 또 한번 보장되었다는 것이다.

넷째, 우리의 인식이란 기묘하게도 단군 팔괘도, 즉 실제 현상과 일치한다는 것이다.

이제 우리는 괘상의 성질을 더욱 깊게 알 수 있게 된 것이다. 예를 들어 '☶'은 산이 아래로 누르고 하늘이 위로 떠받드는 구조인 것이다. 그 힘은 −5와 +7이다. 이로써 누르고 떠받드는 압력이 발생하는데, 그 값은 12가 된다. 이는 상당히 큰 값이다. 가장 큰 값은 '☷'인데, 이는 압력이 14나 된다.

'☲'는 괘명이 규(睽)로 어긋남을 의미하는데, 어째서 어긋날까? 단군 팔괘도를 사용하면 그 이유를 알 수 있다. '☲'에서 ☲는 3으로 강한 상향성이 있고, ☱는 음값이 −1이어서 하향성이다. 결국 ☲와 ☱는 괴리(乖離)하는 것이다.

괘상 '☵'은 마찬가지 논리로 물은 −3이므로 우레에 덮쳐오고, 우레는 1이므로 물 속으로 뛰어드는 것이다. 반면 '☳'는 위의 ☵

이 양 1이기 때문에 위로 벗어나는 것이고, ☵은 음 −3이기 때문에 아래로 흘러내린다. 결과적으로 험난함에서 풀려나는 격이니 괘상의 이름도 '해(解)'이다.

이와 같이 단군 팔괘도는 주역의 64괘를 모두 완전히 해석해 준다. 주역의 괘상을 정복할 날도 멀지 않았다. 더욱 힘차게 나아가자.

玉虛眞經 (8)

虛其心 實其服 弱其志 强其骨.

마음은 비우고 그 배는 채우게 하며, 뜻은 약하게 하고
뼈는 강하게 한다.

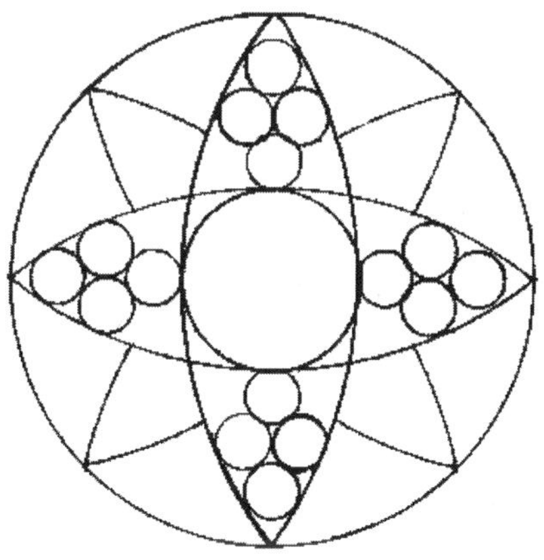

과학과 주역

내친 김에 좀더 근원적인 문제를 생각해 보자. 그 동안 우리는 제법 논리적인 방식으로 주역을 공부했다. 그것은 아주 현대적인 방법으로서 사실상 자연과학을 방불케 한다. 그러나 그것은 특별한 의도 때문이 아니다. 왜냐 하면 주역은 과학적 방식이 아니면 절대로 이해할 수 없기 때문이다.

앞장에서는 우주인에 대해서도 논해 봤는데, 주역의 구성이 그만큼 치밀하고 과학적이라는 의미였다. 물론 주역의 수준은 오늘날 첨단 수학의 개념을 넘어서는 부분도 있다. 그것은 더욱더 우주인의 존재를 가능하게 만든다.

옛 문헌에 의하면, 성인은 주역의 괘상을 단지 해석했을 뿐 그것을 만들었다고는 하지 않았다. 물론 팔괘를 처음으로 만든 사람은 복희씨로서 분명 지구상에 존재했던 성인이다. 그러나 복희씨는 인

두 사신(人頭蛇身)의 몸이라고도 하고, 하늘에서 내려왔다고도 하니, 우주인이라는 의심도 받을 만하다. 단지 우리 나라의 고대 역사서에 의하면 복희씨는 단군의 한 사람이라고 밝히고 있다. 필자는 그 역사서를 믿는 편이지만, 그래도 주역의 내용이 옛날 원시인의 작품이라는 것이 믿어지지 않는다. 어쩌면 복희씨는 우주인의 메시지를 처음으로 해석한 성인일지도 모른다.

어떤 사람들은 신성한 주역에 우주인을 등장시키는 것을 싫어할 수도 있다. 하지만 그것은 편협된 생각일 수도 있다. 원래 진리란 동서 고금이 따로 존재하지 않는 법이다. 뉴턴이 발견한 만유 인력은 수십억 년 전에 이미 존재한 자연의 법칙이다. 주역의 법칙도 인간이 언제 발견했든지 그 법칙 자체는 영원한 과거로부터 존재했던 것이다.

그렇다면 우주인이 주역을 알고 있었다고 해도 이상할 것이 없다. 물론 지구인이 주역의 법칙을 먼저 발견했을 수도 있지만, 주역의 내용은 오늘날 우리가 보기에도 너무 앞선 과학 구조이기 때문에 5,000년 전 지구 원시인이 발견했다고 보기에는 무리라는 것이다.

아무튼 주역의 내용이 문제이다. 이 장에서는 괘상을 좀더 과학적으로 살펴보면서 옛 성인이 남긴 주역의 가르침을 세심히 연구해 보기로 하자. 우선 생각해 볼 것은 삼천 양지(三天兩地)이다. 이것은 고전 주역의 곳곳에 출현하기 때문에 소홀히 할 수가 없다. 주역 책을 펼치면 제일 먼저 나오는 것이 6과 9라는 숫자인데, 이는 삼천 양지에서 비롯된 것이다. 앞서도 천이 왜 3이고 지가 왜 2인지를 살펴보았지만, 그 뜻을 좀더 깊게 부연하고 싶다.

옛날부터 내려오는 논리에는, 하늘은 둥글고 땅은 모난데, 원은 둘레가 지름의 3배라는 것이다. 이것은 하늘 → 원 → 3이라는 논리로 전개된다. 그러나 이 논리에는 문제가 많다. 첫째, 하늘이 왜 원인가? 게다가 땅이 모나다는 것은 대체 무슨 말인가? 오늘날 지구는 둥글다는 것이 판명되어 있다. 먼 옛날에는 지구가 바둑판처럼 네모났다고 생각했지만, 그것은 과학이 발달하지 않았기 때문이었다. 하늘이 둥글다고 한 것은 더욱 유치한 발상이다. 넓은 들판 한가운데 나가 보면 사방 팔방 지평선이 온통 둥글게 보인다. 그래서 하늘이 둥글다고 생각한 것이다. 그러나 우주는 그리 단순하게 생기지 않았다. 절대로 둥글다고 볼 수 없는 것이다.

그러나 여기서 하늘이 둥글다고 가정해 보자. 그러면 3은 도대체 무엇인가? 원지름의 3배가 둘레라고? 우스운 얘기이다. 원둘레가 왜 지름의 3배인가? 또한 땅이 네모라 치면 도대체 2는 어디서 나온 숫자인가? 차라리 4라면 오히려 그럴 듯하다! 그러므로 이 문제는 아주 심각하다. 천이 3이고 지가 2라는 논리는 어떤 방식으로든 이해할 수가 없다.

필자는 옛 사람이 주장하는 유치한 논리 때문에 주역 공부를 그만둘 생각을 해 본 적도 있다. 주역이 그토록 엉성한 논리로 만들어진 것이라면 어떻게 자연의 진리를 규명할 수 있겠는가! 오히려 사람을 더욱 어리석게 만들 뿐이다. 그러나 주역은 절대 그런 것이 아니다.

맹자가 주역을 논하지 않은 것은 그분이 성인이 아니라는 뜻이려니와, 성인인 공자는 주역을 평생 연구하고도 모자란다고 개탄했다.

공자의 가르침 때문에 필자는 결국 주역을 공부하게 되었으므로 공자가 극한의 지혜를 가르쳐 주었던 셈이다.

주역은 완전한 과학 그 자체였다. 필자가 주역을 공부함에 있어 처음 부딪쳤던 문제는 천3 지2였는데, 그것은 토플로지라는 첨단 수학의 개념을 통해서 해결되었다. 잠시 설명해 보자.

A와 B라는 두 요소가 있다고 하자. 이 둘 사이에 어떤 요소 C가 있으면 A와 B는 C로써 연결되었다고 할 수 있다. C가 공간이든, 사랑이든, 원한이든, 전화선이든, 교량이든, 동굴이든, 추억이든 상관없다. A와 B 사이에 어떤 연관 요소만 있으면 이로써 A와 B는 연결되었다고 할 수 있다.

그러나 A와 B 사이에 아무런 요소도 없다면 단절이다. 즉, A와 B는 독립적인 존재인 것이다. 이렇듯 처음의 두 요소가 서로 끊어져 있을 때는 그저 요소가 둘이라고 할 수 있다. 이 때는 서로 통하지 않는다는 뜻이므로 둘 사이에는 작용이 없다. 좋은 작용이든 나쁜 작용이든 아예 없다는 뜻이다. 이럴 때는 요소 2가 된다.

만일 둘 사이에 요소 하나가 추가되면 3이 되고 작용이 비로소 존재한다. 그러므로 이 때 2는 죽음의 숫자이며, 3은 서로를 통하게 하는 것이니 활동을 상징한다. 위상 수학에서는 끊어진 선을 2로 표시하고 다시 이어지면 3이 된다. 원이란 이어졌으니 당연히 3이다. 그러나 원이 끊어지면 2가 된다. 남북한이 교류하면 3이고, 단절되어 있으면 2가 된다. 사랑하거나 미워하면 3이고 무관심은 2이다.

어떤가? 3과 2의 작용은 천지, 즉 양음과 완전히 닮아 있지 않은가! 사실 천3 지2의 근원은 바로 이 논리에서 비롯된다. 이 논리는 20세기 수학인 위상 수학에서 발견된 것인데, 이는 뉴턴도 몰랐던 이치이다. 인류는 이 논리를 불과 100년 전에 깨닫게 된 것이다. 수천 년 전 중국인이 이것을 알 수는 없었다. 물론 우주인이나 성인은 별개의 존재이다.

어쨌건 천이 3이고 지가 2라는 것은 명확히 밝혀졌는데, 이제 우리는 이것을 안심하고 사용할 수가 있다.

다시 말하자. 천은 3인바, 그 뜻은 요소가 3개라는 것이다. 지는 요소가 2개이다.

이것을 응용해 보자. 여자는 남편과 자식만 있으면 된다. 하지만 남자는 아내와 자식 외에 더 필요로 하는 것이 있다. 그래서 남자는 바람을 피우는 것이다. 우리의 사회에서 3이라는 숫자는 발전을 상징한다. 우리는 흔히 '제3의 ○○○'이라고 하지 않는가! 여기서 3이란 새롭고 움직이고 통하는 숫자이다. 반면 2는 양분(兩分)·대립·상반 등 정체된 숫자이다. 따라서 우리는 3과 2를 양과 음의 활동 요소로 사용할 수 있는 것이다.

지금부터 이러한 논리를 적용해서 괘상의 구성을 정밀하게 살펴보자. 먼저 참고할 것은 물질의 세계이다. 물질의 세계는 착실히 이러한 논리를 적용하고 있다. 예를 들어 물을 보자. 이는 기호로 H_2O라고 쓸 수 있는데, 여기에는 중요한 원리가 숨어 있다. 자연계의 모든 물질은 원자가(原子價) 혹은 결합가(結合價)를 가지고 있는데, 그것은 물질 결합의 원리인 것이다.

예를 들어 산소, 즉 O는 결합가가 2이고 수소, 즉 H는 1이다. 따라서 산소는 수소 둘과 결합할 수 있는 것이다. 즉 H—O—H로 결합된다. 이 그림은 수소에서 팔(선)이 하나 나오고 산소에서는 둘이 나와 서로 맞잡은 모습이다. 탄소 C의 경우, 결합가가 4이라서 수소와 결합할 경우 CH_4가 된다. 즉, 다음과 같이 되는 것이다.

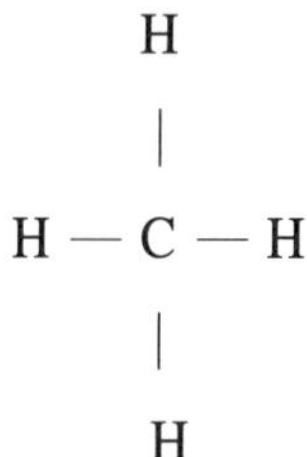

탄소와 산소의 결합은 CO_2가 된다. 이것은 O = C = O을 나타내는데, 선이 2중으로 된 것은 두 겹으로 결합했다는 뜻이다. 이렇듯 자연계의 모든 물질은 이 원리에 따르고 있다. 주역에 있어서는 양은 팔이 세 개이고 음은 두 개인 셈이다. 우리는 천3 지2라는 숫자를 결합가, 즉 활동 요소로 해석하여 괘상 결합에 응용할 수가 있는 것이다. 만일 천3 지2를 이처럼 사용하지 않으면 3과 2라는 숫자는 한낱 운동 선수의 등번호에 지나지 않을 것이다. 주역 점에 있어서 6, 7, 8, 9 등은 3과 2를 사용해서 나왔지만 그들은 상징에 지나지 않는다.

지금 우리는 실제 세계에서 일어나는 현상을 추적하고 있는 중이다. 앞서 우리는 음괘와 양괘를 논했는데, 그것을 다시 보자.

☰ ☳ ☵ ☶ → 양괘
☷ ☴ ☲ ☳ → 음괘

이들의 이유는 현대 수학의 논리에 의해 간단히 밝혀졌다. 이제 물질 과학의 법칙으로 천3 지2를 해석해 보자.

먼저 ☰을 SSS라고 하자. S는 곧 양이라는 표현이다. 그러면,

$$- S = S - S =$$

를 그릴 수 있는데, 연결선은 결합가를 의미한다. 이제 맨 앞의 ─ S……과 맨 뒤의 ……S ＝ 을 연결했다고 하자. 그러면 다음과 같이 그릴 수 있다.

$$S = S - S -$$

이것은 S 하나가 팔이 하나 남는다(─). 즉, 활동력이 하나 남아 있는 것이다. 그래서 ☰은 양괘가 된다.

그럼 다른 괘상을 보자.

☵ ☶ ☳

이것들은 음이 둘, 양이 하나인데, 음을 M으로 표시하기로 하자.

☷ → ＝ S － M － M －

☷ → － M － S ＝ M

☷ → － M － M － S ＝

이 그림에서 각각 남아 있는 팔끼리 마주 잡는다면 다음과 같이
된다.

☷ → － S － M － M

☷ → － M － S ＝ M

☷ → M － M － S －

이들은 모두 아직도 사용할 팔이 하나씩 남아 있다. 그러므로 이
들은 모두 양괘인 것이다.

다른 괘를 보자. ☷은,

－ M － M － M －

으로 나타낼 수 있는데, 양쪽 끝에 팔이 하나씩 남는다. 그들은 서로 손을 잡으면 안성맞춤이다. 즉,

$$M - M - M$$

인데, 이 그림에서는 남아 돌아가는 팔이 하나도 없다. 따라서 ☷은 음괘인 것이다. 이어 ☳ ☵ ☶은

$$☳ \rightarrow - M - S = S -$$

$$☵ \rightarrow = S - M - S =$$

$$☶ \rightarrow - S = S - M -$$

이 되는데, 다시 이것은,

$$☳ \rightarrow M - S = S$$

$$☶ \rightarrow S - M - S$$

$$\equiv\; \rightarrow\; S = S - M$$

이 된다. 이들은 모두 남아 있는 팔이 없다. 따라서 음괘인 것이다.

이로써 팔괘 모두에 대해 결합 상태를 조사했는데, 고전 주역에 나오는 논리와 완전히 일치한다. 우리는 지금 수리 논리를 물리 논리로 전개시켜 보았다. 이로써 모든 것은 일치하였다. 이제 음괘와 양괘의 뜻을 충분히 알았을 것이다. 괘상에는 처음부터 이러한 배경이 존재했었다.

주역을 공부하는 데 있어서 공연히 꿈 해몽하듯 괘상을 풀어서는 안 된다. 그렇게 하면 남에게는 신비하게 보일지 모르지만 본인에게는 이익이 되지 않는다. 이익은커녕 점점 엉망이 될 뿐이다. 이것을 일컬어 자기 자신을 속인다고 한다. 주역을 공부하는 이유는 올바른 깨달음을 얻기 위해서이다. 그러나 환상 속을 헤매고 속임수를 쓸 바에는 차라리 사이비 종교를 믿는 것이 오히려 낫다. 이 책을 읽는 독자들은 그런 일이 절대 없을 것으로 믿는다. 오로지 확실한 진리만 공부하자.

이 장에서는 현대 과학의 화학 결합이라는 것과 괘상의 결합 원리를 서로 비교해 보았다. 어떤 일치를 느꼈을 것이다. 하지만 주역은 오늘날 화학에서 확립한 체계보다 진일보한 체계가 숨어 있다. 예를 들어 보자.

☰은 주역의 괘상인데, 효의 중첩에 의해 사물을 표현하고 있다. CH_4, 이것은 화학의 구조식인데, 원자의 중첩에 의해 물질을 표현

하고 있다. 그러나 괘상에서는 효의 개수와 등급이 존재한다. 하지만 화학 구조식에서는 원자의 개수는 표시하지만 그들의 등급은 존재하지 않는다. 즉, 원자가 어딘가에 있으나 결합에 참여할 뿐 특별한 계급이 없다는 것이다.

그러나 괘상에서는 양이 위에 있느냐 아래에 있느냐에 따라 작용이 크게 달라진다. CH_4에서 수소는 4개이지만 모두 평등하다. 이것은 무엇을 뜻하는가? 괘상은 재료와 구조의 기능을 표현하고 있지만 화학의 구조식은 재료의 기능만을 나타낸다는 것이다.

이 차이점은 매우 중요하다. 물질의 경우에도 고분자(高分子)에 이르면 그것의 성질은 재료의 기능보다 구조 기능이 더 중요한 성질이 되는 것이다.

우리의 몸에 있는 생체 물질의 기능도 바로 이러한 성질의 작용이다. 생명이란 기(氣) → 기(機)의 단계인 것이다. 이는 모양+재료라는 뜻인데, 주역은 바로 그것을 다루고 있다. 오늘날 과학에서도 이제 겨우 생체 물질의 성질에 대해 재료와 함께 모양을 중시하기 시작했다. 이로써 보면 주역의 괘상은 오늘날 화학의 구조식을 능가하는 표현 체제이다. 그리고 이러한 형편은 현대 수학과의 비교에서도 마찬가지이다. 주역은 그야말로 앞선 과학인 것이다.

玉虛眞經 (9)

道沖而用之 或不盈

도는 비었으나 그렇다고 써도 늘 차지 아니한다.

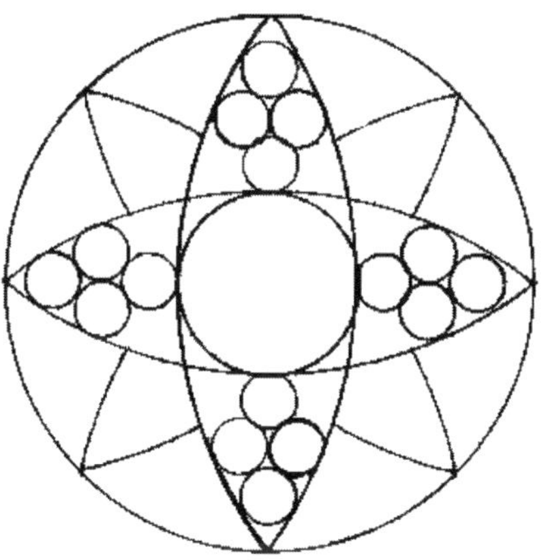

괘상의 이해

지금까지 살펴본 과정은 짧다면 짧겠지만 길다면 길다고 볼 수 있다. 짧다고 말하는 사람은 괘상의 논리가 이제 조금씩 보이기 시작한 것임에 틀림없다. 그러나 현재까지 전개된 이론은 아직 그 뜻이 분명하지 않다. 그 이유는 주역 자체가 거대한 탑이기 때문이다. 만일 처음부터 단순히 주역의 일부분만을 이해하려고 했다면 지금쯤은 아는 것이 제법 있었을 것이다.

하지만 그런 식으로 공부하면 몇 걸음 나아가지 못한다. 주역은 고층 건물을 짓듯이 기초를 철저하여 거대한 기둥을 세워야 한다. 얄팍하게 말재주만 배우려 한다면 주역 공부는 3시간 만에 완성할 수 있다. 그것은 원전 주역을 쭉 읽어 나가는 것만으로 가능한 일이기 때문이다. 원전에는 설명까지 붙어 있으니 어려울 것이 하나도 없다. 그리고 부족하다 싶으면 또다시 읽어 보면 된다. 아예 주역의 문장을 다 외어 버리면 더 좋다. 실제로 필자는 그러한 사람을 만나보았다. 그는 한문학자로서 주역의 문장을 통달하고 있었다. 대단한 사람이다.

그러나 그것은 주역이 아니다. 만일 어떤 사람이 TV에 대해 공부하고자 했을 때 책 한 권을 완전히 터득했다고 하자. 그로써 모든 것이 끝인가? 어림없는 소리이다. TV에 대한 세세한 부분의 원리라든가, 전자기 법칙을 배우려면 전자 공학 대학에 가야 한다. 그것도 부족해서 대학원을 가고 연구소에 가야 하는 것이다.

주역은 어떤가? 전자기학보다 훨씬 깊고 방대한 분야이다. 단순히 문장이나 왼다고 깨달아지는 것이 아니다. 결국 음양의 깊은 원리를 깨달아야 하는 것이다. 전자기학은 단순히 말해 전자의 작용을 연구하는 학문이다. 주역 책은 음양의 원리를 써놓은 하나의 책일 뿐이다. 거기에는 포괄적 응용의 사례를 조금 적어 놓았을 뿐 방대한 음양의 세계를 체계적으로 설명하지는 않았다. 성인의 가르침이란 원래가 그렇다. 아주 조금 윤곽만 드러내 보이는 것이 성인의 가르침인 것이다.

주역을 너무 쉽게 보거나 신비하게 봐서도 안 된다. 그저 기초부터 차근차근 다져 나아가야 하는 것이다. 그래서 이제껏 어려운 논리를 전개해 온 것이다. 지금까지의 과정이 길다고 느낀 사람은 다소 혼란을 느낀 사람이라고 할 수 있는데, 그렇다고 걱정할 필요는 없다. 지금부터 주역은 조금씩 쉬워지기 때문이다. 이것은 일시적인 것이 절대 아니다. 기초가 튼튼하면 잘 나아가게 마련이다.

이 장에서는 그 동안 힘들여 얻은 결실을 가지고 괘상에 직접 적용해 보자. 다음의 괘상은 64괘 중에서 가장 힘이 강한 괘상이다.

☶, 이 괘상에서 아래의 ☰에 주목하자. ☰은 양의 극한으로서 강한 돌파력을 가지고 있다. 그런데 위에는 가장 강력한 음기가 막아 서 있다. 강한 돌파력과 방어력이 교차하고 있는 상황, 이것은 앞날을 예측할 수 없는 숨막히는 순간이다. 우리는 양이 이기는 상황을 설정하자. 그러면 위의 괘상에 변화가 생기게 된다.

이것은 양이 돌파한 상황이지만 아직은 충분하지 못한 상태이다. 양의 기운이 크게 축적되어 있는 상황이다. 괘상의 이름은 대축(大畜)으로서 양이 아래에서 자라고 있다. 위는 부풀어 오른 모습이다. 산이란 원래 땅이 부풀어오른 것이다.

이 과정은 그것을 더욱 극명하게 보여 준다. ☰의 힘에 의해 땅이 떠받들려 있는 것이다. 한 단계를 더 진행시켜 보자.

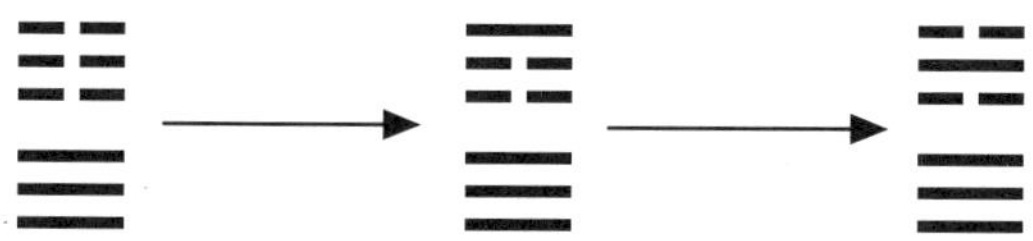

이 그림은 천의 기운이 계속 확장되고 있는 상황을 보여 준다.
☷는 위에서 막아서고 있는 음의 장벽에 균열이 발생하고 있는 것
이다. 그러나 아직은 전투가 한창이다. 지극히 혼란한 상황, 괘상의
이름이 '수(需)'인바, 이는 혼란한 상황이니 인내를 가지고 기다리
라는 뜻이다. 이어지는 상황은,

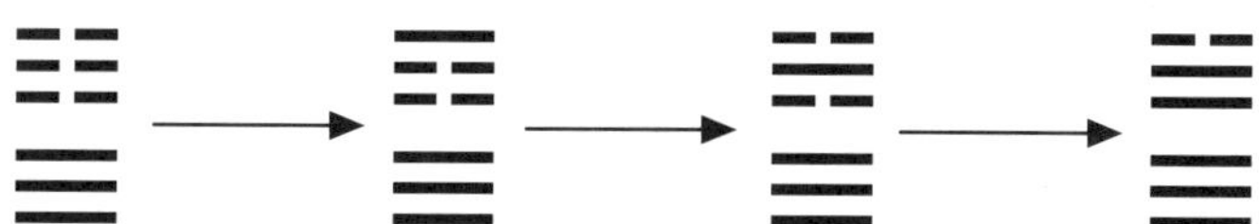

인바, ☰은 양기의 발산을 더 이상 저지하기 어려운 폭발 직전의
상태이다. 괘상의 이름이 '쾌(夬)'인데, 이것은 아래의 양기가 위의
음기를 처단한다는 뜻이다. 하늘 위의 연못이라면 곧 떨어질 검은
구름이다. 버틸 방법이 없다. 이윽고 양기가 위로 분출하게 된다.

이와 같은 과정으로서 ☳은 양기가 하늘 위에서 진동하고 있다.
적진에 상륙한 상태로서 승리를 목전에 두고 있다. 괘상의 이름이

대장(大壯)인바, 이는 양기가 하늘로 분출하기 시작한 것이다. 이 상태가 더욱 진행되면 다음과 같이 된다.

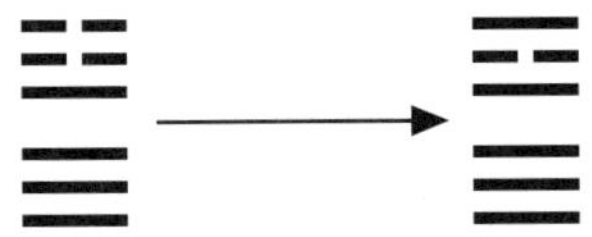

이것은 대세가 완전히 기운 상태이다. 전진하는 양의 기운은 적의 주력을 완전히 파괴시킨 것이다. 괘명은 '대유(大有)', 이는 양의 기운이 하늘에 크게 쌓이고 있다는 뜻이다. 훌륭한 지도자가 온 천하를 다스리고 있는 것이다. 적과의 싸움에서는 이미 승리가 확정된 상태이다. 이 상태는 다음과 같이 더욱 진행될 수 있다.

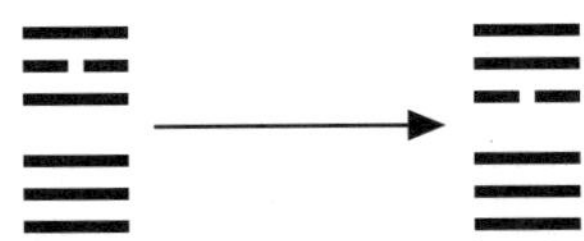

이는 소탕전 상황이다. 양의 기운은 위로 무제한으로 분출되고 있다. 괘명을 소축(小畜)이라고 한 것은 양기가 분출하여 크게 소비되고 있다는 뜻이다. 대축인 ䷙과 비교하면 소축의 뜻이 더욱 선명해질 것이다. ䷈이 괘상은 문이 완전히 열린 상태, 낭비가 심하고 마음이 다 노출된 상태이다. 이러한 상태는 오래 가지 않아 거덜나게 되어 있다.

이것은 상하가 합병된 모습이다. 아래의 양이 위를 완전히 정복한 것이다. 우리는 여기서 단군 팔괘도의 응용의 예를 보았다. 이로써 주어진 괘상에 대해 이해의 폭이 더욱 넓어졌을 것이다. 이 작업을 다시 더 진행해 보자.

☷, 이 괘상은 순음(純陰)으로서 고요하고 광대함을 보여 주고 있다.

땅 위에 나타난 최초의 징후, 양의 기운이 미미하여 본격적인 현상이 나타나고 있지 않다.

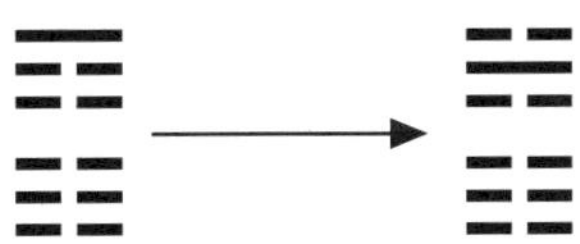

뚜렷한 징후의 발생, 물이라는 것은 생명력의 징후이다. 양기가 상괘의 중앙에 자리하고 있어 활동이 시작되고 있는 것이다.

최초의 결실이다. 하지만 아직 시작에 불과하다. 아직 궤도에 오
르지 못했다. 안정의 기미가 보이고 굳게 닫혀 있던 문이 약간 열
린 상태이다.

마침내 궤도에 오르기 시작했다. 속속 일어서고 있다. 그러나 아
직은 날아오르지 못한 것이다. 다만 열심히 뛰고 있다.

날아오르고 있다. 성공한 모습이다. 괘명이 '진(晉)'으로서 그 상
태를 표현하고 있다. 아침에 떠오르는 태양으로, 멀리 오를 수 있을
것이다. 상괘의 중앙에 음효가 자리잡고 있는데, 이는 축복을 받고
있는 모습이다. 앞으로 더 큰 일을 할 수 있는 힘이 쌓이고 있다.
음이 부축을 받아 상승하고 있는 것이니 아주 상서롭다.

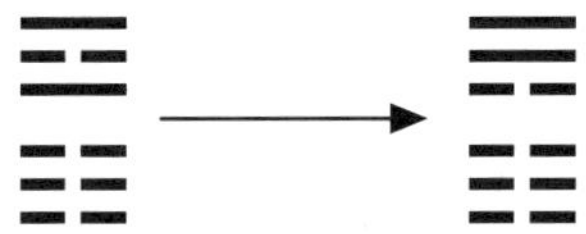

양의 기운이 지나치게 상승하는 모습이다. 잘될 때에는 경계심을 늦추지 말아야 한다. 너무 빠른 것은 위험한 법, 의욕이 지나치게 강하다.

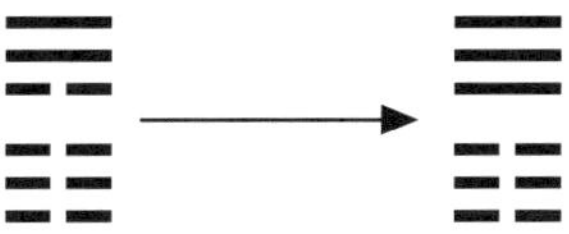

드넓은 하늘, 넓은 세계가 열려 있다. 우리는 천지간에 무엇을 해야 할 것인가?

이에 대해 원전은 이렇게 전한다.

象曰 天地不交否, 君子以儉德辟難. 不可榮以祿.

(상에 가로되 천지가 교류하지 않는 것이 부이다. 이에 군자는 검소한 덕으로 난을 피한다. 또한 녹에 의한 영달을 바라지 않는다.)

참고 : 부(否)를 비(否)로도 쓰임.

오늘날 북한 사회가 그렇다고 할 수 있다. 그 사회는 양심이 마비되고, 외국의 기운이 침투할 수 없는 것이다. 그 속에 사는 사람은 탈출을 하든가 인격을 감추고 살아야 한다. 옳지 못한 사회에서는 오히려 인격자가 공격을 받는 법이다. 이럴 때는 천지 신명의 가호가 필요하다. 다음 단계를 보자.

이 과정은 땅이 약간 꿈틀한 것이다. 그러나 하늘은 높기만 하다. 땅이 하늘을 만나기에는 너무나 낮다. 괘명이 '돈(遯)'인바, 이는 '피하다' '도망가다'의 뜻이 있는데, 하늘이 멀리 있음을 표현한다. 단군 팔괘도의 논리에 의해 산이란 땅에서 겨우 일어서려는 최초의 양기를 의미한다. 원전 괘명도 이 논리에 입각해서 작명한 것이다. 산이란 땅에서 봐야 하는 것인즉, 낮은 것을 의미한다. 그렇다면 우리가 올려다보는 산은 무엇인가? 그것은 결코 산으로 표현하지 않는다. 높다는 뜻은 ☶이 아니라 ☷이다. 계속 진행해 보자.

이 상태는 땅 속에 양의 기운이 침투하는 모습이다. 또한 물이 하늘로 올라가려는 모습도 보여 준다. 그러나 아직 힘이 없다. 물이란 가벼워지면 위로 증발하는 법이지만 끝내는 아래로 떨어지게 마련이다. 그러므로 물이 하늘에 오르는 그 자체는 나중에 분쟁의 소지가 있는 것이다. 원전의 괘명은 '송(訟)'으로 분쟁을 의미한다.

☵. 이 괘상은 엎드려 있는 산에 비하면 제법 하늘을 향하고 있

지만 가당치 않다. 속되게 말하면, 감히 기어오르는 모습을 그린 것이 바로 이다. 윗사람이 조금 사랑해 준다고 해서 본분을 망각하면 안 된다. 사랑이 내려오면 겸허하게 받아들이고 자중해야 한다. 그 상태를 보자.

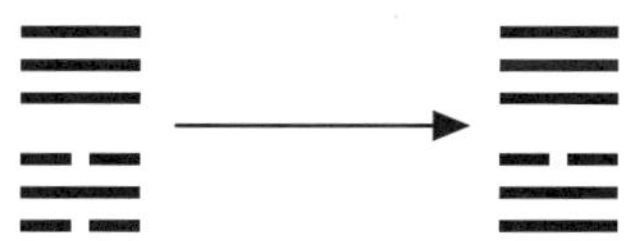

물이 쌓이고 있는 모습, 영웅의 관심을 받는 처녀의 모습이다. 절대로 경거 망동해서는 아니 된다. 공손히 따를 뿐 절대 앞서서는 안 되는 것이다. 원전 괘명이 '이(履)'로, '뒤따른다'는 뜻이려니와, 연못은 이미 하늘의 뜻을 수용하고 있다. 다만 앞서지 말아야 한다. 때가 곧 닥쳐오리라.

참고 자중한바, 드디어 공식 명령이 하달되었다. 이제 천천히 움직여도 좋다. 큰 뜻에 따르는 것이니 허물될 것이 없다. 원전의 괘명은 '무망(无妄)', 때에 이르러 움직이니 헛될 리 없다.

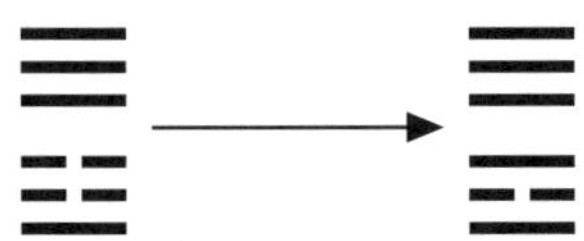

이제 드넓은 하늘을 향해 떠난다. 멀리서 님이 기다리고 있다. 괘상은 음의 기운이 부축을 받아 상승하는 모습이다. 음이란 올라가야 하고, 양이란 내려와야 한다. 그로써 천지가 힘을 교류하여 작용을 이룰 수 있는 것이다.

이는 조심해야 할 때가 되었음을 보여 주고 있다. 땅의 기운이 하늘과 맞닿은 것이다. 이 때 너무나 과시해서는 안 된다. 님을 만났을 때는 더욱 겸허해야 하지 않겠는가!

☷ 은 너무나 하늘에 밀착되어 있어 위태로운 모습이다. 한 걸음 물러나 ☳ 상태가 좋다. 어쨌건 양의 발전을 표현하고 있다.

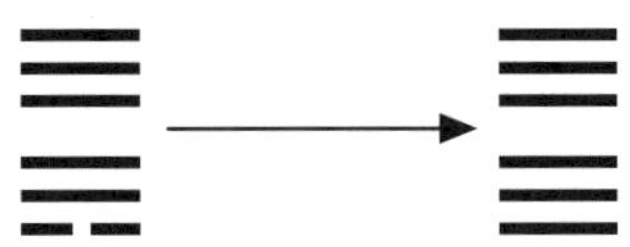

마침내 관통, 하늘과 섞여 버렸다.

☷에서 시작하여 ☰에 이르는 과정을 살펴보았다.

다시 보자. 이번에는 ☰ → ☷의 과정을 보자. 시작은 ☶이다. ☶는 천지가 서로 멀리 나뉘어 있어 힘을 교환하지 않고 있다. 서로에게 불리하다. 남녀의 문제라면 남자가 먼저 움직이는 것이 보기에 좋다. 다음을 보자.

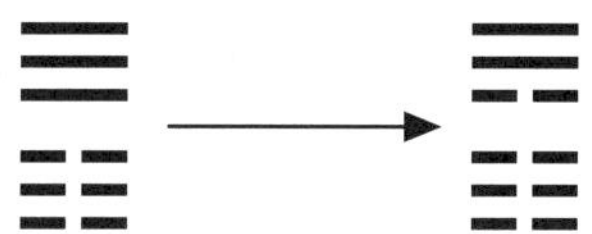

이것은 하늘이 최초로 땅에게 관심을 보인 모습이다. 그러나 땅은 요지부동, 님이 와서 살피면 여인은 숨어 버리는 것이 상책이다. 자칫하여 단점이라도 보이면 낭패가 아닌가!

주역은 남자와 여자의 도리를 잘 보여 주고 있다. 또한 남녀의 행동과 마음을 살펴보면 주역의 이치도 알 수 있게 된다. 사실 필자도 수리 논리만 가지고 주역을 공부했던 것은 아니다. 여인을 살핌으로써 주역의 뜻을 이해했던 것이다. 필자는 음양을 잘 알기 때문에 여자의 심정을 잘 알았던 것이 아니다. 오히려 여인을 이해함으로써 주역도 이해할 수 있게 된 것이다.

이것은 땅을 비추고 있는 모습이다. 여인의 심정이 조금씩 보이고

있다. 그러므로 초지일관 밀어붙여도 좋다.

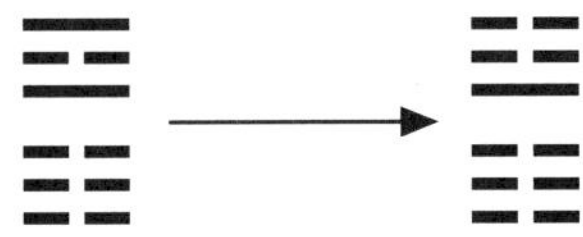

이제는 구체적인 행동에 나설 때이다. 문을 두드려라. 열릴 것이다. 공격을 시도하라. 적은 이미 움직이고 있다.

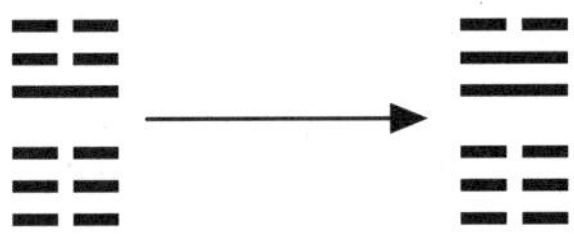

비로소 문이 열린 상태이다. 여인과 평화스럽게 만날 수 있게 된 것이다. 점점 정이 쌓여 가는 상태이다. 원전에서 괘명이 '췌(萃)'로, 쌓여 간다는 뜻이다. 연애를 하는 데 있어 너무 조급해하면 여자는 놀라서 피하게 된다. 가볍게 은근히 시작하자. 이는 바로 ☷의 도리를 연애에 응용한 것이다. 무릇 외교는 그런 식으로 진행해야 하는 법이다. 전쟁에 있어서 괘상 ☷은 적진에 교두보를 확보한 상태이다. 6.25 동란 때 인천에 UN군이 상륙한 모습이다.

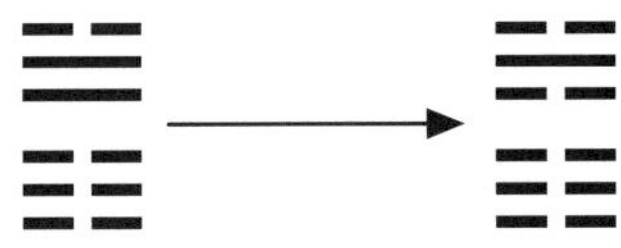

이것은 님을 포옹한 상태이다. 때가 충분히 성숙했기 때문에 가능

한 일이다. 원전 괘명은 '비(比)'로 '섞인다'는 뜻이다. 여기까지 이르는 과정은 무척 험난했다. ䷇ 살피고, ䷇ 선물을 주고 인격을 보이고 신사적으로 행동하고, ䷇ 슬슬 자신감을 갖고 공격을 시도, ䷇, ䷇ 마침내 인정을 받고, ䷇ 이제는 함께 호텔로 가도 좋다.

이제는 완전히 정복(?)한 상태로, 더욱 사랑해야 한다. 여자도 따르는 모습이다. 원전 괘명이 '박(剝)'으로, 이는 여자가 남자를 바가지 긁는 모습이다. 하지만 남자는 그것마저 사랑해 주어야 한다. 정치도 그렇게 하는 것이다. 백성은 원래 정부에 대해 불만이 많은 법, 이는 여자가 무작정 남편에 대해 불만을 갖는 것과 완전히 닮아 있다.

음의 성질은 원래 그렇다. 음이란 양에게 조금은 협조하지만 결국 본성은 변치 않는 법, 여자도 마찬가지여서 남자가 잘해 주어도 기분이 나쁜 법이다.

여자는 이상하다. 음이란 원래 이해하기 어려운 법이다. 그래서 옛 성인도 음이란 알기 어렵다고 가르친 바 있다. 필자는 바보라서 처음엔 여자의 뜻을 몰랐다. 아니, 음의 뜻을 잘 몰랐다. 나중에 겨우 여자를 알고 나서 음의 뜻을 알았고, 주역을 정립할 수 있었던 것이다.

여기서 하나의 일화를 소개하자. 아주 똑똑한 사람이 있었는데,

그는 처음부터 여자를 잘 알았던 천재였다. 여자의 육체를 잘 안다는 뜻이 아니다. 여자의 육체는 제비(?)가 가장 잘 안다. 여기서 얘기하고자 하는 사람은 천재 물리학자인 파인만이다. 앞으로 우리는 주역을 공부하는 데 있어 소립자 물리학의 심오한 방법인 파인만 도식이라는 것을 이용하게 될 것이다. 하지만 지금 얘기하고자 하는 것은 단순히 여자 얘기일 뿐이다.

파인만은 천재답게 일찍부터 물리학계에 많은 업적을 남겼다. 그로 인해 유명한 대학에서 교수 제의를 받았다. 그 대학은 파인만이 어려서부터 꿈꾸던 곳이었고, 월급도 현재 있던 대학보다 두 배나 많았다. 그런데 파인만은 이 제의를 거절했다. 기자들이 궁금해서 그 이유를 물었다. 그랬더니 파인만은 뜻밖의 대답을 했다.

"월급이 두 배가 되면 마누라의 불만도 두 배가 될 것이오. 마누라의 불만을 감당하느니 차라리 이 대학에 있는 것이 낫다고 생각했습니다."

과연 천재다운 생각이었다. 파인만은 농담을 아주 잘하는 사람이었지만, 이것은 결코 농담이 아니었다. 그는 여자의 본성에 대해 잘 아는 사람이었던 것이다. 우리는 주역을 공부하는 사람으로서 여자의 본성에 예의 주목할 필요가 있다. 그것은 바로 음의 본성이기 때문이다. 주역은 음양인바, 음은 그 절반이다.

흔히 생각하기에 단순히 음을 양의 반대로 생각한다. 물론 맞는 말이다. 그러나 반대란 무엇을 뜻하는가? 예를 들면 동쪽의 반대는 서쪽이다. 대칭이라는 뜻이다. 하지만 대칭이란 것은 종류가 많아서 결코 이해하기가 쉽지 않다. 단순한 대칭은 앞뒤·좌우·상하 등이다. 괘상에서도 위와 아래가 있다. 그러나 음과 양은 좀 특이한 대칭이다. 나중에 깊게 논의하겠지만, 음과 양이란 단순 대칭이 아니라 기묘한 대칭을 이룰 때가 오히려 더 많다.

예를 들어 남자가 남쪽으로 가자고 하면 여자는 북쪽으로 간다고 하는 것이 아니다. 여자는 아예 안 간다고 하는 것이다. 남쪽 북쪽 이전에 이미 간다 안 간다의 대칭을 이루고 있는 것이다. 양은 괘상 논리에서 위로 올라간다. 하지만 음은 아래로가 아니라 정지 상태인 것이다. 원에 있어서 둘레가 양이라면 중심점은 음이다. 무릇 음이란 양에 대해 단순한 겉보기 대칭이 아니다. 아주 입체적이고 고도의 차원이어서 그 대칭성이 쉽게 드러나지 않는다. 물론 음과 양이란 결국은 대칭이지만, 대칭에도 비대칭적 대칭이 존재하는 것이다. 그럴 경우 이해는 더욱 어려워진다.

여기서 얘기하고 싶은 것은 여성의 심리를 이해하는 것이 주역을 이해하는 데 절대적으로 도움이 된다는 것이다. 주역을 공부하는 사람이 여성의 심리를 잘 이해 못 한다면 그는 아직 주역을 깨달은 사람이 아니다. 그는 음을 모르는 것이다.

다시 주역으로 돌아오자. 괘상 ☷을 공부하던 중이었는데, 이것은 음을 다스리기가 몹시 어렵다는 것을 보여 주는 괘상이다.

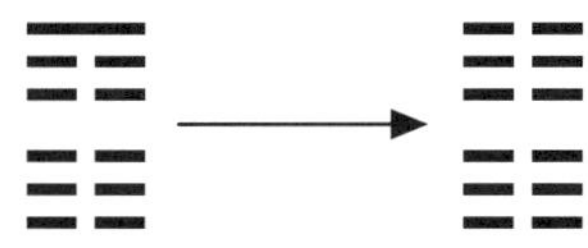

이것은 완전한 융화 상태이다. 하지만 음으로써만 융화한 것이니

부족함이 있다. 사회적으로 말하면, ☳ 상태가 가장 만족한 상태일 것이다. 중앙에 지도자(양)가 있다. 다만 우리는 ☰ → ☷의 전개 과정을 공부하고 있을 뿐이다. 괘상 자체의 길흉은 둘째 문제고 양음의 단계적 변화가 초점이다. 다른 것을 보자.

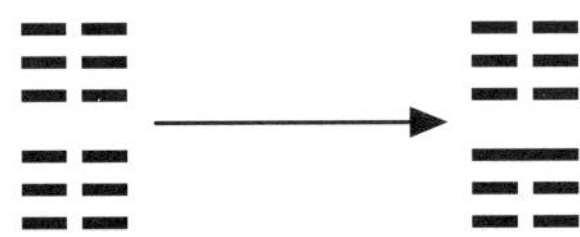

이는 땅 아래가 징후를 보이고 있다. 그러나 아직 미미한 수준으로 내부를 단속하고 있다.

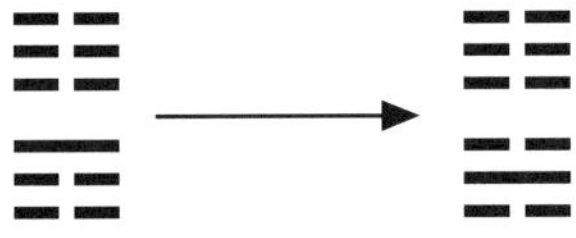

이것은 내부에서 쌓이고 있는 모습이다. 여인의 마음에 약간의 변화가 보인다. 다만 속으로만 나타나는 현상이다. 국가 비상 사태에 즈음하여 군대가 동원될 조짐이 보이고 있다. 어딘가에 병력이 집결하고 있는 것이다. 대지가 비옥한 상태이다. 사람으로 말하면 정서가 있는 사람, 속으로 갖춘 것이 있는 사람이다. 동네에 파고드는 이주민이다.

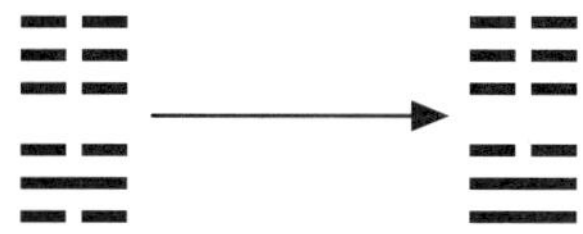

이것은 깊숙이 정착한 모습이다. 여인이라면 마음 속으로 이미 받아들일 결심이 선 것이다. 도인의 평정한 모습이다. 여인의 훌륭한 자태가 숨겨져 있는 상태이다.

지하에 잠복한 에너지가 태동하는 상태이다. 변화가 도래한 것이다. 사회 저변에서 자발적으로 변화가 이루어지고 있는 중이다. 오늘날의 중국 사회가 그렇다. 원전 괘명은 '복(復)'으로, 양의 기운이 회복되고 있는 모습이다.

양의 기운이 쌓이고 있다. 다만 사회의 혼란이 아직 가중되고 있기 때문에 쉽사리 나설 수 없다. 단지 마음 속에 간직하고 있으면 된다. 도인의 숨겨진 인격, 군자가 학문을 쌓고 밖으로 내보이지 않고 있는 상태이다. 하지만 반드시 필요한 때가 다가올 것이다. 여인이라면 함께 밤을 지낼 수 있을 만큼 친숙해진 상태이다. 땅 속에 뿌려진 씨앗이다.

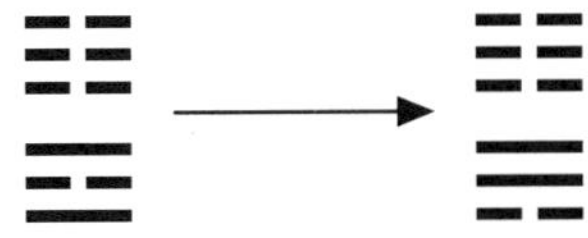

양의 기운이 충분히 무르익었다. 전진해도 좋으리라. 군자도 밖으로 나갈 채비를 갖춘다. 땅 속에 심어진 씨앗이 드디어 하나씩 솟기 시작했다. 땅값이 오르는 곳, 양의 기운이 깊숙이 파고들고 있다. 원전 괘명은 '승(升)'으로서 전진과 상승을 의미한다.

드디어 가득 찬 상태이다. 이제부터는 비약을 할 차례이다. 표면이 변하고 있다. 근원이 깊기 때문에 이를 막아설 수 없을 것이다. 다만 우주 사회란 도전이 있는 법, 축적된 양의 기운이 작용을 이루기 위해서는 고난을 겪어야 한다. 힘이란 쓰여야 하는 법, 그러기 위해서 축적해 둔 것이다. '☲', 이 괘상은 돈을 잔뜩 가지고는 있지만 아직 쓰지 않고 있는 모습이다. 훌륭하게 쓰기 위해서는 충분한 조사가 필요하다. 점을 칠 시기도 바로 이 때이다.

이상으로 단군 팔괘도의 응용을 잠시 살펴보았다. 괘상이 단계적으로 변화하는 모습이 우리의 인식과도 맞아떨어지고 원전의 괘명과도 합치하는 것을 보았을 것이다. 이로써 괘상의 이해가 깊어졌을 것으로 믿는다. 아쉬운 것도 없지는 않지만 말이다. 특히,

이 과정은 양기의 발달을 나타냈는데, 언뜻 보기에 양기가 감소하는 것으로 보인다. 이는,

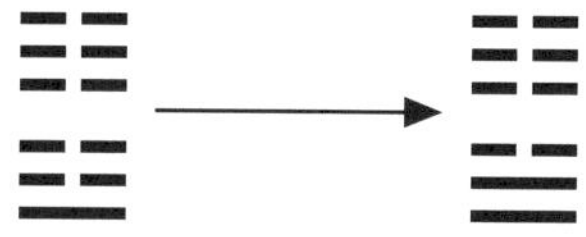

의 과정에서 알 수 있듯이, 확실히 이상하다. 우리의 생각은 분명 ☳이 ☵보다 양기가 많아 보인다. 하지만 ☷과 ☳는 어느 것이 양으로 보이는가? 축적의 모습은 ☱가 양이다. 그러나 직관적으로 볼 때 우레가 분명 양이다. 연못은 양기가 갇혀 있는 것이고, 우레는 비록 양이 갇혀 있어도 활동하는 모습이다. 이 문제를 어떻게 해결해야 할 것인가?

방법이 있다. 하지만 우리는 아직 그 단계까지 공부를 한 것이 아니다. 지금은 오로지 단군 팔괘도의 과정을 이해해야 한다. 주역의 괘상은 보는 관점에 따라 다양한 모습을 보이므로, 자칫하면 이상한 곳에 빠질 수 있다.

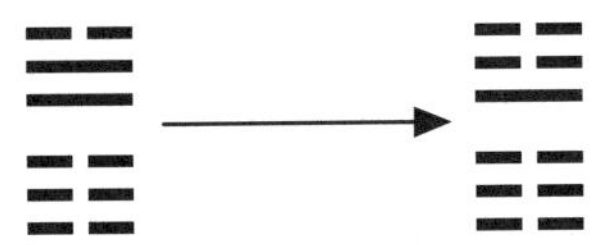

이 과정을 보면 마을에 모여 있던 장병들이 객지로 출발하는 모습이다. 이 때는 ☱가 음이고 ☳이 양임을 충분히 느낄 수 있다. 또한 ☱은 하늘 아래 연못으로서 수동적인 모습이다. 반면 ☳은 격렬한 상태로서 ☱와 ☳의 음양 관계를 보여 주고 있다.

단군 팔괘도의 논리로 보면 ☱는 -1이고 ☳은 +1이다. 단연 ☳이 양인데, 혼란이 오고 있는 것이다. 그것은 군주괘열에 나타난

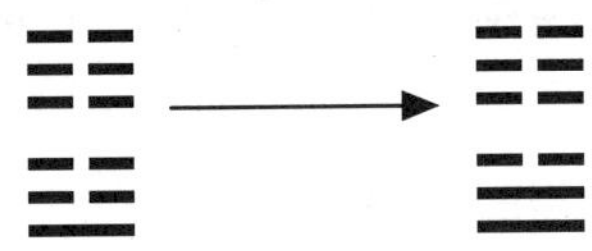

때문이다. 그러나 ☱과 ☳의 비교에서 보듯이, ☳은 왕성한 활동력을 갖고 있다. ☱에서 ☱은 떨어질 때를 기다리는 가련한 음이다. 그러나 ☳에서 ☳은 굳세게 나서고 있는 것이다.

또 보자. ☱은 사랑의 모습을 보이고 있는 괘상인데, ☳이 ☱을 부드럽게 감싸고 있다. ☱는 여자의 성기를 상징한다. 이럴 때 ☳은 양이겠는가! 결코 그렇지 않다. 괘상 ☳에서 ☳은 아래를 억누르고 위로 올라가려고 애쓰는 모습이다. 그런데 어찌 음이겠는가! ☳, 즉 ☳이 양이 많은 것처럼 보이는가?

문제가 심각하다. 이런 복병에 의해 괘상 전체를 일률적으로 해석

하는 데 장애를 받는다.

하지만 진리는 마침내 승리하는 법, 올바른 논리는 모순을 극복할 수 있다. 만일 단군 팔괘도에 모순이 나타난다면 버리면 그만이다. 진리란 100% 옳아야지 99%만 옳아도 안 된다.

그런 것은 버려야 한다. 우리는 그렇게 할 것이다. 하지만 아직 속단할 수는 없다. 좀더 신중히 따져봐야 한다. 다음 장에서 더욱 깊게 연구해 보자.

玉虛眞經 (10)

吾不知 誰之子 象帝之先

나는 누구의 자식인지 알지 못한다, 그러나 모양은 옥황
상제보다도 먼저 있었다.

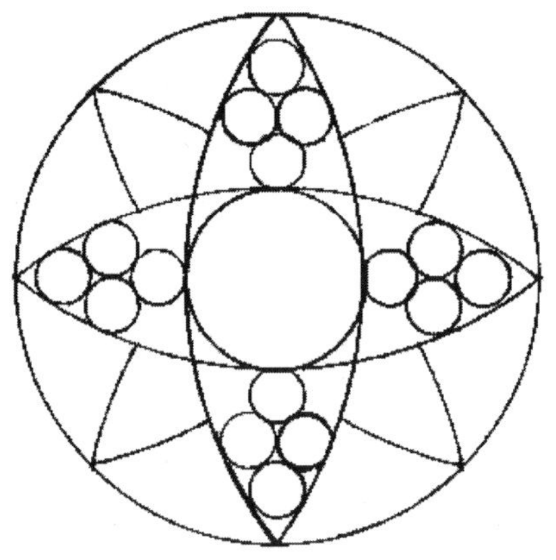

수학과 주역

오늘날 문명은 자연에 대한 통찰 수단으로써 수학을 이용하는데, 이는 분명 아주 강력한 도구이다. 동양에서는 일찍이 주역을 통해 우주와 인생, 사회를 바라보는 방법이 확립되어 있었다. 넓고 넓은 세계에서 보면 주역은 수학의 한 분과로서 취급될 수 있다. 물론 그렇다 하더라도 주역은 너무나 특수하여 수리 논리로써는 쉽게 정복할 수가 없으며, 그러한 시도가 시도된 적도 없다. 다만 필자는 세계 최초로 주역을 과학적으로 해석하면서 수학을 적극적으로 도입했다. 하지만 주역이란 것이 오직 수학만으로 다 이해할 수 있는 것은 아니다.

예전에는 주역을 인식론의 한 분과로 생각한 적도 있으며, 우리나라 대학에서는 철학의 부문으로 생각하고 있다. 주역에는 분명 인식론적인 문제도 있고 철학적인 문제도 있으나 그것은 단편적일 뿐이다. 주역의 중심적 사고 방식은 역시 수학에 가깝다. 만일 인류가 먼 미래에 시간을 예측하는 공식적인 시도를 한다면 그것은 반드시 수학에서 이루어질 것이다. 하지만 그것은 또한 주역의 사상을 받아들여야만 가능할 것이다.

실제로 인류 사회의 미래를 예측하기 위해서 수리 논리를 사용해 사회 모델을 연구하고 있는데, 그것이 바로 주역의 괘상이었다. 서구 문명은 아직 주역을 대대적으로 연구하지는 않고 있다. 물론 많은 학자들에 의해 개인적으로 연구된 바는 있었다. 그리고 그 역사는 깊다. 다만 그들은 그들의 특기인 수학을 제대로 사용하지 못하고 있을 뿐이다.

필자는 어려서부터 시간의 미래를 알기 위해 수많을 방법을 찾아 헤매곤 했다. 그래서 확률 이론이나 카타스트로피 · 위상 수학 · 병법 · 진화론 · 물리학 등을 공부해 봤지만, 역시 주역만한 것이 없었다. 주역은 분명 미래를 아는 수단이 된다. 그러나 그것을 더욱 자세히 알기 위해서는 수학의 도입은 필수적이다. 결국 수학을 사용한 과학화가 주역이 나아갈 방향인 것이다. 그렇게 해야 주역의 현대화가 이루어지고 합리적인 과학으로 자리잡을 수가 있다. 그렇지 않으면 주역은 한낱 생활 철학으로 전락하고 말 것이다.

수학의 세계에서 철학이란, 늙은 사람이 논리력이 떨어졌을 때 행하는 일이다. 철학자만 있고 수학자나 물리학자가 없었다면 죽어서 천국 가는 사람은 많을지 모르지만, 비행기를 타거나 TV 중계는 볼 수 없었을 것이다. 그리고 뼈를 다쳐서 금이 간 것을 알아보고자 할 때 살을 헤쳐보지 않고서는 몰랐을 것이다. 먼 훗날 인류는 분명 미래를 미리 아는 방법을 강구할 텐데, 그 때에도 철학보다는 수학을 통해서 이루어질 것이다. 또한 주역의 과학화를 통한 논리에 의해 미래가 밝혀질 것이다.

 필자의 생각은 지금이라도 정부가 나서서 미래를 아는 방법을 연구해야 한다고 생각한다. 그것은 장차 핵무기를 능가하는 무서운 힘을 가져다 줄 것이다. 주역은 어쩌면 우주인들이 사용하던 수단일지도 모른다. 이제 우리는 겨우 괘상을 이해하기 위해 수학을 사용하기 시작했는데, 이는 비로소 주역을 이해하는 길로 들어섰음을 알려주는 것이다. 그 동안의 주역은 문학 또는 철학이었다. 그러나 이제부터는 과학이다.

 괘상 공부를 시작하자. 단군 팔괘의 논리에 의하면, 모든 괘는 그 값을 따져 음과 양으로 정렬시킬 수 있다.

$$\equiv\ \rightarrow\ +7,\ \uparrow$$
$$\equiv\ \rightarrow\ +5,\ \uparrow$$
$$\equiv\ \rightarrow\ +3,\ \uparrow$$
$$\equiv\ \rightarrow\ +1,\ \uparrow$$
$$\equiv\ \rightarrow\ -1,\ \downarrow$$
$$\equiv\ \rightarrow\ -3,\ \downarrow$$
$$\equiv\ \rightarrow\ -5,\ \downarrow$$
$$\equiv\ \rightarrow\ -7,\ \downarrow$$

 그림에서 ↑와 ↓은 양과 음의 방향성을 표시한 것이다. 그리고

+7 ~ -7까지의 과정은 2씩 줄어드는 변화를 나타낸다. 수학에서는 이것을 공차(公差)가 -2인 등차 수열이라고 하는데, 물리적으로는 반드시 유의해야 할 것이 있다. 수학적으로는 단순히 이어지는 수열이다. 그러나 물리적으로 보면 어느 순간 ↑에서 ↓로 바뀌는 것을 볼 수 있다. 이는 분명 극적인 변화인데, 물리학에서는 상전이(相轉移)라고 부른다. 상전이란 아주 중요한 개념인데, 주역에서는 특히 이 개념을 다루고 있다.

먼저 상전이가 무엇인가 살펴보자. 물의 온도를 내린다고 가정해 보자. 물은 점점 차가워진다. 그러다가 마침내는 얼음이 된다. 그 다음부터는 계속 얼음이다. 이제 다시 온도를 올려 보자. 얼음은 마침내 녹는다. 이 때 녹거나 어는 것은 극적인 변화이다. 액체가 고체도 되고 고체가 액체도 된다. 계속 온도를 올리면 액체는 기체로 된다. 이렇게 상태가 극단적으로 변화하는 것을 상전이라고 부른다.

상전이란 수학적으로는 특별하지 않은 물리적 현상이다. 그것은 상태의 차원이 변하는 것이다. 빛의 색깔에 있어서도 우리의 눈은 상전이를 겪는다. 광 파장을 점차 올려 나가면 붉은색이 갑자기 주황색으로 바뀐다. 계속 진행하면 다시 노란색으로 바뀌고, 이어서 → 초록 → 파랑 → 보라 → 자외선 등으로 바뀐다. 광자 자체에서 보면 단순히 파장만 증가하는 것인데, 우리 눈에는 층계식 변화가 나타난다. 이는 인식적 상전이(認識的 相轉移)라고 할 수 있는데, 주역은 그런 식으로 이루어져 있다.

예를 들어 ☰은 양값 7인데, 그 값이 점점 내려가다 5에 이르면 ☲으로 바뀐다. 그 전에 6.9라든가 6, 또는 5.5 등은 상관없다. 5가

되면 상전이가 이루어질 뿐이다. ☷ 다음으로 양값이 낮은 괘상은
☵이다. 상전이는 계속되는데, ☶에 이르면 더 큰 상전이가 이루어
진다. ☶은 +1로서 어디까지나 양괘이다. 그러나 ☳는 −1로서 음
괘이다.

이 순간부터는 위상 공간 내에서 방향이 완전히 바뀌는 것이다.
괘상은 값의 크기를 떠나서 갑자기 방향이 바뀐다. 즉, ↑에서 ↓로
바뀌는 것이다. 괘상은 오로지 이 두 개의 성질로 나뉠 수가 있다.
이제 이것을 사용해서 괘상을 살펴보면 또 하나의 장이 열리게 된
다. 다음의 괘상을 보자.

이 괘상은 세세한 내용을 따지지 말고 작용을 보면 ↑이다. 괘상
☱도 마찬가지이다. 그러나 괘상 ☳은 ↓이다. 이것은 무엇을 뜻
하는가? 괘상의 자체 작용성을 보여 주는 것이다. 또는 친화력이라
고 해도 좋다. 어쨌건 우리는 괘상의 중대한 성질을 발견한 것이다.
모든 괘상은 기껏해야 4가지 성질밖에 없다. 즉 ↑, ↑, ↓, ↓이다.
우리는 일단 이로써 모든 괘상을 크게 분류할 수 있고, 일차적 성
질을 규명할 수 있다.

예를 들어 ☶은 ↑인바, 서로 친화력이 없다. 친화력이 없다는
것은 두 괘상 사이에 작용력이 적다는 뜻이다. 그런 뜻에서 ☶는
서로 고립되어 있다. 즉 ↓인데, 힘의 방향 외에 크기도 있는 것이다.

이 장에서 논의할 바는 바로 이러한 문제이다. 우선 일례를 보자.

$$\equiv\equiv \quad \rightarrow \quad \downarrow 1$$
$$\equiv\equiv \quad \rightarrow \quad \downarrow 3$$
$$\equiv\equiv \quad \rightarrow \quad \downarrow 5$$
$$\equiv\equiv \quad \rightarrow \quad \downarrow 7$$

이 괘상들은 모두 음괘로서 ↓로 표시했고, 옆에 쓴 숫자들은 그 정도를 나타내고 있다. 기준점을 0이라고 할 때 ☷은 가장 깊은 곳에 있다. 해저에 있는 땅이라고 생각하면 된다. 깊이는 −7로서, 여기서 기준점이라는 것은 양과 음의 완충 지점이다. 즉, 바다보다 높고 육지보다 낮은 지점으로, 구체적으로 장소를 생각할 필요가 없다. 위상 공간 내에서의 좌표이기 때문이다.

이것은 소위 위상 거리라는 관점에서 정해진 것으로, 여기서 거리란 공간을 뜻하는 것이 아니다. 예를 들어 닭과 오리의 차이, 고양이와 호랑이의 차이, 원숭이와 사람의 차이, 또는 개구리와 개의 차이 등 이럴 때의 차이를 거리로 나타낼 수 있다. 생물학에서는 이것을 유전자 거리라고 하는데, 인간과 원숭이는 1로 나타낼 수 있다. 닭과 오리는 2라고 한다. 파리와 개구리를 이 유전자 거리로 나타낸다면 상당할 것이다. 주역에서도 이와 마찬가지로 괘상의 고유값을 정해 괘상끼리의 거리를 논할 수 있다.

다시 보자. ☶은 해저에 있는 산으로 생각한다면 상당히 깊숙이 있다고 할 수 있다. 기준점에서 아래로 5, 즉 −5인 것이다. 마찬가지로, ☷은 -3, ☳는 -1이다. 이제 이것을 응용해 보자. 괘상이 서로 만나 대성괘를 이루었을 경우 ☰은 기준점으로부터 가장 높은 7이라는 위치에 있다. 이것으로 괘상을 만들어 보자.

☶는 어떤가? 위의 것은 가장 높고 아래 것은 가장 낮다. 따라서 괘상 ䷁은 상·하 괘의 거리가 가장 멀고, 그 값은 무려 14이다. ☶은 어떤가? 위는 가장 높다. 아래는 다음으로 깊다. 따라서 괘상 ䷠의 상하 거리는 상당히 멀고 그 값은 13이다. 이 값은 14 다음 값으로서 주역 64개 괘상 중 ䷀ 다음으로 먼 값이다. 괘상 ䷠은 어떤 괘상인가? 괘명은 '돈'이다. 하늘은 높고 땅은 낮다. 산은 숨고 하늘은 도망간 것이다. 서로 그토록 거리가 먼 까닭에 작용은 아주 미미한 것이다.

소 닭 보듯 한다는 말이 있는데, 아래 있는 산은 위에 있는 하늘에서 이토록 떨어져 있는 것이다. 물론 ䷀는 가장 멀다. 그래서 괘명도 아예 '부(否)'로서 서로 막혀 있다는 뜻이다. 여기서 우리는 괘상 ䷠과 ䷀에 대해 위상 거리를 사용하여 그 뜻을 생각해 봤다. 구체적인 수치로 14와 13으로 나타냈기 때문에 더욱더 그 거리를 실감할 수 있고, 원전 괘명의 이름도 단순하게 밝혀지고 있는 것이다. 계속해서 ䷓은 그 다음으로 먼데, 그 값은 12이다. 따라서 ☶은 상·하 괘의 친화력이 적다. 이는 서로에게 미치는 작용력도 적다는 뜻이고, 장차는 괘상이 붕괴된다는 의미이다. 아예 헤어진다는 뜻이다. 우주 사회란 하나의 괘상이 서로 다른 괘상을 만나 작용을 이루어 가는 것인데, 거리가 멀면 그 작용은 미미하게 나타나게 된다.

또 ☷ 는 상하 거리가 8이다. 이것은 제법 가까운 듯 보이지만, 사실상 모든 괘상의 평균보다 멀다. 그럼 여기서 평균 거리가 무엇인지 간단하게 살펴보고 넘어가자.

☰에서 위의 ☰은 위로 7의 위치에 있다. 아래의 ☰은 최대치로 올라가서 기준점에 붙어 있다. 기준점의 정의를 내린다면 다음과 같다. 대성괘에서 위에 있는 괘상은 ☷부터 시작하여 7단계 위로 올라가면 ☰이 있다. 위 괘만 따져본다면,

$$\begin{aligned}
&☰ \rightarrow 7 \rightarrow 7 \\
&☱ \rightarrow 5 \rightarrow 6 \\
&☲ \rightarrow 3 \rightarrow 5 \\
&☳ \rightarrow 1 \rightarrow 4 \\
&☴ \rightarrow -1 \rightarrow 3 \\
&☵ \rightarrow -3 \rightarrow 2 \\
&☶ \rightarrow -5 \rightarrow 1 \\
&☷ \rightarrow -7 \rightarrow 0
\end{aligned}$$

의 뜻이다. 따라서 기준점은 위의 ☷이 있는 지점이다. 반면 아래 상황을 보면,

$$\begin{aligned}
&☰ \rightarrow 7 \rightarrow 0 \\
&☱ \rightarrow 5 \rightarrow 1 \\
&☲ \rightarrow 3 \rightarrow 2
\end{aligned}$$

☷ →   1 → 3
☵ → −1 → 4
☶ → −3 → 5
☳ → −5 → 6
☷ → −7 → 7

인바, 기준점이 아래의 ☰이 있는 지점이다. 따라서 ☷의 거리는 0
이고, ☰의 상하 거리는 7이다. 또한 ☷의 상하 거리도 7이다. 상
하가 같은 괘상일 때의 거리는 모두 7이다. 결국 7이라는 거리는
자기 자신과의 거리이다. 이제 7이라는 숫자는 평균 숫자로서, 이보
다 더 가까우면 친화력이 높은 것이고, 7보다 멀면 친화력이 낮은
것이다. 일례로, ☷는 상하 거리가 0이다. 이는 가장 친화력이 높
은 것이다. 스스로가 완전히 밀착되어 있어 폭발하기 직전의 상태
이다. 앞으로 이 문제를 심도 있게 다루겠지만, 여기서는 모든 괘상
을 포괄적으로만 살펴보기로 하자.

　다시 ☱를 보면 이것은 ↕ 상태인 괘상 중에서 가장 거리가 가깝
다는 것을 알 수가 있다. 비록 ☰가 상하 거리 11이지만, ☱는 음
괘 중에서는 가장 높기 때문에 제법 하늘과 친한 것이다. 원전에서
☰는 상하의 위치를 지키되 그리 멀지 않은 모습으로 표현하고 있
다. 원전을 잠시 보자.

象曰 上天下澤履. 君子以辨上下 定民志.

[상에 가로되 위는 하늘이 있고 아래에 연못이 있는 것이 이(履)이

다. 군자는 이로써 위아래를 분별하고 백성의 뜻을 정한다.]

여기서 요점은 상하의 위치 관계이다. 백성은 그릇이고 왕은 은택인바, 제자리에서 기다리라는 뜻이다. 남녀의 일도 이와 비슷하다. 여자는 조금 물러서는 듯하게 제자리를 지키는 것이 좋다. 바로 ▦의 거리이다.

거리 관계를 좀더 알아보자. ▦은 어떤가? 위의 ▦은 6이고 아래의 ▦은 7이다. 따라서 상하 간격은 13이다. 상당히 먼 거리이므로 상하 작용은 미미하게 나타난다. ▦에서 ▦은 꼭꼭 숨어 있다. ▦은 열심히 살펴보지만, 깊게 아래로 처져 있는 것이다. 상하 간격이 13이면 ▦과 같다. 이는 ▦과 ▦의 성질이 아주 비슷하다는 것을 의미한다. 지나가는 바람을 쳐다보는 땅이나 엎드려 있는 산을 바라보는 하늘은 입장이 같다.

또한 상하 거리가 12인 ▦과 ▦은 뜻이 비슷하다. 물은 하늘로부터 떨어지고 불은 땅으로부터 올라간다. 마찬가지로, ▦와 ▦는 닮았다. ▦는 땅이 일어나 올라가는 것이고, ▦는 하늘의 은택이 내려온 것이다. ▦는 양기의 하강이고 ▦는 음기의 상승이다. 그리고 ▦,▦은 상당히 특수한 편인데, 둘 다 극적인 위상 변환을 이루고 있기 때문이다. ▦에서 ▦은 음극인데, 그것에서 최초의 양인 ▦이 나타나고 있다. 반면 ▦에서 ▦은 양극으로, 그것에서 최초의 음이 나타나게 된 것이다. ▦가 나라에 세금을 바치는 것이라면 ▦는 나라에서 포상이 내려오는 것이다.

지금까지 ↓인 괘상을 몇 개 살펴보았다. 이번에는 ↑을 살펴보자.

우선 무엇보다도 눈에 띄는 것은 [䷊]이다. 이것은 친화력이 최상으로 나타난다. 상하 거리는 0으로서 주역 64괘 중에서 유일하게, 그리고 가장 강한 작용을 가지고 있다. 원전 괘명도 작용이 크다는 뜻에서 '태(泰)'이거니와 우주의 씨앗, 즉 빅뱅(bigbang)의 순간이 바로 이런 상태이다.

[䷗] 다음으로 작용이 큰 것은 [䷓]이다. 이는 작용 거리가 1인데, 산이 하늘의 기운을 단단히 막아서고 있다. 그리고 [䷓]도 작용 거리가 1로서 상당히 강력하다. 산에 의해 하늘이 제압되듯이 바람이 땅을 파고들어 압도하고 있다. [䷙]에서는 하늘이 갇혀서 움직이지 못하지만, [䷗]에서는 [☷]이 요동하고 있는 것이다. 이 둘 다 생기가 충만한 괘상이다.

다음은 [䷋]와 [䷿]이다. 두 괘상은 서로 짝인데, [䷋]는 안개 속에 묻힌 하늘이고, [䷿]는 해가 진 들판이다. 둘 다 2의 작용 거리를 갖고 있으므로 격렬한 괘상이다. 격렬하다는 것은 그 상태가 오래 지속되지 못한다는 뜻이다. 변하기 쉽기 때문이다. 반면, 상하의 거리가 너무 멀면 변화는 없지만 현상 자체가 사라지게 된다. 결국 자연의 현상은 적당한 거리에 있을 때 오래 유지될 수 있다. 우주 초기의 [䷋]는 지탱하기 어려운 모습이다.

다음을 보자. [䷣]와 [䷱]은 서로 짝인데, 값은 3으로서 꽤 강렬한 편이다. [䷣]에서 [☲]는 [☷]을 막아서고 있으나 힘이 약하다.

또한 [䷱]에서 [☳]은 열심히 기운을 축적하고 있으나 견디기가 어렵다.

[䷒][䷠]은 상황에 변화가 오겠지만, 원전 주역에서 [䷒]는 아래 양

이 이기고 ☳은 일양(一陽)이 위의 음이 지게 되어 있다. 음도 양
만큼이나 권리가 있기 때문에 ☴에서 음이 위태롭지만 ☳에서 양
이 위태로운 것과 마찬가지이다.

이번에는 ↑인 괘상을 살펴보기로 하자.

괘상 ☷, ☵, ☴, ☰은 모두 ↑인데, 작용 값이 다음과 같다.

☰ → 10
☵ → 9
☴ → 8
☰ → 7

작용 값, 즉 작용 거리는 비교적 멀다. 작용이 멀면 격렬하지 않
으며 또는 편안하다는 뜻이 담겨 있다.

☷은 하늘의 보살핌을 받아 ☷이 올라가는 상태이다. 멀리 있는
임금이 어명을 내려 벼슬을 내렸다.

☵은 천명에 따르는 군자의 모습이다. 개인을 버리고 큰 섭리에
합류하는 것이다.

☴는 바람이 하늘 아래에서 심하게 부는 모습이다. 작용 거리가
8이라는 것은, 격렬하지는 않으나 근접한 모습이다. 7은 자기 자신
과의 거리로, 거의 다가선 느낌이다. 즉, 바람이 하늘을 뒤흔들려고
도전하고 있다. 여자가 영웅의 마음을 지배하려는 야심을 갖고 있

다. 가정에서 부인이 남편을 지배하고 있는 모습이다. 그러므로 마땅히 경계할 일이다. 흉한 일이다.

☷은 우주의 원동력이다. 상하의 거리가 7인데, 다소 멀게 느껴질 것이다. 그러나 그것은 상대적인 의미일 뿐이니 이해하기 나름이다.

이번에는 ↓을 보자. 작용 거리는,

   ☳ → 10
   ☵ → 9
   ☶ → 8
   ☷ → 7

인바, ☳는 잉어가 용문에 오른 형상이다. 그것은 ☳이 음 중에서 가장 높은 곳을 차지하는 괘상이기 때문이다. 문호를 개방하여 외국의 문물을 끌어들이고 있는 모습이다.

☶는 친숙한 모습이다. 다만 위에서 아래로 향하는 것이니 개인적인 친숙함이다. 내리 사랑도 이와 같다. 충효라는 말이 있는데, 이 중에서 임금에 대한 충성심과 부모에 대한 효는 어느 것이 더 중요할까? 굳이 따지면 임금에 대한 충성심이 더 중요할 것이다. ☷은 나라를 향한 마음이고, ☶는 마을을 향한 마음이니 당연히 공적인 ☷이 낫다. ☶는 가족끼리 사랑하는 마음으로서 훌륭하긴 하지만 개인적이다.

▦은 산이 허물어지고 있는 모습이다. 군자는 지도력을 발휘하여 아랫사람을 잘 다스려야 한다. 지나친 가정주의는 사회 정의를 해치고 가치관을 나쁘게 변화시킨다. ▦은 영웅이 개인의 사정 또는 소인배들에 의해 붕괴되고 있는 모습이다. 그러나 과감히 떨치고 일어서면 허물은 사라진다.

▦은 넓은 대지, 만물을 기르는 곳이다. 다만 원동력이 있어야 한다. 그것은 하늘로부터 내려오고, 여인의 도(道)는 유순하게 남자의 뜻을 받드는 것이다.

이상으로 작용 거리의 의미를 대충 살펴보았다. 다소 번거로움이 있었을지도 모르지만 괘상을 수리 논리로써 보는 것이 습관화되어야 한다. 괘상 ▦의 격렬함과 ▦의 느슨함을 거리 개념으로 이해하는 것이 얼마나 통쾌한가! ▦는 음양의 교류가 이상적인 수준으로, 그것을 바로 0의 거리라고 하면 이보다 자세한 표현이 없다. 그리고 ▦의 불교(不交)는 가장 거리가 먼 14라고 했으니 이제 두 괘상의 비교가 가능하다.

이쯤에서 모든 괘상에 대해 거리 개념을 적용해 보자. 그로써 괘상 전체가 일목 요연해질 것이다. 만일 뜻을 모르는 괘상이 있다면 거리 개념을 통해 누구나 이해의 실마리를 찾을 수 있을 것이다. 이제부터는 좀더 조직적으로 전개해 보자. 그러기 위해서는 위상 좌표가 필요하다. 다음 장에서 자세히 살펴보자.

玉虛眞經 (11)

多言數窮 不如守中

말이 많으면 수(數)가 궁해지니 중(中)을 지킴만 못 하
다.

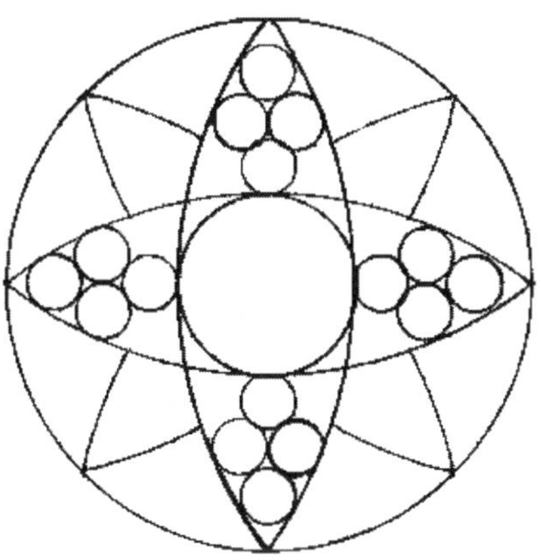

괘상의 좌표

'차원'이라는 단어가 아주 생소하게 느껴지는 독자도 있을 것이다. 이는 아주 큰일이라고 할 수 있다. 왜냐 하면 차원이라는 것은 인간의 인식 방법 중에서 최상의 것이기 때문이다. 먼저 우리가 사는 공간을 살펴보자. 위치를 나타내기 위해서는 가로·세로·높이라는 요소가 있어야만 한다. 여기서 요소는 3이다. 그래서 3차원이라고 하는데, 바둑판은 2차원적이다.

인간이 사는 땅의 주소는 2차원적으로 그려져 있다. 즉, 가로와 세로뿐이기 때문이다. 이처럼 단순한 2개의 요소로 모든 위치를 표시하기 때문에 상호 거리는 완전히 이해할 수 있다. 제주도와 독도의 상대적 위치를 아무리 좋은 인간의 언어로 표현한다 해도 지도처럼 정확한 것이 없다. 흔히 사용하는 약도는 말로써 하지 못하는 것을 나타내고 있다. 비행기나 잠수함의 위치는 3차원에 표시되지만, 배나 자동차, 산이나 강, 섬이나 바다 등은 2차원에 나타나게 할 수 있다. 하늘의 별자리는 근본적으로 3차원이지만, 투영의 방식으로 2차원의 좌표에 나타낼 수 있다.

좌표라는 것은 사물을 이해하는 데 절대적으로 필요한 것이다. 주역의 괘상도 마찬가지이다. 언어로써 수없이 설명하느니 한 번의 그림이 낫다는 것이다. 물론 좌표에 의해 괘상의 성질이 완전히 정의될 수 있어야만 가능한 일이다. 이 장에서는 바로 그것을 시도할 생각이다. 이로써 괘상의 성질이 더욱 선명해지고, 이제부터 주역의 본격적인 과학화가 이루어지는 셈이다.

그러나 처음부터 겁먹을 필요는 없다. 이 세상에서 과학처럼 쉬운 것은 없다. 또한 과학이 아니면 사물은 절대로 바르게 해석되지 않는 법이다. TV를 놓고 옛날 선비들에게 제아무리 좋은 문장으로 설명해도 소용이 없다. 말로 안 되는 것이 바로 과학이기 때문이다. 주역의 괘상도 언어로 설명하기에는 한계가 있다. 한계라기보다 기초마저 이해하기 어렵다는 것이다. 괘상은 원래부터 수학적 존재이다. 우주인을 또 한 번 들먹거리지는 않겠지만 재론할 나위가 없다.

이제부터 시작하자. 주역의 괘상은 어떻게 구성되어 있을까? 그것은 상괘와 하괘로 이루어져 있다. 즉, 2개의 요소로 이루어졌다는 뜻이다. 여기서 두 개의 요소로 이루어졌다는 것은 2차원 좌표에 표현이 가능하다는 것이다. 그러나 이것은 반드시 괘상에만 국한되는 것은 아니다. 모든 사물은 두 개의 요소로 구성되어 있을 때 이는 오로지 평면 좌표에만 표현될 수 있다는 뜻이다. 주역의 괘상은 상하의 요소이므로 이것을 2차원, 즉 수평과 수직에 배치할 수 있다. 먼저 괘상의 선형 구조를 확인하자.

$$
\equiv
$$

이것은 수직으로 괘상이 전개되어 있는바, 위로 갈수록 양이고 아래로 갈수록 음이다.

이것은 수평으로 전개되어 있는데, 오른쪽으로 갈수록 양이고 왼쪽으로 갈수록 음이다. 두 괘열은 수직과 수평으로 직교를 이루고 있는데, 이것이 바로 2차원 좌표이다. 이제 우리는 수직축을 상괘로 삼고, 수평축을 하괘로 삼을 수 있다. 현대 수학에 있어 수직축은 보통 y축이라 하고, 수평축은 x축이라고 하는데, 우리도 이처럼 생각하면 64괘는 모두 xy 평면 내에 자리를 차지하게 된다. 결국 주역 64괘는 평면에 배치할 수 있다는 뜻으로, 괘상의 관계 정의는 모두 이 안에 나타낼 수 있는 것이다. 이는 마치 제주도와 부산 또는 서울과 목포 등 모든 지역을 지도에 표시하는 것과도 같다. 그렇게 하면 우리는 각 지역의 상대적 위치를 알 수 있는데, 괘상을 위상 지도에 표시하면 성질이 그 안에 드러나게 된다. 이제 괘상 지도를 그려 보자.

위와 같이 그림이 완성되었는데, 이는 죽을 때까지 기억해 두어야 한다. 이 지도 안에는 실로 무궁 무진한 내용이 포함되어 있다. 이제부터 이 지도 속에 숨겨진 주역의 보물을 하나하나 찾아보겠는데,

몇 가지 예를 들어보자. 우선 y축의 ☷ 열을 보면,

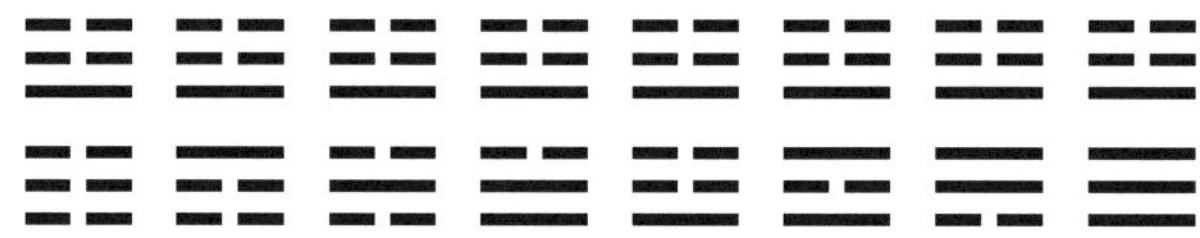

을 추출할 수 있는데, 이것들을 해석하자.

이것은 땅 위에 최초로 나타난 우레로서 발동을 걸고 있는 모습이다. 활주로에 있는 비행기 또는 출발을 서두르는 군대이다.

비행기가 날아오르건만 겨우 낮은 언덕 위에 있다. 원전 괘명이 소과(小過)로, 째째함을 말해 준다.

이것은 완전히 이륙에 성공한 모습이다. 007 제임스 본드가 적진

에서 탈출한 모습이다. 원전 괘명이 '해(解)'로, 벗어난다는 뜻이다.

이는 고향을 떠나는 모습이다. 무릇 인간은 집을 떠나야 성공하는 법으로 농촌의 청년이 도시로 가고, 수도자가 집을 떠나 천지와 합류한다. 여자도 나이가 차면 집을 떠나 시집을 가는 것이다. 괘명은 '귀매(歸妹)'로서 여자가 시집가는 것을 나타내고 있다.

딸은 완전히 떠나가고 집안은 대청소, 아들이 집을 떠난 것은 축복할 일, 그러나 집안의 상황은 수습해야 한다.

날아오른 새는 먼 곳을 가기 위해 더욱 높이 향한다. 그러나 이때는 자신의 능력이 충분한가를 염려해야 한다. 원전 괘명이 '풍(豊)'으로, 하늘 높이 찌르고 올라간 대저택을 보여 준다. 분명히 고관이나 귀인이 사는 곳이리라. 하지만 이런 곳에는 사람의 발길이 끊어지면 몰락하게 마련이다. 문턱이 너무 높으면 왕래는 줄어드는 법, 마음도 지나치게 닫혀 있으면 병폐가 발생한다. 흔히 남을 원망하는 것도 오랫동안 뭔가 숨기는 것이 있기 때문이다. 맺힌 것은 푸는 것이 군자의 태도이다.

용이 바람을 타고 하늘에 오른다. 즉, 시류(時流)를 타고 사업이 성공하는 모습이다. 연이 하늘 높이 오르며, 튼튼한 말을 타고 장군이 진격하는 모습, 대세가 유리한 상황이다.

장군이 전쟁에 승리하여 기세가 등등하다. 혁명에 성공한 모습, 땅 위를 조심스럽게 출발한 대붕(大鵬)이 드넓은 하늘 위에 이르고 있다.

이상은 ☷의 변화를 단계적으로 조명해 본 것이다. 각 단계는 우리의 직관하고도 일치한다. 이상은 언어로 열심히 설명했을 뿐, 간단하고 명료한 요점이 없다. 이해는 했지만 좀더 체계적인 해석이 필요하다.

　그래서 등장한 것이 바로 사물의 정량화(定量化)이다. 물리에서 학생들이 맨 처음에 접하는 것은 어떤 물질에 무엇이 함유되어 있는가이다. 예를 들어 물에 칼슘이 들어 있는지 중금속이 들어 있는지를 조사한다. 이어 좀더 단계가 높아지면, 그 물질이 정확히 얼마만큼 함유되어 있는가를 살펴보게 된다. 그것을 정량 분석(定量分析)이라고 하는데, 주역도 이와 마찬가지로 맨 처음에는 음양을 따지고 나중에 그 정도를 생각해 본다.

　위에서 우리는 ☷가 땅으로부터 상승해 올라가는 모습을 살펴보았다. 그리고 각 단계를 언어적으로 설명했는데, 이렇게 해서는 과학적으로 정립이 되지 못한다. 그러므로 정량 분석을 해 보자. 이번에 적용할 것은 계(系)가 갖고 있는 총 에너지이다.

☷ (1)
☷ (−7)

☳ (1)
☷ (−5)

☵ (1)
☷ (−3)

☶ (1)
☰ (−1)

☳ (1)
☳ (1)

☳ (1)
☳ (3)

☳ (1)
☳ (5)

☳ (1)
☳ (7)

이상에서 ( ) 속의 숫자는 단군 팔괘도의 값이다. ☳은 1에 고정된 값이지만 그 밑의 숫자가 계속 변하고 있다. 이는 우레가 그 위에 있다는 뜻으로 상태의 변화를 나타내고 있다. 예를 들어, '☷☳'는 땅 위에 있는 우레이고, ☰☳은 하늘 위에 있는 우레이니, 비록 같은 우레일지라도 그 활동하는 에너지가 다르다. 에너지의 총량을 살펴보자. 그것은 아래위의 괘상 값을 단순히 더하는 것이다.

☷☳ → −6
☵☳ → −4
☶☳ → −2
☳☳ →   0

☷ → 2

☵ → 4

☶ → 6

☳ → 8

이 그림은 ☷ → ☳ 과 같은 변화에서 총 에너지의 변화를 일목요연하게 보여 주고 있다. 이에 따라 우리는 우레의 활동상을 확실히 이해할 수 있다. 예를 들어 ☷은 ☳보다 활동이 적다는 것을 보여 준다. 그뿐 아니라 구체적으로 그 값을 나타내고 있다. 즉, 하나는 -2이고, 또 하나는 4이다. 이러한 방식으로 64괘 모두를 비교할 수 있다. 예를 들어 ☰은 양의 극한인데, 이것은 14이고, 또한 ☷는 음의 극한으로서 -14다. 그러므로 ☰과 ☷의 간격은 28로 모든 괘상은 이 범위 안에 존재한다.

괘열 하나를 더 조사하자. 이번에는 x축의 ☷행을 보자.

☰ → 8

☵ → 6

☶ → 4

☳ → 2

☷ → 0

☱ → -2

☲ → -4

☴ → -6

이 그림에서 표시한 값은 상하 괘의 값을 합한 것으로, 괘상의 총 에너지를 나타내고 있다. 이로써 각 괘에 대한 기(氣)의 현황을 알 수 있는데, 언어로써 설명하자.

이것은 우레가 아직 나서지 못한 상태로서 깊은 곳에 잠복하여 기운을 기르고 있다.

한 단계 지난 상태로 산 아래에서 쉬고 있다. 충분한 휴식이 필요하다. 집을 나서자마자 나타난 최초의 난관, 이럴 경우 서두르면 안 된다. 탐색과 휴식을 하면서 천천히 나아가면 된다.

이제 본격적인 난관에 봉착, 앞날은 미지수이다. 산을 넘고 나니 강이 나타났다. 기운은 충분한 상태, 돌파를 강행할 때이다.

잠시 또 쉬어야 한다. 군자의 행동은 언제나 기를 소진(消盡)시키지 않는다. 완급을 조절하며 조심스럽게 나아간다. 지금은 용이 호수에 있다. 힘은 충분하나 때를 기다리는 것이다. 스스로에게 기운이 있고, 기회도 좋다면 더 말할 나위 없을 것이다.

본격적으로 진격하여 적과 만남, 이제 망설여서는 안 된다. 진인사 대천명(盡人事待天命)이란 말도 있듯이, 최선을 다해야 한다. 지금에 와서 기운을 점검한다든지 점을 치는 일은 오히려 어리석다. 오직 사람의 힘을 다할 때인 것이다. 하늘이 돕지 않으면 어쩔 수 없지 않은가! 전투에 임해서 뒤를 돌아본다거나 요행을 바라서는 안 된다. 물론 하늘에 비는 행위도 용납할 수 없다. 지금은 행동할 때인 것이다. 괘상은 ䷗로서 온통 움직임을 보여 주고 있다. 바로 인간의 노력을 나타내는 것이다.

한 가지 일화를 소개하자. 일본의 검성 미야모토 무사시는 결투에 앞서 무운(武運)을 빌기 위해서 절에 간 적이 있었다. 말하자면 하

늘에게 자신이 이기도록 청원하는 것이다. 인간의 일에 하늘이 그
토록 관여하게 하는 것이 잘한 일일까? 도대체 하늘보고 누구 편을
들란 말인가! 차라리 상대편에게 벼락을 내려 달라고 할 것이지.

　결투란 공정한 게임이다. 당초 실력이 없으면 패배를 자인하든지,
몰래 다가가 적을 뒤에서 공격하든지, 도망하면 그만이다. 하늘까지
끌어들여 이기게 해 달라고 하면 애들 싸움에 어른 데려오는 격이
다. 미야모토 무사시는 관음전(觀音殿)에 들어서자마자 이를 깨달
았다. 그래서 이기게 해 달라고 빌지 않고, 오히려 관음보살을 노려
봤다고 한다. 다소 불경스럽겠지만 하늘도 이해를 하리라! 결투에
앞서 마음을 경건하게 하고 평정을 유지하기 위해 신불(神佛)을 찾
는 것은 인격적인 것이지 비겁한 일이 아니다.

　한창 전투 중에 난관에 봉착했다. 이것을 돌파하면 승리하리라.
승부처(勝負處)에 도달했을 때는 침착하게 모든 역량을 다해야 한
다. 원전 괘명은 '서합(噬嗑)'으로, 이는 음식을 씹는다는 것이니 이
빨 위에 놓여진 음식을 잘게 부숴야 하는 것이다. 힘이 충분하니
난관은 극복하리라!

고비는 넘겼다. 난관은 돌파되고 적은 급격히 무너지고 있다. 꾸준히 나아가면 된다.

전투는 끝났다. 상을 받으러 황제의 궁으로 가는 일만 남았다. 의관을 바르게 하고 명을 기다릴 때이다.

이상으로 우레의 나아감을 설명했다. 좀더 쉽게 설명했으면 좋겠지만 더 이상은 그럴 수 없었다. 이는 필자의 서투름이 아니라 언어의 한계 때문이다. 당초 언어로써는 부족함이 느껴졌기 때문에 괘상이 만들어졌는데, 이를 다시 언어로 설명하자니 한계에 부딪친 것이다. 그러나 걱정할 필요는 없다. 괘상은 영원히 무너지지 않고 우리는 이미 그것에 수치(數値)를 부여하고 있다. 수치 관계를 살펴보자.

$$\text{☷☷} \quad \rightarrow \quad -6$$
$$\text{☳☷} \quad \rightarrow \quad -4$$

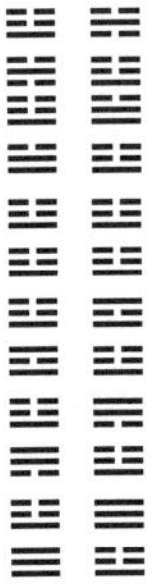

⚊⚊ ⚊⚊ → −2

⚊⚊ ⚊⚊ → 0

⚊⚊ ⚊⚊ → 2

⚊⚊ ⚊⚊ → 4

⚊⚊ ⚊⚊ → 6

⚊⚊ ⚊⚊ → 8

이상은 총 에너지를 표시한 것인데, 문제가 발생했다. ䷁와 ䷖ 등이 같은 값인 것이다. 우리는 지금 수값에 의지하여 괘상을 해석하는 중인데, 엉뚱한 일이 생긴 것이다. 만일 그 내용을 보지 않고 수치만 봤더라면 괘상을 도매금으로 취급하는 실수를 범했을 것이다.

그러나 조심하면 별일은 없다. 두부와 콩나물의 값이 같다고 해도 구별할 방법이 없는 것은 아니기 때문이다. 괘상에 대해 방금 살펴본 것은 총 에너지, 즉 외형 에너지일 뿐이다. 이제 그 내용을 보자.

이번에는 괘상 자체의 거리를 계산하자.

☷ → 11, ☳ → 3

여기서 한눈에 차이점이 나타났다. ☷는 상하 괘의 거리가 상당히 멀다. 평균 거리, 즉 안정된 거리가 7이라는 것을 앞에서 공부한 바 있을 것이다.  ☳은 3이므로 가깝다. 가깝다는 것은 작용이 격렬하다는 것이다. ☷와 ☳은 외형 에너지, 즉 총 에너지는 둘 다

-6으로 같지만 내용은 매우 다르다.

이 점에 대해 현대 과학적 개념으로 살펴보자. 물질 법칙 제1호로서 '에너지 불변의 법칙'은 누구나 잘 알고 있을 것이다. 이는 화학 반응에 있어서 반응 전후의 총 에너지는 일정하다는 것을 보여 주는 것이다. 주역에 있어서도 이와 완전히 일치하는 양상을 볼 수 있다. 즉, 하나의 괘는 일정한 에너지를 갖고 있는데, 그것을 상하로 이동시킨다 하더라도 총 에너지는 변하지 않는다는 것이다. 따라서 우리는 다음과 같은 관계식을 만들 수 있다.

☷ ← ☷ → 에너지 일정
☷ →

이 관계식에서 총 에너지가 -6이라는 것은 이미 살펴보았고, 에너지가 음값으로 나타난 것은 방향성을 나타낸 것이다. 어쨌든 총량은 일정함으로, 에너지 불변의 법칙을 보여 주고 있다. 그런데 문제는 내적 변화이다. 현대 과학에서는 이러한 문제를 놓치지 않고 있는데, 그것은 '엔트로피의 법칙'으로 잘 정리되어 있다.

엔트로피라는 단어에 대해 생소한 독자도 있을 것이다. 이는 에너지만큼이나 중요한 개념인데, 크게 어려운 것은 아니다. 간단히 설명하고 넘어가자. 고춧가루와 소금을 한 병에 넣었다고 하자. 이것을 흔들면 둘은 섞이게 되고, 아무리 흔들어도 처음 상태로 돌아오지는 않는다.

또 다른 예로, 집 안에 사람이 있다고 하자. 시간이 지나면 이리저리 자세가 바뀔 것이다. 방으로 들어갈 수도 있고 누울 수도 있다. 그러나 집 안에 있는 것은 변함이 없다. 여기서 집 안에 있다는 것, 또는 병 속에 있다는 것은 에너지 불변의 법칙이다. 하지만 그 안의 상태는 계속 변화해 간다. 이것이 바로 엔트로피의 법칙인 것이다. 소위 엔트로피 증대의 법칙이라고도 하는데, 여기서 증대라는 말은 방향성을 나타낸다. 이것은 물질이 끊임없이 그 특징을 감소시키는 경향을 의미하는데, 이는 나중에 상세히 다룰 것이다. 이 장에서 중요한 것은 외형적 에너지와 내형적 엔트로피는 다르다는 것이다.

오늘날 과학에서는 에너지 불변의 법칙보다 엔트로피 변화의 법칙을 더 중요하게 생각한다. 우리도 주역에 있어서 이러한 입장을 취할 것이다. 괘상에 총 에너지가 있다는 것은 물론 중요하지만, 그보다 더 중요한 것은 내부 엔트로피, 즉 상하 괘의 간격이다. 앞서 괘의 간격을 먼저 애기했는데, 그것은 일부러 순서를 바꿈으로써 엔트로피의 중요성을 강조하기 위해서였다. 주역에서 가장 중요한 것은 사물이 시간에 따라 변해 가는 것을 추적하는 일이다. 현대 과학에 있어서도 마찬가지이지만 엔트로피는 바로 변화와 작용을 다스리는 법칙인 것이다.

이것을 염두에 두고 괘상의 변화를 다시 살펴보자. 이번에 볼 것은 ☷열이다.

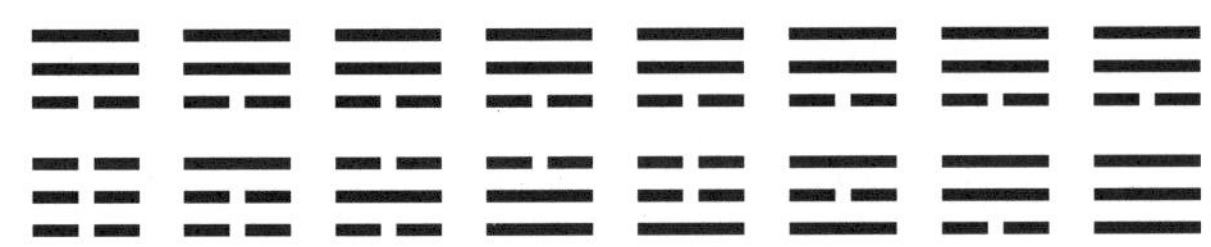

먼저 언어적 설명을 해 보자.

䷓은 잠들어 있는 대지 위를 바람이 살살 건드리는 모습이다. 이른바 탐색이라고 할 수 있다. 총 에너지는 −2이고, 상하 괘의 거리는 13이다. 상당히 먼 거리로 작용이 미미하다는 뜻이다. 대지 위로 부는 바람이 최소한의 작용이라는 것을 보여 주는 대목이다. 원전 주역에서 괘명을 '관(觀)'이라고 붙였는데, 그 모습은 거리가 13이라는 것으로 충분히 미루어 이해할 수 있다.

䷓은 서로 멀리 바라보고만 있어 아무런 작용이 없다가 하늘에서 바람이 내려와 땅을 살피고 있는 것이다. 수리 개념으로 보면 14라는 거리에서 13으로 좁혀진 것이니 다행이다.

䷴은 상하의 거리가 더 좁혀졌다. 이제는 땅에서도 반응을 보이기 시작했다. 원전 괘명이 '점(漸)'으로, 이는 차츰 성장하리라 얘기하고 있다. 남녀가 사랑을 하는 것도 이 괘상을 본받으면 좋으리라. 여자에게 당장에 큰 것을 요구하지 말고 조금씩 접근하면 반응을 보일 것이다. 성생활도 마찬가지이다. 성급히 결론으로 치닫지 말고 점진적인 애무가 필요하다.

䷴은 가벼운 애무로 분위기를 고조시키는 중이다. 상하 괘의 거리는 12이고, 총 에너지는 0이다. 에너지가 0이라는 것은 음과 양이 균형을 이루고 있다는 뜻이다. 물론 그래서 좋다는 것은 아니다.

☷은 언 땅이 녹고 여인의 마음도 풀리고 있다. 그 동안 애쓴 결실이 드디어 보이는 것이다. 그러나 이로써 충분한 것은 아니다. 굳은 마음을 조금 완화시켰다는 것뿐이다. 원전 괘명이 '환(渙)'으로 얼음이 녹는 것을 나타낸다. 원한도 풀리고 경계심도 풀리는 것이다. 총 에너지는 2로서 ☷은 전체적으로 양의 작용인 셈이다. 그러나 상하괘의 거리는 11로서 충분한 작용이라고는 할 수 없다.

☷은 여인의 마음이 열려서 남자를 받아들이는 상태이다. 닭이 알을 품고 있는 형상으로, 위에서 내려주는 기운이 아래에 착실히 쌓이고 있다. 비로소 성의를 알아주는 것이다. 원전 괘명이 '중부(中孚)'인데, 이는 깊숙이 익어 가고 있다는 뜻이다. 총 에너지는 4로서 제법 작용이 눈에 뜨인다. 그러나 상하괘의 거리는 10으로서 아직 멀게만 느껴진다.

☷, 이제 여인도 행동에 나섰다. 이 괘상은 낚시꾼이 가장 좋아하는 상황으로 고기가 물린 상태이다. 그러므로 이젠 부드럽게 낚아채야 한다. 원전 괘명은 '익(益)', 더한다는 뜻이려니와, 위에서 돕고 아래에서 움직이니 크게 상서로운 일이다. 원전에서는, 옛 성인이 이 괘상을 보고 농기구를 만들었다고 하는데, 땅이 일구어지는 모습이다. 수리로 보면, 이 괘상은 아래 괘가 드디어 양으로 바뀐 것이다. 이전의 괘상은 ☷로서 아래가 −1이다. 이는 에너지가 비록 쌓이고 있으나 아직 밖으로 발돋움하지 못하는 것이다. 하지만 ☷의 ☳은 +1로서 마침내 활동을 개시한 모습을 보여 주고 있

다. 총체적으로는 6, 제법 왕성한 모습이다. 그러나 상호 거리는 9로
서 아직 안정 거리에 못 미치고 있다.

☰☰, 이제 여인도 적극적으로 나서고 있다. 약혼을 해도 좋은 상
태로, 이미 남자에게 절개를 바치고 있다. 원전의 괘명은 '가인(家
人)'으로, 상하가 굳게 연결되어 있다는 뜻이다. 조직이나 가정 등
을 보이고 있다. 건져 올린 고기는 큼직한 붕어이다. 이 괘상을 얻
은 사람은 아랫사람으로부터 선물을 받는다. 특히 여인으로부터 사
랑이 담긴 선물을 받는 것이다. 총 에너지는 8로서, 충분한 활동력
을 나타낸다. 상하 거리는 8인바, 바로 안정 거리를 앞두고 있어 이
상적인 거리인 셈이다.

사물은 가득 차면 변하므로 이 상태가 가장 좋다. 사랑에 있어서
도 서로 바라볼 때가 가장 좋은 법이다. 말하자면 연애의 상태가
가장 아름답다는 것이다. 남녀가 처음 만나 ☰☰이 되어 일방적이다
가, 다음에 ☰☰이 되어 조금 희망이 보이다가, 지금에 와서는 ☰☰이
되어 사랑의 절정기를 이루고 있다. 다정한 손길, 충분한 반응, 아
름다운 순종 등이 이 상태인 것이다.

☰☰, 이제는 결혼하여 둘이 하나가 되었다. 총 에너지가 10으로서
이는 양 중에서도 제법 강한 위치를 차지한다. 상호 거리는 7인데,
멀지도 가깝지도 않은 평균 상태이다.

☰☰, 이는 한창 초혼 상태를 지난 때, 여자가 거칠게 나가고 있다.

두 사람간의 사랑은 점점 소모되고 있는 중이다. 남자는 이 때부터 바람을 피우게 된다. 이 괘상은 원래 바람을 피우는 것을 상징하고 있다. 원전 괘명은 '소축(小畜)'인데, 이는 여자가 너무 강렬하게 행동함으로써 권태가 생기는 모습이다. 즉, 행복이 줄어들고 있는 중이다. 총 에너지는 12로서 여간 유능하지 않으면 다루기 힘든 상황이다. 사물의 작용은 너무 격렬하지 않은 것이 좋다. 남녀간의 사랑도 지나치면 반전(反轉)할 수 있다. 이 괘상은 상하 거리가 6으로서 이미 압력을 받고 있다.

이상은 언어적 설명과 수치 상황을 섞어 본 것이다. 괘상에 대한 이해가 상당히 쉽고 또한 깊어진 것을 느낄 것이다. 이것이 바로 과학의 힘이다. 그 동안 알쏭달쏭하던 괘상의 뜻이 점점 풀리고 있는 것이다. 앞으로 논리가 확장될수록 괘상은 더욱 깊게 이해될 것이다. 통달이란 바로 이런 상황을 일컫는 말이다. 내친 김에 하나의 괘열을 더 살펴보자. 이번에는 ☳ 행이다.

아래에서부터 시작하자. 모든 괘상은 현재 완료형으로 되어 있기 때문에 이것을 이해하기 위해서는 인간이 일부러 방향을 정해 주는 것이 좋다. 같은 산이라도 남쪽에서 보았을 경우와 북쪽에서 보았을 경우 다르게 보인다. 물론 산 자체가 변하는 것은 아니다. 다만 괘상을 이해하는 데 있어서는 연관 작용을 봐야 하기 때문에 필히 다른 괘상과 비교해야 한다. 특히 괘상의 조직적 변화를 비교하는 것은 괘상의 현주소를 더욱 분명하게 해 준다.

☷은 땅 속에 씨앗을 뿌린 상태로, 여인이 님을 처음 만나 좋은 인상을 받은 모습이다. 바람이란 하늘의 딸로서 만물에 혜택을 주는 요소이다. 그것이 이제는 땅 속에 내려와 작용을 개시하고 있는 중이다.

여기서 잠시 신선도(神仙道)를 얘기하고 넘어가자. 신선도는 양생술(養生術)을 최우선으로 하고 있는데, 요즘 흔히 말하는 단전 호흡도 그 일종이다. 양생술의 요점은 아주 단순하다. 한마디로, 하늘의 기운을 땅에 유치(誘致)시키는 것이다. 몸에 있어서 하늘의 기운은 뇌(腦) 또는 영혼의 기운이라고 할 수 있는데, 수행자는 호흡이나 마음의 평정을 통해 이 기운을 몸 아래로 유입시킨다. 이 최초의 상태를 괘상으로 표현하면 바로 ☷이 된다.

신선술에 천녀 하강(天女下降)이란 말이 있는데, 천녀라고 굳이 여인을 지칭한 것은 중요한 뜻이 담겨 있다. 천이란 그 자체로써 양의 기운, 즉 남자의 기운이다. 하지만 이것이 하강하기 위해서는 양의 기운이 요동하지 말아야 하는데, 즉 조용한 양의 기운이어야 하는바, 이것을 일컬어 천녀라고 한다. 양은 양이지만 고요한 양이라는 뜻이다. 물론 고요한 양도 활동을 시작하면 그저 양일 뿐이다.

䷗은 양의 기운이 인체의 깊숙한 곳에 도달하여 몸에 활력을 주고자 하는 것이다. 신선술에 성태 영모(聖胎靈母)라는 말도 있는데, 성태란 양의 기운, 즉 ☳을 말하고, 영모란 이를 길러 주는 음, 즉 ☷을 말한다. ䷗은 바로 하늘의 기운이 입태(入胎)한 상태이다. 이 괘상의 총 에너지는 −2로서 아직은 조용한 상태이다. 하지만 음으로서 이미 최고조에 달한 모습이다. 상하간의 거리는 1로서 아주 격렬한 상태이다. 이 때 작용은 쉬지 않고 일어날 것이다.

䷒은 몸이 단단히 저항하고 있다. 묘약이 몸에 들어왔으나 인간의 몸은 그것을 충분히 활용하지 못하고 있다. 너무 병들어 있기 때문이다. 하지만 이미 하늘의 기운이 들어섰으니 살 길이 생긴 셈이다. 총 에너지는 0으로, 이미 죽음의 길에서 벗어났다. 상호 거리는 2, 격렬한 작용에 의해 변화가 시작되고 있는 것이다. ䷗은 오랜 세월 동안 침체되어 있는 상황에 변화의 조짐이 보이는 것이다. 남북한에 있어 민간 교류가 바로 이것이라 할 수 있다. 처음에는 미미하지만 장차 북한을 개방시킬 원동력이 될 것이다. 그러나 부인이 외간 남자를 은근히 만나는 것은 나중에 화근이 될 수 있다.

동굴을 파고들어가는 모습도 바로 ䷂이다.

䷯, 새싹에 영양분이 공급되고 있다. 비로소 해빙기가 왔다. 적은 이미 분열하기 시작했다. 금이 가고 있는 상황으로, 공산 국가의 국민들이 서방의 음악이나 코카콜라·청바지·디스코·미니스커트를 보면서 그 맛에 서서히 길들여져 가는 상황이다. 정의의 샘물이 끊임없이 흘러나와 국민의 양심을 일깨워 준다. 원전의 괘명이 '정(井)'으로, 우물은 도시에 활력을 준다. 총 에너지는 2로서 이미 양의 활동이 시작된 것이고, 상하 거리는 3으로서 활동은 아주 강렬하다.

䷛, 이는 폭발하기 직전이다. 백성의 마음이 이미 공산주의에서 떠난 것이다. 정부가 이를 막는 데에도 한계가 있다. 원전 괘명은 '대과(大過)'로, 붕괴 압력이 너무 크다는 뜻이다. 우리 나라 4.19 때의 상황과 마찬가지이다. 술을 너무 많이 마셔서 토하기 직전도 이와 같은 상태이고, 소인배가 높은 직위에 올라 지탱하기 어려운 모습이다. 사물은 분수가 있는 법, 연못이란 땅 위에 있어야 하거늘 너무 요동치고 바람을 타고 있어서 여기저기서 새며, 나무를 삼켜 해를 미치고 있다. 그러나 이토록 부자연스러운 현상은 오래 갈 수 없는 법, 조금만 참으면 좋은 날이 오리라. 총 에너지는 4로서 상당한 기운에 이르고 있다. 상하 거리는 4, 작용은 여전히 활발하다.

䷪, 드디어 분출, 정의가 표면에 나서고 있다. 용이 승천하는 모

습이다. 긴긴 세월 연못 아래에서 기운을 축적하던 중 비로소 때가
이른 것이다. 행운이 뒤에서 밀어 주고 있다. 천천히 나아가면 크게
성취할 수 있다. 원전의 괘명은 '항(恒)', 하늘의 기운이 돌아와 작
용을 다시 일으킨 것이다. 영구한 자연의 현상을 보여 주고 있다.
총 에너지는 6으로서 본격적 인 양, 거리는 5로서 아직도 활동 압
력이 크다. 이는 충분히 조절할 수 있는 에너지로서 최상의 컨디션
을 보이고 있는 중이다. 인생 개척에 최상의 괘상이다.

☲☴은 완성의 모습이다. 사업의 시작이 ☳☵라면 ☲☴은 완성을 나
타낸다. 꽃이 피어 있는 형상으로, 나무 위에서 불이 활활 타오르고
있다. 바람도 적당히 불어 돕고 있다. 총 에너지는 8, 아직 거센 활
동을 보이고 있지만 통제하는 데 어려움이 없다. 상하의 거리는 6
으로서 편안한 작용이다.

☲, 마침내 절정에 도달했다. 씨앗은 터져서 하늘을 날고 있다.
다음을 기약해야 할 것이다. 총 에너지는 10으로서 다루기가 힘들
어졌다. 상하 거리는 7, 이는 평균 거리로서 원만한 작용이다.

☰. 이제 더 나아가는 것은 무리이다. 이미 절정을 넘어선 상태
이다. 남자를 함부로 다루려 하다가는 낭패를 당한다. 여자는 역시
뒤따르는 존재일 뿐 남자를 지배하려 하거나 앞서려 한다면 반드시
나쁜 운을 초래한다. 원전 주역에서는 이런 여자를 취하지 말라고
경고한다. 총 에너지는 12로서 양기가 너무 강하다. 이미 적당한 양

이 아니다. 상하의 거리는 8, 괴리 현상이 나타나고 있다. 오래 갈 수 없는바, 나쁜 쪽으로 향하는 중이다.

　이상으로 ☷의 열과 행에 대해 모두 끝냈다. 여기서의 요점은 단계적 변화에 수치를 활용하여 비교 검토하라는 것이다. 다른 괘상에 대해서도 이와 똑같은 방법을 실시할 수 있다. 좌표화된 단군팔괘도는 열 8개와 행 8개이다. 모두 16개의 괘열인데, 하나의 괘열에 두 가지의 방향이 있으므로 모두 조사하자면 32가지 방법이 존재하는 셈이다. 여기서 전부를 다룰 수도 있지만 생략하겠다. 왜냐하면 요점이 알려진 이상 독자 스스로가 해 볼 수 있기 때문이다.
　필자는 예전에 이와 같은 방법으로 주역 64괘에 대해 3년간 계속해서 음미해 본 적이 있다. 하나의 괘상에 대해서 백 번 이상 조사, 음미해 본 셈이다. 자나 깨나 괘상에 대해 연구한 결과 눈을 감아도 괘상의 의미가 저절로 떠오른다. 그러다 보니 세상의 모든 일을 괘상으로 해석하는 일이 가능해지고 사물의 작용에 대해 달관하게 되었다. 세상의 모든 일을 괘상으로 해석할 수 있으니 어쩌면 당연한 일이다.
　저 옛날 제갈공명도 일찍이 주역을 통달하여 천하를 풍미했었다. 주역이란 천하를 이롭게 하는 데 쓰는 것이다. 한낱 사주 팔자에나 관심을 쓰고 있으면 아주 궁상맞은 일이다. 성인조차도 힘써 공부했던 학문을 가벼이 봐서는 안 되는 법, 죽을 힘을 다해 깨달아야 한다. 우리는 다행히도 주역을 쉽게 이해하는 방법을 공부하는 중이다.

이 장에서는 수치 논리를 응용하여 체계적으로 괘상을 조사했는데, 그나마 언어를 많이 사용해서 마음에 걸린다. 사람이 말을 많이 하면 그럴 듯해 보이나, 내용은 별게 아닌 경우가 더 많다. 어떤 장소를 찾아가는 데 약도가 필요할 뿐이지 화가의 그림이 필요한 것은 아니다. 이 장에서는 괘상에 대한 훌륭한 해독 방식을 터득했으리라 믿는다.

하지만 아직도 번거롭기만 하다. 더욱 철저히, 더욱 정밀하게 체계를 이루어야 할 것 같다. 앞으로는 산만함을 더욱 줄여 괘상의 극의(極意)에 도전할 것이다. 독자들은 이미 과학적 주역을 상당한 수준으로 이해했고, 곧 전문가의 과정으로 들어갈 것이다. 더욱 분발을 촉구하는 바이다.

玉虛眞經 (12)

谷神不死

계곡의 신은 죽지 않는다.

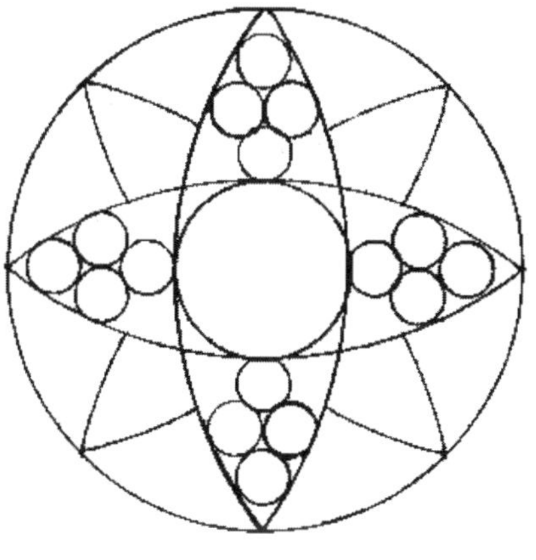

주역적 사고

《초한지》에는 장량이라는 인물이 등장한다. 그는 유방을 도와 천하를 통일한 인물인데, 능력이나 인품에 있어서 제갈공명과 닮았다. 단지 시대가 좀 앞서고 제갈공명보다 운명이 좋았을 뿐이다. 장량은 나중에 세상을 등지고 입산하여 신선이 되었다고 알려져 있다. 장량과 제갈공명이 닮았다는 것은 둘 다 병법의 대가로서 한 시대를 풍미했다는 것이지만, 필자가 관심을 둔 것은 그들이 주역을 공부했다는 점이다.

어쩌면 당시의 지식층들은 으레 주역을 공부했을지도 모르지만, 그들의 공부는 범인의 그것을 초월했음이 틀림없다. 필자는 어려서 장량을 목표로 공부한 적이 있었다. 그것이 인연이 되어 《육도 삼략》, 《황제 소서》 등을 읽고, 결국 주역까지 공부하게 된 것이다. 지금 생각하면 너무나 다행한 일로서 필경 천지 신명의 가호가 있었던 것으로 믿고 있다.

장량은 황석공으로부터 책을 받아서 공부를 했는데, 그 중에서도 《육도 삼략》은 참으로 읽을 만한 책이다. 아니, 주역을 공부한 사람은 필히 읽어야 할 책이라고 생각한다. 《육도 삼략》의 저자는 강태공인데, 그는 낚시꾼으로 잘 알려져 있지만, 실은 성인으로서 주역의 대가였다. 강태공의 주역 실력은 공자를 넘어서고, 또한 공자가 존경하는 성인인 주공이나 문왕 등을 뛰어넘고 있다.

사실 강태공은 문왕의 스승으로서 문왕이 주역을 저작할 때 그것을 감수(監修)했을 것이고, 어쩌면 당초 강태공이 주역을 저술했고 그것을 문왕의 이름으로 발표했을지도 모른다. 강태공의 실력은 인류 역사상 그 유례를 찾아보기 힘들 정도이다. 필자는 장량을 존경했고, 나아가서는 강태공을 크게 존경했다. 아직도 공자나 그 어떤 성인보다 강태공을 존경하고 있으며, 주역에 있어 필자가 꿈꾸는 것은 강태공과 같은 실력이다.

감히 성인과 같아지려고 마음먹은 것이 가소로울 수도 있지만, 절대로 불가능하다고는 생각지 않는다. 아니, 주역을 공부할 바엔 반드시 목표를 이러한 성인에 두어야 한다고 생각한다. 물론 성인의 경지가 한낱 지혜로써 이루어지는 것은 아니겠지만, 주역을 통달한다면 그것은 바로 성인의 지혜가 틀림없다. 천상 천하를 통틀어서 주역을 뛰어넘는 이치는 존재할 수 없기 때문이다.

필자는 이 글을 쓰면서 과연 어떤 독자들이 이 책으로 공부할까 궁금해질 때가 있었다. 분명히 그들은 총명한 사람들이겠지만, 이 책을 공부하는 최대의 목표를 성인에 두기를 바란다. 그래야만 주역을 공부함에 있어서 큰 보람을 느낄 것이다. 주역은 실로 성인에 이르는 절대적인 학문인 것이다. 주역을 공부함에 있어 사주 팔자 등 유치한 목표를 갖고 있다면, 그것은 모처럼 성인의 학문을 만났어도 스스로가 비천하기 때문에 큰 이득을 얻을 수가 없다. 주역을 공부하면서 독자들은 인생의 포부도 아주 크게 가져야 할 것이다. 만약 그렇지 않을 바엔 주역처럼 너무나 큰 공부를 할 필요조차 없다. 주역은 쉽지 않지만 그 응용 또한 실로 대단하다.

자, 이제 다시 주역을 공부해 보자. 이 장에서는 수리 논리를 사용하지 않을 것이다. 주역에 있어 수리 논리로서도 이해하기 힘든 부분이 있다.

☷, 이는 땅 아래 물을 보여 주는 아주 단순한 괘상이다. 물이란 원래 아래로 흐르는 것이니 끝내는 땅 아래에 고이게 마련이다. 물론 물이 흐르는 그 아래도 또한 땅이다. 모든 물은 땅 위에 존재한다. 하지만 높은 지역에서 보면 물은 또한 그 아래에 있다고 할 수도 있다. 그러나 이 괘상에서 물은 낮은 땅 위에 있다. 그저 있는 것이 아니라 많이 고여 있음을 뜻한다. 물이란 원래 다수(多數) · 군중을 상징하지만, 특히 이것이 아래에 있을 때는 많다는 것을 의미한다. 바닷물을 보면 알 수 있듯이, 물이란 아래로 가면 갈수록 더욱 많아진다.

그런데 물이 다수 · 군중을 뜻한다 하지만 군중의 속성도 바로 물과 같다. 특별히 행사 중일 때를 제외하고 군중이란 구석을 좋아한다. 커피숍에 들어갔을 때에도 가급적 구석으로 가는 것이다. 물고기는 풀 속에 숨고 사람은 그늘로 들어간다. 맹수들도 숲 속에 몸을 숨긴다. 이렇듯 숨어 들어가는 곳을 낮은 곳이라고 말한다. 이 때는 지형이 높거나 낮은 것이 결코 중요하지 않다. 은밀한 곳, 변두리 등을 주역에서는 낮은 곳이라 하고, 그 곳에 모여든 사물을 ䷗ 로 표현하는 것이다.

군인들이 산 위에 진을 치고 있어도 그것은 ䷆ 로 표현된다. 언덕 위에 아파트가 많이 모여 있고 그 속에 사람이 있어도 그것은 ䷆ 인 것이다. 즉, 다수가 숨겨져 있다는 뜻이다. 데모를 진압하는 전투 경찰이 거리에서 대기하고 있을 때 그 곳은 낮은 곳에 해당된다. 데모대가 활동을 개시하는 곳은 높은 곳이다. 드러난 곳은 높은 곳, 숨겨져 있는 곳은 낮은 곳이다.

원전 주역에서 ䷆ 의 이름은 '사(師)'로서, 군대·전쟁 등을 의미하는데, 군중이 잠복한 모습에서 그것을 볼 수 있다. 은행에 돈이 많이 쌓여 있는 것도 ䷆ 이다. 낙향(落鄕)이란 말이 있는데, 고향은 낮은 곳이다. 각 가정도 낮은 곳이다. 서울이나 직장 등은 높은 곳이다. 군인들도 진영에 있을 때는 낮은 곳이지만, 이들이 적과 부딪치면 높은 곳으로 나아갔다고 할 수 있다.

䷆ 는 낮은 곳에 모여 어딘가로 나아갈 태세이기 때문에 '사'라는 이름이 붙여졌다. 은행에 쌓인 돈은 기업으로 나아가 활용되고, 땅 속의 물은 우물로 나와 사람에게 쓰인다. 광맥을 발견했을 때 그 곳이 바로 낮은 곳인바, ䷆ 로 표현하고, 그것이 발굴되면 높은 곳으로 나아간 것이다. 이렇듯 ䷆ 를 단순히 땅 아래 물이라고 생각한

다면 얻을 것이 없다. 주역적 사고란 상대적 이해를 의미하는바, 융
통성이 있어야 한다.

䷢ 을 보자. 이것은 불이 높은 곳으로 향하는 것인데, 군대가 작
전지로 향하는 모습이다. 시골에 사는 청년이 서울로 떠나는 모습
도 바로 이것이다. ䷢은 불이 땅 위, 즉 높은 곳에 있는데, 높은
곳이란 활동 무대를 의미한다. 태양은 높은 곳에 떠 있어야 넓게
비출 수가 있다. 은행의 돈도 기업으로 나아가야 한다. 바로 그런
모습이 ䷢인 것이다. 등불이 구석에 위치하면 비록 높은 곳에 매
달려 있어도 낮은 데 있다고 말한다.

䷢ 은 직장인이 출근하는 모습인데, 회사가 시골에 있어도 그 곳
은 높은 곳이다. 주역에 있어서 높고 낮음은 상대적 위상을 의미하
는 것이지 땅의 높고 낮음이 아니다. 백화점의 지하 매장도 높다는
뜻이다. ䷢은 높은 곳으로 나아감인데, 불이 됐든, 군대가 됐든, 돈
이 됐든, 학생이 됐든, 비상 식수(非常食水)가 됐든, 모두 ☲인 것
이다. ☲는 불, ☷은 땅이라고 단순히 생각한다면 영원히 주역의
뜻을 깨닫지 못한다. 주역의 괘상에서는 상대적 의미를 잘 파악해
야 한다.

䷠ 을 보자. 하늘 아래 산이라고 해서 설악산·백두산 등을 생각
해서는 안 된다. ䷠은 낮은 산을 의미하는데, 낮은 산이란 숨어 있
다는 뜻이다. 집 속에 틀어박혀 두문불출하는 사람은 바로 ䷠인데,

사람이 ☷이고 바깥 세상이 ☰이다. 은퇴하여 집에서 쉬는 선비가 ☷이고, 임금이 사는 궁궐이 ☰인 것이다.

주역은 위와 아래로 이루어져 있는바, 그 뜻을 통달해야 한다. ☵는 하늘 위의 구름을 뜻하지만, 세상이 어두운 것도 보여 주고 있다. 안개가 자욱한 모습이 바로 이것이다. ☵에서 ☷은 공연한 곳에 나아가서 세상을 어둡게 만들고 있는 것이다. 정신이 혼미한 사람도 ☵로 표현된다. 전투에 있어 혼전(混戰)의 양상이라면 바로 ☵인 것이다 ☶는 실력 있는 사람이 한직(閑職)에 밀려나 있는 모습이다. 불이 쓰일 곳은 높은 곳이고, 실력 있는 사람이 쓰일 곳은 올바른 자리이다. 엉뚱한 곳은 바로 낮은 자리이다.

주역에서는 높고 낮음에 의해 모든 의미가 발생한다. 실제 세상에는 높고 낮음뿐 아니라, 넓고 좁고, 밝고 어둡고, 멀고 가깝고, 편안하고 불편하고, 춥고 따뜻하고 등등 수많은 장소가 있지만, 이들이 괘상에 들어와서는 오로지 두 가지 위치로 환원된다. 주역에서의 문법은 높고 낮음이고, 단어는 8개이다. 이렇게 만들어진 괘상은 문장이다. 우리는 주역의 문법에 능숙해야 한다. 괘상 즉 주역 문장은 천지 신명의 문장으로서, 이를 알면 사물을 알 수 있다. 또한 사물을 잘 관찰하면 괘상의 뜻을 알 수 있다.

조직에 있어 배신자가 생겼다면 이것은 무슨 괘상인가? 부인이 몰래 바람을 피운다면? 바로 ☵이다. 어째서일까? 잘 생각해 보라. 무릇 주역을 공부하는 사람은 세상의 모든 사물을 괘상으로 표현할 수 있어야 한다. 사물을 괘상으로 표현하는 바로 그 순간 그것은 해독된 것이다. 주역의 사고 방식에 길들이도록 하자.

玉虛眞經 (13)

玄牝之門 是謂 天之根

현묘한 문, 이를 일러 하늘과 땅의 근원이라 한다.

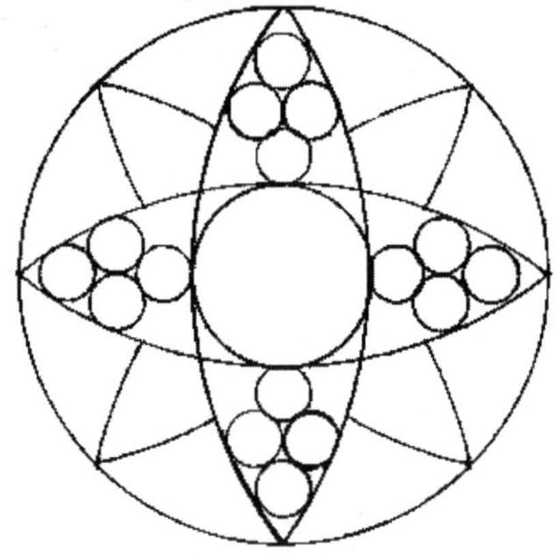

특별한 괘상

주역의 64개 괘상은 삼라 만상을 표현한 것이기 때문에 그 자체로서는 특별한 것이 있을 수 없다. 만일 다차원 주사위에 64괘를 배치한다면 64개의 모서리에 단순히 하나씩 위치할 것이다. 하지만 인간의 관점에서 보면 유별난 괘상이 없지 않다. 예를 들어 ䷀은 양의 극한으로서 우주의 근원인바, 여느 괘상과는 구별을 해도 좋다. ䷁도 마찬가지이다. 음극이며 만물의 혈(血)로서 ䷀과 병립하고 있다. 그리고 이들이 만들어 낸 괘상 중 ䷊는 서로의 기운이 극한적으로 비축되어 있으니 특이하다 아니 할 수 없다. 물론 이렇게 되면 반대괘인 ䷋도 마찬가지이다. ䷋은 천지가 서로 마주 보면서 아직 기운을 교감하지 않고 있으니 만물이 생기기 이전인바, 특수한 상황인 것이다.

주역을 이해함에 있어 다음의 4가지 괘상은 가장 기본적이다.

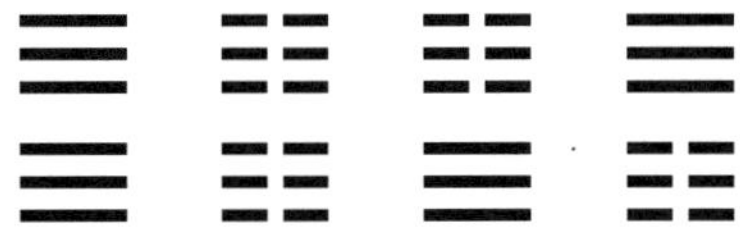

이로써 괘상을 모두 이해할 수 있지만, 우주 사회의 질서로 보면 한 가지 괘상을 더 추가할 수 있다. 그것은 ䷿인데, 이는 음양의 기운이 이상적으로 배합되어 있기 때문이다. 이 외에 또 한 가지 괘상은 ䷾인데, 이것은 ䷿의 반대로서 음양이 골고루 섞여 있으나 위치가 적당하지 않은 것이다.

이상으로 특별한 괘상들을 모두 나열했는데, 이들을 잘 이해함으로써 기타 58개 괘상의 관점을 확립할 수 있다. 물론 여기서 괘상의 관점이란, 원전 주역의 구성이라든가, 사회적 관점을 말한다. 사물은 무심히 존재할 뿐이다. 64개의 괘상은 이러한 사물을 그대로 묘사한 것으로서, 그들은 수리 논리에 의해 성질이 일률적으로 설명될 수 있다.

하지만 원전 주역은 괘상을 인간 사회에 적극적으로 응용하고 있다. 말하자면 이것을 응용 주역이라고 할 수 있는데, 이 때문에 괘상을 순수하게 하려는 시도와 종종 대치되는 것처럼 느낄 수도 있다. 하지만 괘상의 본질은 달라지는 게 아니다. 다만 우리는 사물의 추상(抽象)으로서 순수 괘상을 이해한 다음 사회적 관점으로 약간 전향할 필요는 있다. 예를 들어 양(陽) 위주의 가치관이라든가, 상하(上下) 차별성을 들 수 있는데, 이러한 편향된 관점은 실용적인 면에서만 채택해야 한다.

이제 특별한 괘상 6개를 음미해 보자. 무엇보다도 우선 살펴볼 괘상은 ☰인데, 원전 주역에서도 제일 처음에 등장하고 있다. 이 괘상은 구성 요소, 즉 효(爻)를 살펴봄으로써 실용적 관점을 이해할 수 있다.

초효(初爻)를 보자. 이에 대한 원전의 설명에는 '잠룡물용(潛龍勿用)'이라 해서 요동을 경계하고 있다. 초효 자리는 양으로서는 이미 정착된 자리인데, 다만 기운이 이제 시작 단계라서 힘이 미약한 것이다. 힘이 미약할 때는 이를 사용하지 말고 그대로 축적해야만 한다. 물론 자연계 현상 그 자체는 그저 그럴 뿐이지만, 인간 사회에 그런 일이 일어났을 때는 양의 기운을 적극 보호하자는 것이다. 우주의 현상이 의도를 가질 리 없다. 양이 성장하든 말든 자연은 아무런 관계가 없다.

하지만 인간의 경우, 사회적 예측이 있기 때문에 처음 생겨난 양에 대해 조바심을 갖지 않을 수 없다. 첫 월급을 탔을 때는 쓰는 것보다는 저축을 해 두는 것이 좋다. 윗사람이 총애를 할 때 더욱 자중하며 공을 세우는 것이 좋다. 사물의 첫 단계에 대한 인간의 마음가짐이 바로 이것이다.

다음 단계를 보자. 천지 만물은 크게 나누어 세 단계를 거치는데, 중간 단계가 바로 본격적인 단계이다. 사회적 직위로 보면 중견 실무자이고, 계절로 보면 여름이다. 적당한 위치이고 적당한 시기인 것이다. 즉, 한마디로 잘 나아가고 있는 중이다. 2라는 숫자에는 본래 그러한 뜻이 있다. 논문에 있어서는 서론·본론·결론이라는 단계가 있는데, 2단계란 본론이므로 가장 중요하다. 밭에 뿌려 놓은 곡물이 여름에 자라고 있는 것도 바로 이 단계이다.

우리 나라 교육 제도에 중등·고등학교가 3단계를 취하는 것은 이와 닮은 꼴인데, 2학년이라면 가장 중요한 때이다. 이 때 실력을 확실히 쌓아 두어야 한다. 축구에 있어서도 미드필드에서 기세를 장악해야 한다. 2라는 숫자는 중앙 숫자인 것이다. 연애를 하는 데 있어서 처음에 접촉하는 것은 무척 조심해야 하지만, 애인 관계가 이루어지고 나서는 재미가 있어야 한다. 충실해야 한다는 뜻이다. 여자의 몸도 허리가 포인트이다. 허리가 굵다면 모처럼 젖가슴이나 히프가 예뻐도 스타일을 구기게 마련이다. 군대에 있어서, 훌륭한 장군이 있어도 중견 장교가 무능하면 그것으로 끝장난 군대이다.

중간 숫자인 2는 하나의 범주로도 이해될 수 있다. 2단계라는 것은 중간 단계로서 현재 진행 중인 단계이다. 본격적이라는 것도 바로 이것을 뜻하는데, 주역의 원전은 이 단계를 중(中)이라고 해서 편안하고 귀한 자리로 보고 있다. 물론 자연 현상 자체는 귀천이 있을 수 없다.

다음으로 3단계를 보자. 이 단계는 결론 부분으로, 이 때는 새로운 앞날이 기다리고 있는 것이다. 축구에 있어 아시아 정상이라 해도 유럽에 나아가면 쪽도 못 쓴다. 그러므로 기고 만장해서는 안 된다. 학교에서도 3학년이면 입시를 치르는 등 앞날이 염려스럽다. 이제 밖으로 나아가야 하는 때이다. 그래서 조심스럽고 위태롭다. 비록 실력이 있다 해도 세상은 넓은 법이라서 동네에서 잘났다고 멀리 나아가서까지 뽐낼 수는 없는 노릇이다.

3이라는 숫자는 바깥을 뜻하고, 또한 높다는 것을 뜻하기 때문에 경계를 소홀히 해서는 안 된다. 군대로 말하면 전방에 배치된 부대인 것이다. 세상의 이치란 하나의 과정이 끝나면 또 다른 단계가 나타나는 법이다. 3으로써 끝났지만 또다시 1이 나타난다. 주역에서 3은 하괘의 꼭대기에 있어 잘났지만, 위태롭고 새로운 1은 4로 표현된다.

4는 또다시 시작하는 첫 단계이다. 다만 기초 단계를 넘어서 이제는 어른이 된 것이다. 정치에 있어서도 동네를 떠나 중앙 무대에 이르는 것이 바로 4이다. 조심스럽기는 하나 초년생이기 때문에 참신한 마음을 유지하면 곁에서 도와주는 사람이 있다. 옛말에 '용꼬리되지 말고 닭머리가 되라'는 말이 있는데, 지금은 용꼬리로서 뒤떨어지지 않도록 조심해야 하고, 정착할 수 있도록 애써야 한다. 다만 이 단계에서는 뒤따라가는 단계이므로 튀어 보이지는 않는다. 따라서 3효 자리보다 위태로움은 적지만, 그렇다 하더라도 낙오하지 않도록 애써야 한다.

다음 단계는 5효 자리, 이는 또다시 중앙 단계인데, 이보다 귀한 자리는 없다. 이미 동네를 떠나 중앙 무대에 왔거니와, 기초 단계를 지나 정착하며 대세를 장악한 단계이기 때문이다. 회사로 말하면 사장, 군대로 보면 야전군 사령관, 정치로 보면 수상이나 대통령이고, 가정으로 보면 한창 잘 나아가는 가장(家長)이다.

5의 자리는 높고 중앙이다. 다시 말하면 가장 높지만 지나치지 않은 자리인 것이다. 여기에 이르면 이제 더 이상 앞날을 꿈꾸지 말고 인생을 끝마칠 준비를 해야 하는 것이다. 저 옛날 장량은 천하 통일 위업을 달성한 직후 은퇴를 하고 입산 수도하였다. 인생에 있어 더 이상 밖으로 성취할 일이 없으니 공부에 전념하는 것보다 귀한 일은 없기 때문이다. 우리의 인생도 5의 자리로 나아가기 위해 노력하는 것이다.

다음 단계는 6의 자리, 상중상(上中上)이다. 이제 더 이상 나아갈 곳이 없다. 가장 높은 자리라서 위태롭기 그지없다. 원전에는 '항룡유회(亢龍有悔)'라고 해서 지나치게 높게 오른 용이 후회한다고 설명하고 있다. 즉, 물러날 시기를 놓친 것이다. 이제는 빼앗기는 일만 남아 있고, 또한 지탄을 받는 일만 남아 있다. 애당초 올라온 것이 잘못이지만 이제라도 빨리 물러나야 한다.

인생도 이제는 노년에 이르러 있고 자식도 다 자란 상태이다. 가장의 직위를 물려주고 인격 수양에 힘쓸 때이다. 모름지기 위에 있는 사람은 아랫사람에게 많은 것을 물려주어야 한다. 꽃잎도 지고 이제는 씨앗을 보존할 때이다. 6이란 3의 3이니 물러나는 것 외에는 방법이 없다. 높지만 위태로운 자리에서 연연한다면 무엇이 도래하겠는가! 성인조차 가장 높은 자리는 경계했다. 능력이 있어도 끝없는 도전에 견딜 수 없기 때문이다.

이상은 모두 사회 생활을 하는 인간에 견주어 설명한 것이다. 자연 그 자체에 있어서는 3이라는 자리는 변화하는 자리이다. 또한 외부와 접촉하는 자리이다. 이러한 자리는 인간 사회에서 보면 분명 성가신 자리인 것이다. 그 자리를 보존하기 위해서는 곡예를 하듯 능숙히 조절해야 하겠지만, 한 번만 잘못 디디면 벼랑으로 떨어진다. 성인이라도 그것을 모면할 수는 없다. 차라리 물러서는 게 상책인 것이다.

이렇게 해서 ☷을 설명했는데, 괘상의 구성 요소는 시간의 단계를 나타내고 있다. 시간이란 사물과 함께 존재하는 것이므로 이러한 단계를 통해 시간을 이해할 수 있을 것이다. 시간은 기차 레일 위를 지나가는 것처럼 흐르지만, 역(驛)이 나타나거나 벌판이 나타나는 등 항상 변화가 있게 마련이다. 다만 우리는 시간 그 자체의 본질을 규명해야 하는데, 주역 원전에는 그것에 대한 언급이 전혀 없는 실정이다. 그것은 우리가 할 일이다. 앞으로 우리는 괘상의 자발적 변화를 통해 시간 발생의 원인을 탐구할 것이다. 이 장에서는 원전의 구성을 음미하면서 괘상의 사회성을 생각해 보는 것만으로 족하다.

다음 괘상을 보자.

☷, 이것은 앞에 나온 괘상과 정반대의 성질로서, 음의 극한을 보여 주고 있다. 이 괘상도 역시 시간 단계를 거치며 변화를 갖는데, 음과 양의 차이일 뿐 크게 다를 것이 없다. 초효를 보면 그 자리는 원래 가장 낮은 자리로서 양이 있어도 자중해야 하는바, 음이 있다면 더욱 조심해야 할 것이다. 음이란 원래 낮은 것이고 초효 자리 또한 낮은 자리이므로, 초음은 낮은 사물이 낮은 자리에 있다는 뜻이다. 회사로 말하면 여비서의 자리로서, 예쁘다고 날뛰면 흉하고 천하다. 부잣집 막내 며느리는 어른을 잘 섬겨서 나중에 칭찬 받고 상속도 받으면 얼마나 좋겠는가! 날뛰다가 미움을 받으면 남편마저 쫓겨날 수도 있다.

사회적으로 볼 때 이 자리는 발생의 자리이기 때문에 관찰의 대상이 되는바, 만일 음이 발생하면 당장에 경계심이 발동된다. 원전의 관점에서 보면, 음이란 나쁜 것이어서 빠른 시기에 소탕해야 한다. 군자는 항상 인격을 쌓아야 하지만 실력 없는 자가 겨우 한 자리 얻었다고 해서 기고 만장하면 안 될 일이다. 잘났어도(양) 자중해야 하는 법이거늘, 못났으면(음) 더욱 부끄러워해야 한다.

다음 자리는 중간 자리로서 여자라 해도 크게 흉잡히지 않는다. 유순히 위에 따르면 된다. 마침 집안에 작은 며느리가 들어와서 조심스러운 새 며느리 자리도 이양된 상태, 정치에 있어서도 요긴한 자리이지만 높지 않아서 일만 잘하면 된다.

다음 단계는 제3의 자리로서 노출된 자리이다. 좋지 않은 자리이지만 이 곳에 음이 있으면 유순한 것이니 크게 허물이 되지 않는다. 비록 높은 자리에 있지만 숙이며 지내고 공을 남에게 돌리면 몸을 보존할 수 있다.

다음은 4의 자리로서 초보 단계를 지난 높은 자리이다. 또 한 번 새로운 무대에 등장한 것이다. 예전처럼 철없이 굴지는 않겠지만 여전히 조심해야 한다. 여자는 그저 유순하고 조심하는 게 상책이다. 다만 이 자리는 윗사람을 모시기에 최적의 자리이다. 비서 또는 보좌관으로서 배우면 모실 수 있다. 본시 인간의 능력 중 외교 능력을 최고로 대우하는데, 어른을 잘 모시는 것은 최상의 외교 능력인 것이다. 음이고 낮지만 아주 낮지 않은 자리이므로 스스로를 잘 지켜야 한다.

마침내 높은 중앙의 자리. 하지만 음이기 때문에 항상 남의 말에 귀를 기울여야 한다. 아는 것도 남에게 물어서 행하면 뒤탈이 없다. 제5의 자리는 여자로서는 최상의 자리이다. 정치판이라면 국무총리에 해당된다. 높은 중앙 자리이면서도 유순한 인격이 있으면 많은 인재가 도울 것이다. 원래 정치든 사업이든 남의 도움이 가장 중요하다. 저 잘났다고 날뛰면 누구라도 심중을 털어놓지 않는 법이다. 좋은 자리에 있어도 겸손(음)하면 이보다 길한 일이 없으리라. 큰 살림을 장악한 여자이지만, 항상 남편의 의견을 묻는 것은 매우 아름다운 일이다.

이제 마지막 단계. 높은 중 가장 높은 자리. 여자나 소인은 절대로 넘봐서는 안 될 자리가 이 제6의 자리이다. 상처를 입을 것은 뻔할 뿐만 아니라 남을 해치게 된다. 은퇴할 시기를 놓친 것이다. 추하다. 가정에서 여자가 너무 득세하면 남편의 운명을 막고 자신은 버림받게 된다. 음이란 낮게 있어도 경계 대상인데, 가장 높은 자리에서 무엇을 하겠단 말인가! 흉하고도 흉하다.

물론 자연계의 사물에 있어서는 흉할 것은 없다. 다만 높게 자리한 음이라서 하부의 도전이 극심할 뿐이다. 그러므로 곧 변화할 것이다. 양이라면 날아가겠지만 음이라면 심하게 추락하고 만다. 사물에 있어서도 자리에 따라 음양의 차별이 있다. 양은 오르려는 성질이 있기 때문에 아래에 있으며 자라나고, 음은 내려오는 성질이 있으므로 위에 있으면 압력을 받는 것이다.

이상으로 음극·양극의 괘상에 대해 자세하게 그 변화를 살펴보았는데, 이로써 변화의 단계를 대충 이해했을 것이다. 한마디로 요약하면 1단계는 부족하므로 조심해야 하고, 3단계는 남을까 봐 조심해야 한다. 반면 2단계는 자리 자체가 이미 편안한 것이어서 흉이나 허물이 적다. 그래서 인간은 중용의 덕을 지켜야 하는 것이다.

또한 이제껏 살펴본 바에 의하면, 변화의 자리보다 안정의 자리가 좋고, 높은 곳보다 낮은 곳이 좋다는 것이다. 그리고 음이란 특히 위로 갈수록 위험하다는 것이다. 여기서 위험하다는 것은 변화가 심하다는 뜻으로 해석하면 된다.

다음 괘상으로 넘어가자. 이번에 살펴볼 것은 양극과 음극을 배합하여 주역 64괘 중 가장 특별한 괘상이다. ☷은 음극의 기운이 올라가 있고, 양극의 기운이 내려와 있어서 장차 이 둘이 제자리로 향할 때 작용이 가장 활발하게 나타날 것이다. 이 괘상은 에너지의 근원으로, 태초의 우주를 상징한다. 좀더 알기 쉽게 말하면, 인간 사회의 돈이나 산소처럼 작용의 원동력이다.

이것을 크게 적용했을 때는 우주의 시원(始原)이 된다. 이 당시는 소위 빅뱅의 순간으로서 우주의 에너지가 가장 충만한 상태였다. 그것은 작용을 일으키기 위해 안간힘을 쓰고 있는 상태로서, 결국 빅뱅을 일으켰다. 빅뱅이란 거대한 에너지의 발산인데, 이로써 우주의 작용은 시작되었던 것이다. 오늘날 우주는 계속 팽창하고 있는데, 에너지는 멀리 흩어지면서 자연 현상을 나타낸다. 자연 현상이란 결국 소모적인 작용인 것이다. 축적되었던 음과 양이 해방되면서 일으키는 현상은 전 우주적으로 나타나지만, 자기 상사(自己相似)적인 국소 폭발은 곳곳에 존재한다.

☷, 이 괘상은 작용의 출발점인데, 원목(原木)이 조각되기 전 상태도 바로 이것이며, 남편이 월급을 타서 부인에게 건네준 순간도 이와 같다. 군대가 충만한 힘을 가지고 주둔하고 있는 모습도 마찬가지이다. 인간에게 있어서는 어린아이의 경우로서, 신체적으로나

정신적으로 작용의 힘을 내포하고 있는 것이다.

작용이 어떠한 모습으로 나타날지는 아직 예측할 수 없다. 하지만 작용을 일으킬 힘을 갖추고 있다는 것이다. 은행에 예금이 많은 상태도 이것으로 나타낼 수 있지만, 앞으로 돈이 어떻게 쓰여질지는 미지수이다. 원래 길흉이라는 것은 에너지를 사용할 때 나타나는 현상에 따라 정해지겠지만, 일단 에너지 자체가 존재한다는 것이 중요하다. 그렇기 때문에 ☷는 무조건 귀한 괘이다. 왜냐 하면 우주의 그 무엇보다 에너지가 가장 중요하기 때문이다.

신선도라는 것은 최우선적으로 몸과 마음의 기운을 축적하는 것을 과제로 삼는다. 나중에 그 기운을 어떻게 쓰느냐는 별개의 문제이다. 군대가 화력을 충분히 갖추고 있는 상태가 바로 ☷이지만, 이때는 아직 선악이 존재하지 않는다. 힘을 어떻게 쓰느냐에 따라 선악공과(善惡功過)가 정해질 것이다.

☷, 이 괘상은 기(氣)를 나타내는 것으로서, 모양을 나타내는 기(機)와는 의미가 다르다. 우주의 태초 상태는 에너지가 너무 많은 상태여서 ☷인 것이고, 이 때 모양은 존재하지 않았다. 따라서 이러한 상태에서는 생명력은 존재한다고 할지언정 생명체는 없었던 것이다. 오늘날 과학에서도 생명체란 적당한 에너지 상태에서 만들어진다는 것이 연구 결과 나와 있다. 노자는 천지가 아직 시작되기 전 상태를 박(朴)이라고 하여, 원목이 다듬어지기 전의 상태로 묘사했다. 이는 우주가 기(氣)에서 기(機)로 진화한다는 것을 암시하고 있다.

인격 수양에 있어서도 행동의 적절함을 배워야 하겠지만, 힘이 처져 있으면 대업(大業)을 일으킬 수 없다. 육체이든 정신이든 행동에 앞서 강하다는 것은 그릇이 크다는 뜻이다. 군자는 그릇을 키워야 한다. 호연지기(浩然之氣)도 바로 이것을 의미한다. ䷁인 것이다. 맹자는 일생 동안 호연지기를 기르는 것을 목표로 삼았는데, 선악을 불문하고 우선 ䷁ 상태에 도달하고자 했던 것이다.

돈이라는 것도 쓸 데를 먼저 생각하기보다는 우선 벌어 놓는다는 생각이 중요하다. 그것을 어떻게 쓰느냐는 나중에 천천히 생각해도 된다. 어려운 것은 어떻게 버느냐일 뿐 어떻게 쓰느냐가 아니다. 물론 돈이란 쓸 때 그 가치가 발생하고 선악도 이 때 평가되는 것이다. 인생도 우선 공부를 많이 하고 나서 그것을 어떻게 쓰느냐가 결정되는 것이다. 공부를 많이 한 상태는 바로 ䷁이지만 활동에 따라 선악이 정해진다.

생명체는 모두 ䷁를 이루는 것을 목표로 움직이고 있다. 인간 사회의 목표도 바로 ䷁를 이루는 것이지만, 자연의 현상은 ䷁를 출발점으로 하고 있다. 이는 자연력과 생명력의 차이를 보여 주는 것으로, 미래를 예측하는 데 아주 중요한 법칙이다. 인간 사회에 있어 부자가 더욱 큰 부자가 되는 현상은 생명의 욕구에 의해 ䷁가 계속해서 창출되는 것을 의미한다. 반면, 자원이 고갈되어 가는 현상은 ䷁에서 에너지가 소모되어 가는 과정을 뜻하는 것이다.

오늘날 과학자들은 미래를 예언하기 위해 ䷁가 창출되는 과정을 연구한 바 있는데, 그것은 바로 생명 활동의 특성과 같다. 인간 사회는 세월이 갈수록 많은 ䷁를 비축할 것이다. 그러나 우주 전체로 보면 ䷁는 점점 소멸하고 있는 중이다. 앞으로 그 과정을 상세히 공부하겠지만, 이 과정들이 모든 괘상으로 표현될 수 있다.

그리고 그 끝에 나타나는 괘상이 있는데 그것은 ䷋이다. 이 괘상은 양이나 음이나 제자리에 있기에 작용이 없는 모습이다. 물이 다 내려가고, 돈을 다 쓰고, 지하 자원이 고갈된 상태이다. 현재 우주는 팽창하고 있지만, 종말에는 ䷋가 될 것이다. 결국 우주란 ䷊에서 출발해서 ䷋에서 끝난다는 것을 의미하고 있다.

과학자들은 우주가 에너지를 다 소모했을 때를 두고 열적 평형(熱的平衡)이란 말을 사용하는데, 이는 음과 양이 갈 때까지 간 상태로서 결국 편안(?)해진 상태이다. 할 일이 없기 때문이다. 우주가 이러한 상태에 이르면 아무런 작용이 일어나지 않는다. 그러므로 우주의 역사는 끝나는 것이다. 가정도 이런 상태가 되면 이혼으로 끝나게 된다. ䷋의 상태는 서로 관심조차 없어져 싸움조차 없게 된다. 그러면 조용한 가운데 이혼이 성립된다.

우주에 있어서 종말이란 ䷋이지만, 어떠한 작용에 의해 우주는 다시 ䷊와 같은 상태로 바뀐다. 흔히 '신(神)이 태엽을 다시 감는다'라는 말로 비유된다. 호킹 박사는 터널링 효과에 의해 우주가 생겨났다고 주장하는데, 이는 ䷋에서 ䷊로 상전이하는 것을 뜻한다. 어째서 이런 일이 발생할 수 있을까?

국소(局所) 지역에서 일어나는 역 엔트로피 작용은 생명에 의해서만 가능하다. 그렇기 때문에 우주의 대역전은 초생명이 원인이 된다고 생각할 수 있다. 그러나 이는 그렇게 단순하게 말한다고 문제를 극복할 수 있는 것은 아니다. 이는 하나의 과제로 남겨 두자. 무작정 신이니 초생명이니 거론하게 되면 암상자(暗箱子) 이론이 된다. 모든 것은 이 상자 안에서 나오지만, 이 상자 속이 어떻게 구성되어 있는지 모른다는 말인데, 이는 진리 탐구를 포기한 유치한 짓이다.

차라리 의문으로 남겨 두면 그것을 해결할 기회는 있게 된다. 하지만 신이니 초생명이니 하는 단단한 요술 암상자를 등장시키면 상황은 그것으로 끝난다. 이는 주역을 공부하는 학자가 행할 바가 못 된다. 앞으로 우리는 주역의 원리로써 이 문제를 해결할 것이다. 그것은 공간의 발생과 시간의 출발 원인도 제공해 준다. 지금은 특수 괘를 이해하는 정도로만 끝마치자.

이번에는 괘상 ䷾을 살펴보자. 이것은 괘명이 '기제(既濟)'로서 완성을 뜻하는 굉장한 이름이 붙어 있다. 이를 연구하기 전에 잠시 되돌아가 앞에서 공부한 천지 계층을 다시 한 번 살펴보자. 천지 계층이란 단군 팔괘도를 높낮이 순서로 배열한 것이다. 즉,

인바, 이것은 음과 양이 팽팽히 당겨진 듯한 모양이다. 다시 말하면, 4개의 괘상은 위로, 4개의 괘상은 아래로 서로 향하고 있다. 이제 여기서 양 극단을 제거하자. 이는 너무 위로 향해 있거나 아래로 향해 있어서 작용이 너무 크기 때문이다. 그러면 계층도는 다음과 같이 된다. 즉,

☷
☶
☵
☳
☲
☷

이는 양극·음극을 참여시키지 않은 것으로서 우주 사회는 대개 이렇게 이루어져 있다. 이 그림에서 절반 위는 양이고 절반 아래는 음인데, 여기에 등급을 붙여 보자. 기점은 중앙이다. 그러면 다음과 같이 붙일 수 있다. 즉,

☵　3
☶　2
☳　1
☲　−1
☷　−2

☷ −3

여기서 마이너스 부호를 붙인 것은 아래로 향하는 괘상이기 때문이다. 이 그림에서 −3인 ☷은 음극인 ☷로 떨어지기 직전이다. 음괘 중에서는 음 쪽으로 많이 치우친 괘상이다. 또한 −1인 ☳는 양괘로 넘어서기 직전이다. 음괘이면서도 양 쪽으로 많이 치우진 괘상인 것이다. 그런데 −2인 ☵괘는 음괘로서 어느 쪽으로도 치우치지 않은 적당한 음괘이다. 마찬가지 논리로, 3인 ☶은 양쪽으로 치우쳐 있고, 1인 ☱은 음 쪽으로 치우쳐 있다. 2인 ☲만이 양으로서 적당한 위치에 있는 것이다. 결국 ☵과 ☲은 각각 양음의 세계에서 적당한 위치에 있는 것이다. 즉, 음양의 기운이 잘 섞여 있다는 뜻이다.

그런데 여기에 한 가지 아주 중요한 사실이 있다. 모든 사물은 모양과 기운이 있는바, 음극과 양극에 있어서만은 기운만 존재할 뿐 모양이 없다. 즉, ☰과 ☷은 기운으로서 양과 음일 뿐 모양을 논할 수 없다는 것이다. 모양이란 기(機)를 일컫는 것인데, 음과 양이 섞여서 만들어 낸 사물이다. 우주의 현상이란 진화되어 갈수록 기(機)가 정교해진다. 생명체라는 것은 바로 기가 어느 단계에 이르러 만들어진 특수한 것이다. 우주는 기(氣)가 운행함으로써 기(機)를 작용케 하여 역사가 이루어진다.

방금 논의한 ☵와 ☲는 기(機)로서 훌륭히 정착한 상태이다. 기(機)는 극단적인 곳을 피해서 발생한다. 사회의 운용 구조도 적당한 기(氣) 수준에서 최상으로 이루어지는 것이다. 최상의 운용 구조란 바로 특승한 기(機)를 말한다. 오늘날 인공 생명학에서 발견한 현상을 보면 생명이란 카오스의 언저리에서 발생한다고 하는데, 그것은 바로 기(氣)의 작용이 적당한 곳에서 생명이 출현한다는 뜻이다. 기(氣)의 작용이 적당한 곳이란 주역에 있어서는 ䷲와 ䷳이다.

이제 이 정도의 사전 지식을 가지고 ䷾를 생각해 보자. ䷳와 ䷲는 각각 잘 만들어진 음기(陰機)와 양기(陽機)다. 그런데 ䷾은 음괘가 위에 있고 양괘가 아래에 있으므로 기(機)의 배합이 잘 이루어졌다. ䷅은 기(氣)가 최대한 축적되어 있는 것이지만, 그것이 작용하여 ䷾를 만들어 낸 것이다. 이는 재료가 기구로 전환된 상태이다. ䷅가 원목이고 ䷾는 훌륭히 조립된 기구이다.

반면, ䷿는 비록 기(氣)의 작용으로 만들어졌지만 조립이 잘못된 것이다. 작품은 작품이지만 실패한 작품이다. 모처럼 ䷅가 운행하여 만들어진 것이지만, 완전하지 못한 것이다. 원전 괘명이 '미제(未濟)'라고 일컬은 것은 바로 그런 의미이다. ䷿는 기를 낭비한 꼴이다. 돈도 알맞은 곳에 잘 써야 하고, 에너지도 잘 써야 한다. 사람의 실력도 적당한 곳에 써야 한다. 무릇 사물의 이치란, 첫째는 기운이 있어야 하고, 둘째는 그것을 잘 써야 한다. 기운이란 근원적으로 ䷀과 ䷁에서 발생하고, 그 작용은 ䷾와 ䷿에서 이루어진다. 특히 ䷾는 훌륭히 이루어졌고, ䷿는 잘못 이루어진 것이다.

이상으로 특수 괘를 언어적으로 설명했다. 이들의 발생과 현상에 대해서는 후에 수리적으로 설명할 것이다. 지금쯤 독자들은 언어보다 수리적 설명이 더 간단하고 심오하다고 느끼고 있을지 모르겠다. 이 장에서는 원전 주역의 사고 방식, 특히 ䷀와 ䷁의 이름을 응

용적으로 파헤쳐 보았다. ☷와 ☰는 순수할 뿐이어서 원전에서도
그 의미가 단순하다.

玉虛眞經 (14)

天長地久 天地所以能長且久者 以其不自生

하늘은 길고 땅은 오래 간다. 천지가 능이 길고도 오래
갈 수 있는 것은 그 스스로 살려고 하지 않기 때문이다.

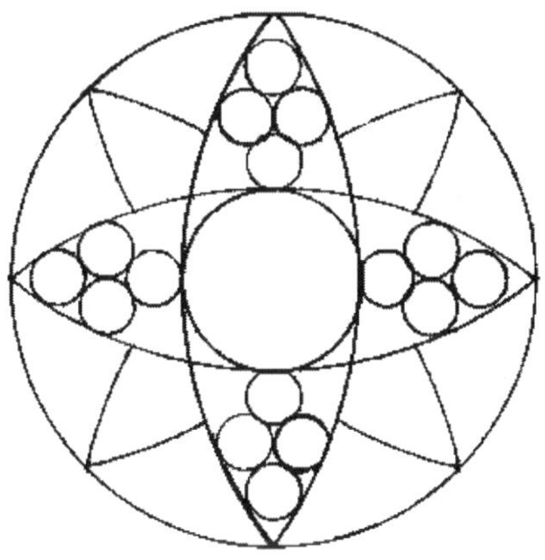

현상의 분류

그 동안은 언어적 설명을 계속했는데, 조금은 이해와 정리가 되었을 것이다. 이제는 정밀한 수리 논리를 전개해 보자. 우리는 앞장에서 단군 팔괘도를 2차원 좌표로 전개한 바 있는데, 아직 그 내용을 탐색하지 못했다. 그리고 괘상들간의 작용 거리와 총 에너지도 다루었지만, 모든 괘로 확장하지는 못했다. 이 장에서는 그들에 대해 체계적으로 전개할 것이다. 다음 괘상을 보자.

이들에게서 어떤 공통점을 발견할 수 있는가? 그것은 바로 방향성이다. 이들 괘상은 상하가 모두 서로를 마주 향하고 있다. 즉, 위는 음괘이고 아래는 양괘이다. 따라서 아래는 위로 향하고, 위는 아래로 향하는 까닭에 서로 결집하는 것이다. 이것은 다음과 같이 표시할 수 있다. 즉, 목(木 : ☵)인데, ↕ 과 같은 성질이 있는 것이다. 다음의 괘상들은 어떤가?

이 괘상들은 ↕ 이와 같은 성질이 있는데, 금(金 : ☱) 이와 같이 표시될 수 있다. 다른 괘상을 보자.

이 괘상들은 상하가 모두 양괘이다. 따라서 ↑ 과 같은 성질이 있다. 표현형은 화(火 : ☲)이다. 또 다른 괘상을 보자.

이들은 모두 음괘로서 성질은 ↓ 이고, 표현형은 수(水 : ☵)이다.

이로써 주역 64괘는 모두 표현할 수 있다. ☰ ☲ ☵ ☷은 사상

(四象)이라 하는데, 상하의 작용을 가장 간단하게 표현하고 있는 것이다. 우주 사물계는 한 요소가 다른 요소를 만날 때 비로소 현상이 나타나는데, 그것은 모두 4가지로 국한된다. 원소가 2개이기 때문에 만날 수 있는 경우의 수는 2×2 → 4이다.

이제 각 현상을 상세히 살펴보자. 먼저 주목할 것은 ⚏인데, 이것은 상하가 서로 향하기 때문에 작용이 가장 격렬하고 이해하기도 쉽다. 우선 음괘를 나열하자.

$$⚏, ⚎, ⚍, ⚌ \quad → \quad --$$

음괘는 이들뿐이다. 양괘는 다음과 같다.

$$⚌, ⚍, ⚎, ⚏ \quad → \quad —$$

이제 이들이 결합하면 상하 괘가 모두 4개씩이므로 4×4 → 16개가 된다. 이들을 적어 보자.

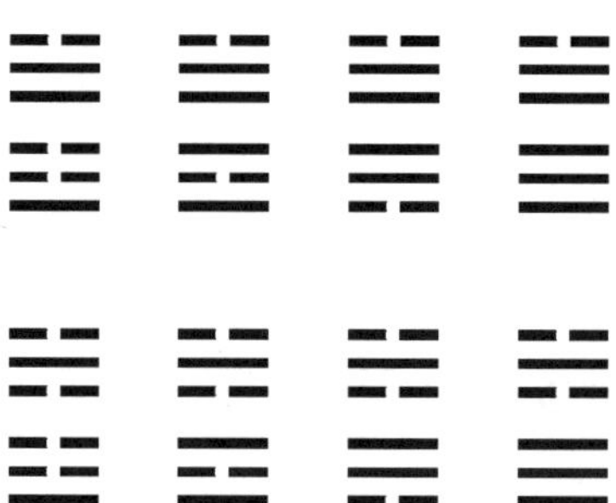

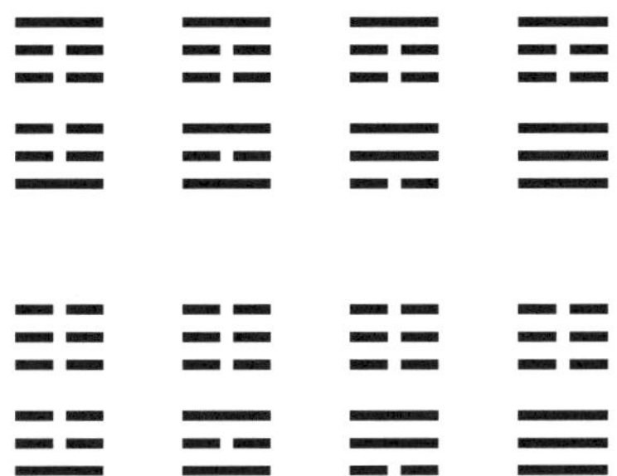

이 그림은 2차원 단군도의 한 조각이다. 위치는 다음과 같다.

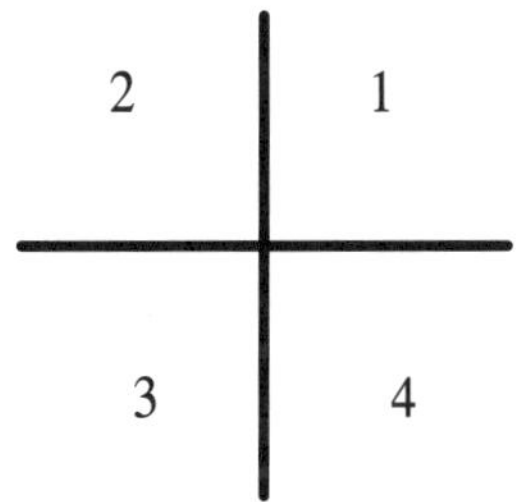

현대 수학에서는 이를 4상한(사상한)이라고 명명되어 있는데, 여기서 4라는 것은 특별한 의미가 없다. 값이 4가 아니고 이름이 4일 뿐이다. 제1행을 보자.

이 그림에서 상괘는 −1이다. 이것은 음괘로서 가장 작은 값을 갖고 있다. 따라서 ☱는 쉽게 열 수 있는 가정집 문과 같다. 그러나 은행 금고는 ☵에 해당될 것이다. ☵는 음이지만, 힘이 약해서 가두는 힘이 강하지 않다.

괘상 ䷜에서 ☵은 양의 최소한이다. 상하의 힘이 같은 셈이다. 따라서 적당히 균형을 이루고 있다. 집에서 쉬고 있는 남자, 또는 연못에서 힘을 기르고 있는 용의 모습이다. 그러나 갇혀 있는 상황은 아니다.

䷰은 아래쪽의 힘이 강하다. ☲이 ☱를 가두어 놓는 데 부담을 느끼고 있다. 속이 울렁거리는 상태로, 체기가 심하다. 원전 괘명이 '혁(革)'인데, 혁명이란 밝음이 침몰해 있고 그것을 억누르며 지탱할 수 없을 때 발생한다. ䷰은 ☲가 강하게 상승하려는 모습을 보여 준다. 상하 기운의 차는 2이다. 위가 ↓1이고 아래가 ↑3이기 때문이다. 상하의 차는 이 괘상이 함유하고 있는 부담이다.

䷛은 아래의 양기가 강해서 균형이 급격히 무너지는 모습을 보여 주고 있다. 나무를 삼킨 연못은 오래 갈 수 없는 법, 나무는 물 위로 떠오르게 되어 있다. 무슨 힘으로 그것을 막겠는가! 원전 괘명은 '대과(大過)'로, 지나치다는 뜻이다. 자연 현상은 지나치면 오래 지탱할 수가 없다. 인간 사회의 경우도 지나치면 여기저기에서 불만이 발생하고 오래 지속되지 못한다.

䷪은 곧 붕괴될 것 같은 상태를 보여 주고 있다. 아래는 가장 강한 양, 위는 가장 약한 음이다. 그러므로 견딜 수가 없다. 4.19 때 우리 나라의 상황과 비슷하다. 원전 괘명은 '쾌(夬)'로서 '처단한다'는 뜻이다. 양이 음을 처단한다는 것이다. 위에 있는 사람이 이 괘상을 얻었다면 상황은 돌이킬 수 없다. 재빨리 물러나야 할 것이다. 상하의 차이는 6으로서 주역 64괘 중 가장 위태로운 상황을 보여 주고 있다.

이상의 괘열은 하나의 상괘, 즉 ☷이 위에 있고 아래의 양기가 점증하는 과정을 보여 주었다. 이 괘열은 윗괘가 −1이어서 아래에 대한 단속력이 미비한 모습이었다. 다른 괘열을 보자. 이번에는 상괘가 음값이 아주 높은 경우를 선택하자.

이 그림에서 윗괘는 모두 음 7이라는 최대값을 취하고 있다. 이는 아래가 안전 지대라는 것을 의미한다. 최대한 힘을 비축해도 노출되는 법이 없다.

☷은 음 최대의 지역 안에서 양이 최소라는 특성을 보이고 있다. 한 나라의 건강한 어린아이들의 모습이다. 무럭무럭 자라 나라의 일꾼이 되기를 기대해 본다. 상하의 차이는 6으로, ☰와 함께 가장 격차가 많은 괘상이다. ☰는 너무 높게 올라가서 위험한 반면,

☳은 아직 자라지 못해 험난을 예고하고 있는 것이다. 천지의 중앙
에서 보면 비슷한 뜻이다.

☳은 위대한 인물이 사회에 크게 드러나지 못한 모습이다. 아직
은 개인의 역량이 부족하다. 시기가 좀더 성숙해야 한다. 상하의 차
이는 4로서, 이 정도면 전진이 불가능한 상황이다.

☳, 이제 발동을 걸 때가 왔다. 국가에 많은 인재가 있어 희망을
주고 있다. 땅 아래에는 많은 씨앗이 뿌려져 있고, 국가의 교육 정
책은 실효를 거두고 있는 모습이다. 상하의 차가 2로서, 이는 작용
이 넉넉한 상황이다.

☳, 비로소 가득 찬 모습이다. 힘을 충분히 비축하고 있지만 아직
사용하지 않고 있다. 하늘에 제사를 지내 앞날을 축원하는 것도 좋
을 듯하다. 에너지가 많을 때는 오히려 조심해야 하는 법이다. 상하
의 차이는 0, 강한 기운을 잘 덮어 주고 있다.

이상으로 상괘의 최대와 최소값에 대한 하괘의 변화를 살펴보았
다. 이번에는 반대로 하괘의 최대·최소 상황을 살펴보자.

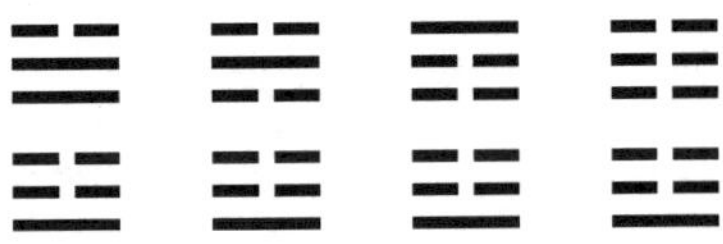

이 그림은 아래가 양 1로서 최소값이다. 반면 윗괘는 ﹣1, ﹣3, ﹣5, ﹣7로서 점증적으로 되어 있다.

☲은 상하가 최소한으로 호응하는 형상으로, 앞에서 이미 살펴보았다.

☶은 위의 음괘가 제법 강하다. 이럴 때는 정지해서 힘을 키워야 하는 법이다. 어린아이가 많은 일을 할 수는 없다. 원전 괘명은 '이(頤)'로, 기른다는 뜻이다. 큰 산기슭에 새가 깃들여 살고 있는 모습이다. 훗날 하늘 높이 오를 수 있을 것이다. 상하 차는 4로서 힘에 겨운 상황이다.

☵, 이 괘상은 제법 유명하다. 원전 주역에서 천지 다음으로 나오는 괘상이다. 괘명은 '둔(屯)'으로서 '혼돈'을 의미한다. 아래에서는 1이라는 힘으로 전진하고 위에서는 ﹣3이라는 힘으로 덮어 누르고 있다. 안개 속을 거닐고 있는 행인의 모습으로, 사물의 초기 상태를 보여 주고 있다. 인생에 있어서는 흔히 태중에 있는 아이의 모습으로 표현하고 있다. 상하의 차는 2로서 돌파가 가능하다. 모든 일에 있어서 시작은 으레 불안한 법, 앞날에 미지수가 많다. ☳은 아래의 ☳가 최소 양으로서 힘은 미약하나 위는 ☷로서 그리 큰 음이 아니다. 따라서 돌파가 가능한 것이다.

☳은 앞서 다루었거니와, 이번 괘열은 일부러 거꾸로 다루었다.

알기 쉽게 하려면 ䷗ → ䷒ → ䷊ → ䷡의 과정이 낫다. 하지만 괘상이란 그 자체를 이해해야 하기 때문에 역방향으로 풀어 놓았다. 다음을 보자.

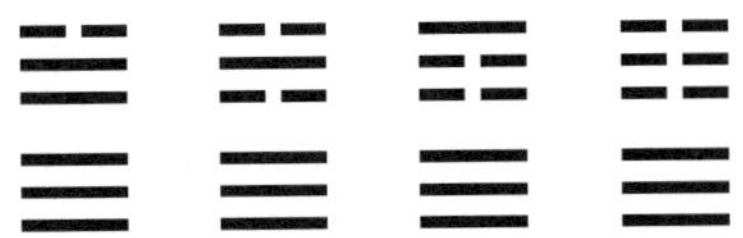

이 괘상들은 아래가 최대 양인데, 위의 음값이 큰 것으로부터 시작하자.

䷗은 모든 작용의 근원이다.

䷒은 에너지가 과시되고 있는 상황이다. 거대한 댐에 물이 가득 담겨 있다. 화력이 충만한 군대가 천천히 기지개를 펴고 있는 것이다. 앞길을 누가 막으랴! 들판에 나서면 적이 없을 것이다.

䷊, 드디어 발진 개시, 그러나 급해서는 안 된다. 방심은 화를 자초하는 법이다. 천천히 상황을 탐색할 일, 대군이 움직이기 전에는 반드시 수색 부대가 선두로 먼저 나아가야 한다. 원전 괘명이 '수(需)'로, 기다림을 뜻한다. 물론 충분한 힘을 갖춘 상태에서 더 좋은 기회를 기다리는 것이다. 정보를 최대한 입수하라. 천천히 가도 이길 수 있으니 서두를 필요가 없다.

☲, 드디어 때가 왔다. 적을 소탕하라. 앞에서도 설명했지만, 최소한의 음이 최대한의 양을 막아서고 있다. 어찌 오래 갈 수 있으랴!

이 장에서는 ☷, 즉 ↑인 현상을 점검해 보았는데, 특징을 강조하기 위해서 최대 최소값을 사용해 본 것이다. 잠깐 다시 보자.

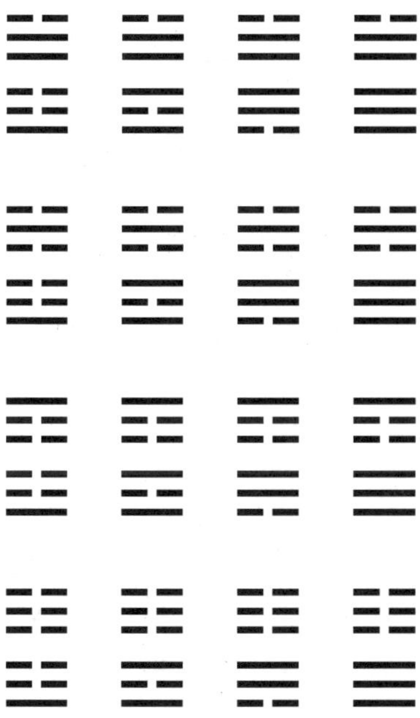

이 그림은 ☷ 현상을 모두 나열한 것이다. 평면적으로 살펴보면 괘상간의 상호 비교가 가능하다. 이 괘상들의 작용은 모두 원전 괘명과 완전히 부합하는 성질을 보여 주고 있다. 이제 여기서 ☰, ☷가 들어 있는 괘를 모두 제거해 보자. ☰과 ☷은 너무 성질이 강력하여 이해하기가 아주 쉽다. 다만 아기자기한 맛이 없어서 섬세한 괘상을 공부하는 데 효용이 적다.

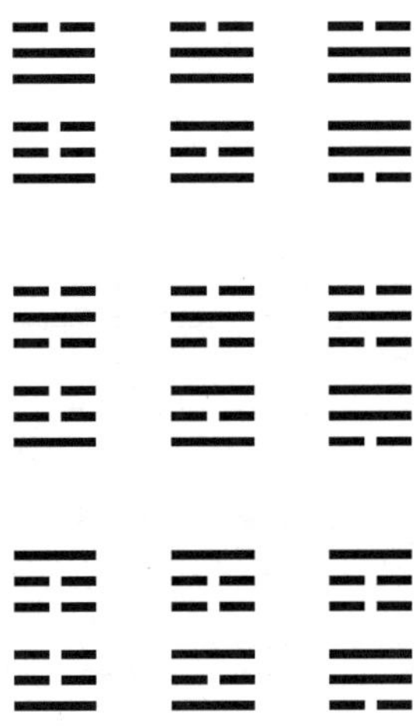

　이 그림은 아버지·어머니가 없는 자식들만의 향연이다. 세상의 사물은 극단적인 것보다 이와 같은 사물이 많은 법이다. 주역 64괘 중 ☰과 ☷가 들어 있지 않은 괘상은 모두 36개인데, 그 중에서도 상하가 가장 친근한 괘상은 위의 그림에 나타난 9개뿐이다. 앞으로 주역의 괘상을 공부하는 데는 ☰과 ☷이 포함되어 있는 괘상과 그렇지 않은 괘상을 나누어서 이해하면 유리한 면이 많다.

　위의 그림을 보자. 가운데에 괘상 ䷾이 있다. 사물은 본래 ↓↑과 같은 작용이 가장 활발하고, 그 중에서도 ䷾는 중앙을 차지하고 있다. 원전 주역에서 ䷾을 완성이라고 표현하는 이유를 다시 한 번 보여 주고 있는 것이다.

이 정도로 하고 다른 현상으로 넘어가자.

이번에 다룰 현상은 ==, 즉 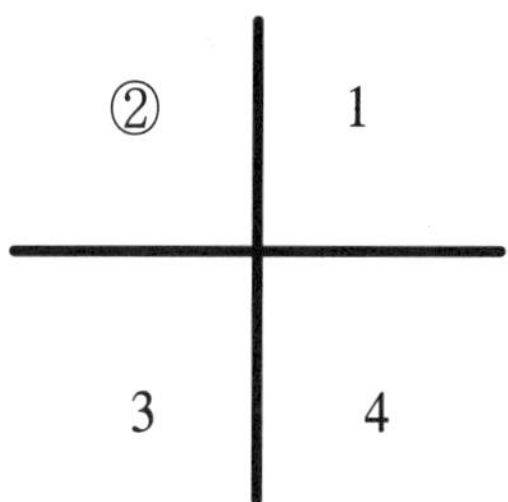로서 작용이 가장 희미한 괘상들이다. 먼저 전체도를 그려 보자. 수학에서는 제2상한이라는 지역에 분포하는 것이다. 즉,

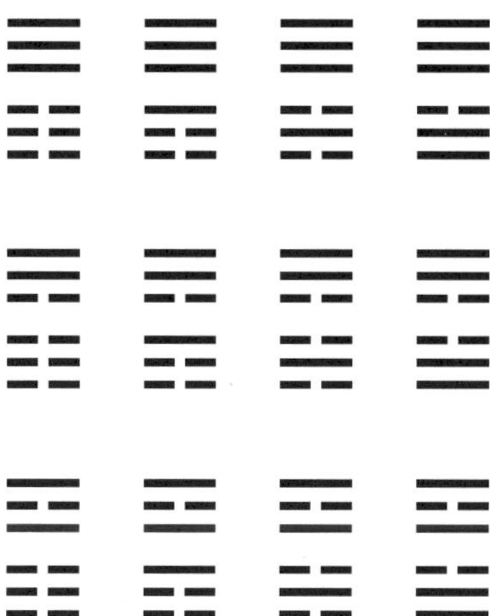

○ 표한 지역인바, 괘상은 다음과 같이 분포된다.

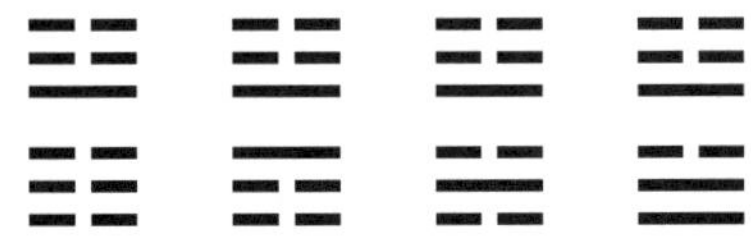

이 그림은 모두 상하가 괴리(乖離)하는 괘상들로 가득 차 있다.
먼저 ☰ 열을 보자.

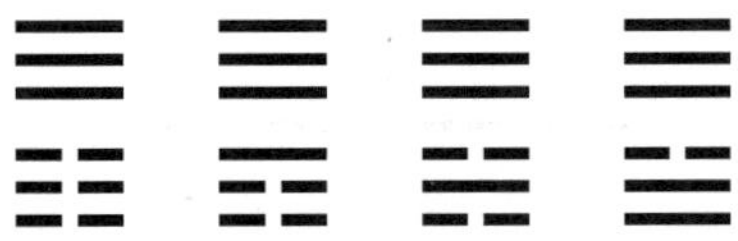

이들 괘열은 상하의 간격이 14, 13, 12, 11로서 평균값 7보다 상당
히 크다. 따라서 상하가 분리되고 있는 현상을 보여 주고 있다.

☷, 이 괘상은 상하가 최대치로 괴리(乖離)하고 있기 때문에 서
로의 작용이 없다. 주역은 서로에게 작용을 미치지 않는다는 것에
대해 설명하기 위해 이 괘상을 도입했다. 이 괘상은 에너지가 고갈
되어 하나도 없는 우주 상태를 일컫는다. 만약 신체일 경우 손발이
차고 머리는 뜨거워서 오래 견딜 수가 없다. 기(氣)와 기(機)가 소
멸한 상태, 가정에서는 남편이 위세 부리고 부인은 고집을 부려 마
음이 이미 떠난 상태이다. 세상이 이 경우라면 아무런 희망도 없
다. 즉, 우주의 종말을 말한다.

☶, 이 괘상은 괘명이 돈(遯)으로, 위는 도망가고 아래는 숨는다.

각자 알아서 살자는 뜻이다. 타협도 관심도 없다. 낮은 산, 높은 하늘, 정부는 권위만 내세우고 큰소리치지만, 백성은 숨어서 마음대로 행동한다. 보기만 해도 답답한 괘상이다. 다만 이혼을 바라는 사람에게 이러한 괘상은 끝내주는(?) 괘상이다.

☵, 하늘에서 물이 주루룩 떨어진다. 당초 올라가서는 안 될 곳에 가 있었기 때문이다. 물은 너무 높이 올라가면 안 된다. 사람도 억지를 적당히 부려야지 지나치면 통할 리 없다. 부인이 바가지 긁는 것도 남편의 인내심 한계에서 이루어져야 한다. 연애를 함에 있어서 상대방의 질투를 유발시키는 것도 마음을 살펴보고 해야 하는 것이다. 어른에게 대드는 것은 정도껏 해야 하고, 싸움을 걸어도 비슷한 곳에 걸어야 한다. 이 괘상은 높은 하늘에 ☷이 대드는 형상이다.

☴, 한껏 호소하고 있다. 그러나 하늘 높게 있어 갑자기 다가오지 않는다. 다만 성심껏 하늘을 청원하고 있기 때문에 소득이 있을 것이다.

이상의 4개 괘는 모두 별 재미가 없다. 그것은 상하 괘가 서로 외면하고 있기 때문이다. 자연 현상에도 이런 경우가 있지만, 인간 생활의 경우 이러한 상황이면 각별한 인내와 지혜가 필요할 것이다.

다른 괘열을 보자. 이번에는 ☷가 포함된 괘열이다.

이 그림은 모두 ☷가 아래에 있어서 작용이 활발하지 않은 것을
보여 주고 있다.

☷은 넓고 넓은 세계에 사건이 너무도 없다. 고립되어 있는 모
습이다. 여기서 한 가지 일화를 소개하자. 18세기 때 일인데, 이스
터라는 섬이 있었다. 이 섬은 오늘날 유명한 관광지로 변했는데,
거대한 석상, 즉 '모아이'가 해안선을 따라 배치되어 있어 흥미를
끈다.

한때 이 거대한 석상을 우주인이 옮겨왔다는 설이 있었다. 이 섬
은 육지로부터 3,800킬로미터나 떨어져 있는 절해의 고도(孤島)이

다. 가장 가까운 섬으로부터도 2,200킬로미터나 떨어져 있는 그야 말로 외로운 섬인 것이다. 이는 지구상에서 가장 고립되어 있는 섬 인데, 인류가 이 곳을 발견할 때까지 1,300년 동안 고립되어 있었 다.

이 섬에는 원주민이 살고 있었지만, 그들은 자원의 고갈로 인해 모두 자멸하고 말았다. 바다로 나아갈 수 없었던 그들은 섬 안에서 제한된 자원으로 살아갈 수밖에 없었기 때문에 결국 멸망하게 된 것이다.

그들은 서로의 몸을 잡아먹으며 얼마간 연명하였다. 이들에게는 세상이란 막막한 바다와 그들의 섬이 전부라고 생각되었다. 즉, 하 늘과 섬과 끝없는 바다뿐이었다. 이들의 고립은 애처로운 일이려니 와, 그 상태가 바로 ䷓이다.

그러나 이뿐이 아니라 지구도 우주적으로 볼 때 이스터 섬과 다 르지 않다. 오늘날의 과학으로 광대한 우주를 살펴본바, 인간이 이 주할 수 있는 별은 나타나지 않고 있다. 앞으로 인류는 모든 자원 을 탕진하고 모든 땅에 인간이 가득 쌓여서(?) 이스터 섬의 운명과 같이 되지 않을까?

잠시 이야기가 다른 곳으로 흘렀지만 ䷓의 상황을 강조하기 위 함이었다. 다시 괘상을 보자.

䷓은 적막한 대지 위를 불어 가는 바람이다. 정착할 곳을 찾지 못해서이다. 나그네와 같은 상황이다. 원전에서 괘명은 '관(觀)'인 바, 이는 쉴 곳을 찾고 있는 모습을 나타낸다. 씨앗을 뿌리자니 땅

이 꽁꽁 얼어 있다. 여자의 사주에 이런 괘상이 있으면 이혼할 가
능성이 아주 높다. 취직 자리를 얻지 못한 사람이 여기저기를 살피
고 다니는 처량한 모습이다.

☷은 전진을 보여 주고 있다. 땅에서 떠나가는 형상이다. 시골을
떠나 서울로 향하는 청년. 전체적으로는 밝은 느낌을 주지만 고향
에 홀로 남은 부모는 외롭다.

☷은 잠자고 있던 대지가 기지개를 펴는 형상이다. 군대가 새벽
에 진입하고 있는 모습, 땅으로부터 날아오르는 새의 모습, 발돋움
하려고 애쓰는 모습이다. 이 괘상은 음으로부터 최초로 이탈하는
노력을 보여 주고 있다.

 이상으로 상하 괴리의 괘상들을 살펴봤는데, 극단적인 ☰과 ☷
을 빼고 잠깐 다시 보자.

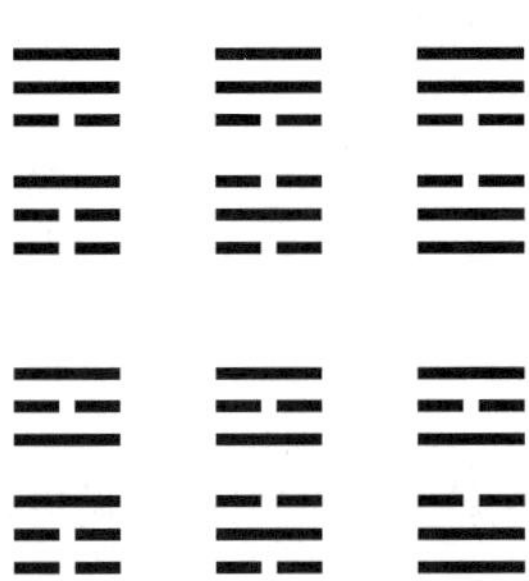

이 괘상들은 모두 상하 분리 현상을 나타내고 있는데, 이 중에서도 중앙에 있는 ䷋가 눈에 띈다. ☴와 ☵은 훌륭한 괘인데, 서로 협력을 안 하고 있다. ☴는 아래에 있어야 하고 ☵은 위에 있어야 한다. 위의 9개 괘상은 독자 스스로가 해석할 수 있을 것이다. 요점은 ☵, 즉 ↑↓이다.

다른 괘열을 보자. 이번에는 ☴, 즉 ↑인 현상이다. 먼저 2차원 전개도를 그리자. 이것은 제1상한(第一象限)에 나타난다.

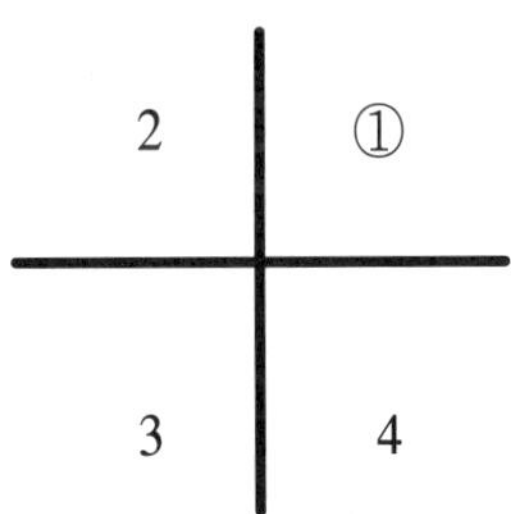

○으로 표시된 곳이 제1상한인바, 수학에서는 반시계 방향으로 지역을 구분하였다. 이것은 특별한 의미가 없다.

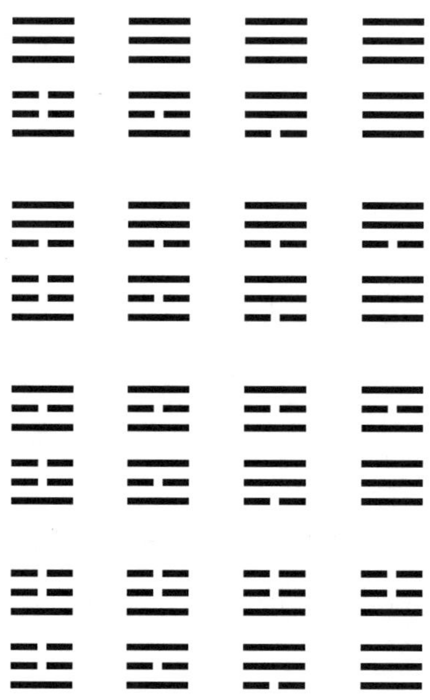

이 그림에 나타난 괘상들은 모두가 씩씩하다. 오로지 위로 향하기 때문이다. ☳열을 먼저 보자.

이 괘열은 모두 하늘을 향해 접근하는 괘상들을 보여 주고 있다.

☳은 최상의 양에 대해 최소의 양이 접근을 시도하는 모습이다. 희망찬 장래를 향해 나래를 펴는 젊은이의 형상이다. 성직자가 기

도하는 모습도 이것이다. 데모는 정부에 탄원하는 뜻인바, 이 괘상은 그러한 뜻에 부합된다. 무한한 섭리를 깨닫기 위해 공부를 시작한 군자의 모습도 이와 같다. ䷂에서 ☳은 양값 1로서 약하다. 하지만 성실한 뜻을 가지고 꾸준히 나아가면 뜻을 이룰 수 있을 것이다. 이제 겨우 시작에 불과하지 않은가!

☲은 태양이 두둥실 떠오르고 있는 모습이다. 원대한 포부가 실현되는 중이다. 스포츠나 연예계에서 각광을 받기 시작한 스타의 형상이다. 마음껏 재능을 발휘할 일이다. 님이 기다리는 서울로 가는 모습으로, 전문가가 동지와 함께 하기 위해 학계로 나아간다. 개인을 바쳐 조직에 합류하는 것이다.

☱은 너무 접근한 모습으로, 자제가 필요하다. 이제 겨우 등용된 자가 날뛰면 안 된다. 동네에서 잘났어도 세상에 나아가서는 겸손해야 하느니, 세상은 인재가 아주 많은 법이다. 여자가 아무리 아름다워도 군자의 인격을 파괴할 수 있겠는가! 사랑을 받을수록 자중해야 할 터, 유난스런 행동을 하는 자는 존경심이 결여된 자이다. 싫든 좋든 어느 정도 남의 행동에 따라야 하는 것이다.

☰은 우주의 생명이다. 스스로 존재했으며 영원하다. 도인은 이 기운을 몸과 마음에 수용해야 한다.

다른 괘열을 보자. 이번에는 ☵이 아래에 위치한 괘상들이다.

이것들도 역시 ↑인 현상인데, 아래에서부터 시작하자.

☳은 양값이 가장 작은 ☷이 하늘 위에 올라 있다. 대단한 기상이려니와 도전이 만만치 않을 것이다. 아래와 화합하지 않으면 크게 낭패를 볼 수 있다.

☱은 군자가 높은 직위에 올라 있다. 인격으로 타협하고 있는 모습이다. 그러나 높은 곳은 언제나 불안한 법, 잠시도 경계와 반성을 늦춰서는 안 된다. ☳는 양값이 3으로서 적당한 수준이지만 ☰ 위에 있으니 위태롭다. ☱은 양값이 7로서 ☳보다 상승력이 높다. 이는 세상의 끝없는 도전을 상징하고 있다. 세상이란 위험한 곳으로, ☰인 것이다. ☱는 군자가 높은 곳에 있지만, 노출된 위험을 경계하고 있다.

☴은 원전 괘명이 '소축(小畜)'인바, 양기가 소모되고 있다. 상괘가 ☴인데, 이는 흩어짐을 상징하는 것으로, 아래에 쌓여 있는 양기가 위로 흩어짐을 보여 준다.

☰은 양의 바다, 높고 높은 하늘, 용이 하늘을 비상하는 모습,

또한 군자가 애쓰고 있는 모습이다. 쉬지 않음으로써 우주에 기운을 공급한다.

이상으로 ☱의 현상을 살펴보았는데, 아직 하나가 더 남아 있다. ☳, 즉 ↓ 인데, 우선 평면 배치도를 그리자. 이것의 위치는 제3상한, 다음에 표시된 지역이다.

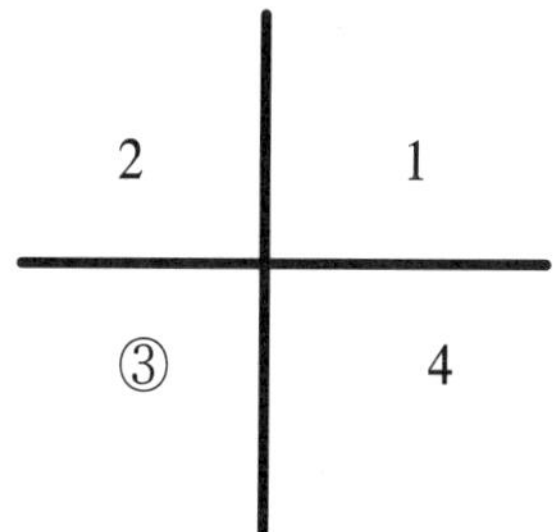

이로써 전 상한에 대해 다루게 되었다. 여기서 잠시 특기할 만한 것은 현대 수학은 ☰, ☵, ☲, ☷ 순으로 상한을 정했는데, 이것은 원전 주역의 순서와 일치한다. 수학에서는 '복소 평면(複素平面)'의 계산 논리에 따라 순서를 정했거니와, 주역의 순환 논리도 바로 그것이라는 것을 밝힐 수 있다. 하지만 그것은 나중에 밝히기로 하고 지금은 제3상한의 괘상들을 마저 살펴보자.

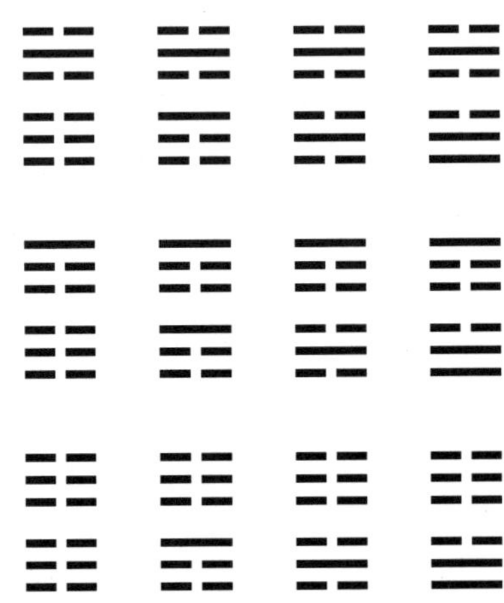

이 그림에 나타난 괘상들은 모두 ☵, 즉 ↓로서 어두운 기색이 역력하다. ☶열을 먼저 보자.

이들은 음값이 최소인 ☶가 위에 있고, 아래는 음값이 큰 것에서 작은 것까지 점차적으로 배치되어 있다. 물론 상하 괘는 모두 음괘이다.

☶은 최대의 음 위에 최소의 음이 자리하는 매우 특색 있는 것이다. ☷는 깊은 곳으로 들어가는 문이다. 땅 위에 조금 모여 있는 연못, 이것은 땅 속으로 파고들어가기를 원하나 땅은 단단히 거부

하고 있는 모습이다. 원전 괘명이 '췌(萃)'인바, 이는 애써 기운을 모으고 있는 상태이다. ☵는 ☷에 대해 노력하고 있다.

☶은 땅에서 반응이 올라온 상태이다. 원전 괘명은 '함(咸)', 느낌이 발생했다는 뜻이다. 이 괘상은 남자의 성기가 여자의 성기에 들어간 모습이다. 또한 부드럽게 감싸 주기 때문에 안도감을 느끼는 형상이다.

☲은 아래에 힘이 쌓이는 상태이다. 이미 통로가 열린 것이다. 원전 괘명은 '곤(困)', 이는 물이 조금 고여 있다는 뜻이지만, 그나마 고인다는 것이 다행이다. 물론 연못이 높은 곳에 위치한다면 물이 많이 고일 리 없다. 고독을 나타내는 괘상으로, 마음(☲)이 어둡다(☵).

☴은 고요히 쌓여 있는 상태로서 평화스런 모습이다. 다만 여성의 모습이어서 진취적인 활동이 부족하다. 연못에 물이 적당히 고여 있는 상태로, 열매가 보기 좋게 매달려 있다.

다른 괘열을 보자. 이번에는 ☵을 보자. ☵은 음기가 ☳보다 큰데, ☷에서 시작하면 양기를 머금고 제법 활동적이다. 즉, ☵은 산보다는 양기가 많고 연못보다는 음기가 많다.

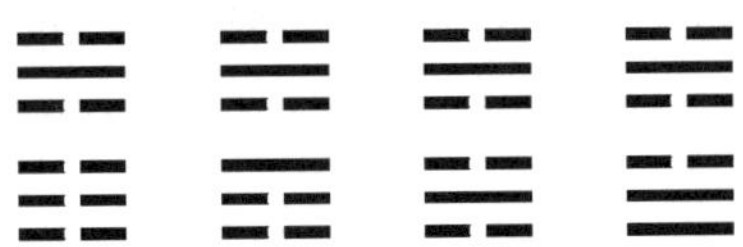

이 괘열은 ☷이 놓이는 위치에 따라 점층적인 작용을 나타내고 있다.

☵은 물이 대지 위를 적시고 있는 모습이다. 이는 흩어져 낮은 곳으로 향하는 현상이다. 백성들이 저 살 곳을 정하는 것과 같은 이치이다.

☶은 아직 정착지를 찾지 못한 상태로 안개 속에서 정지한 모습이다. 원전 괘명이 '건(蹇)'으로 험난 속에 갇혀 전혀 움직이지 못한다. 가시덩굴에 빠져 꼼짝 못 하는 상태, 백성들이 거처를 정하지 못하고 있다. 물은 낮은 곳에서 정착하고 백성들은 편안한 곳을 찾는다.

☵은 물이 계속 고이는 상태이다. 즉, 백성이 많이 모여들어 정부는 시급히 대책을 세워야 한다. 풍요로움 속에서 질서를 회복해야 한다. 이 괘상은 물이 겹쳐 있으므로 물자가 풍부함을 나타낸다. 그러나 아직까지는 방황하는 상태이다.

☱은 흘러내려오는 물을 연못이 받아 주는 상태로, 드디어 백성

이 살 곳을 마련한 것이다. 어린아이가 부모 품에 안겨 있는 모습으로, 제자리를 찾아 안정된 상태이다. 원전 괘명이 '절(節)'로 담겨져 있다는 뜻이다. 행동에는 예의가 있고 군인은 강한 질서가 있어야 한다. 백성은 정착할 집이 있어야 하고, 물은 연못에서 정착한다. 이 모든 것이 절제의 조건이다. 이처럼 원칙과 근거가 있는 것이 바로 이 괘상의 모습이다.

지금까지 모든 현상의 예를 살펴보았다. 주역 64괘는 결국 4개의 현상, 즉 ⚎, ⚌, ⚏, ⚍으로 정리될 수 있는 것이다. 꼭 유의해야 할 것은 ⚎은 격렬하고, ⚏은 느슨하다는 것이다. ⚌과 ⚏은 서로 방향이 다를 뿐 존재 조건은 같다.

다만 인간이 바라는 것은 음과 양이 섞여 있는 ⚍와 같은 상태가 가장 좋은 상황이다. 양이 올라가고 음이 내려오면서 작용을 일으키기 때문이다. 따라서 자연의 현상은 ⚌ → ⚏ 과정을 겪게 되고, 생명 또는 인간 사회는 ⚏ → ⚌의 과정을 겪게 된다. ⚌과 ⚏은 선악을 정할 수 없는 사물의 형태일 뿐이다.

독자들은 ⚎, ⚌, ⚏, ⚍으로 정리되는 모든 괘상에 대해 일일이 음미해야 할 것이다. 필자는 평면에 배치된 괘상에 대해 수평 수직뿐 아니라 사선으로도 수백 번 수천 번 괘상을 되씹어 보았다. 조금도 의혹이 없게 하기 위해서이다. 괘상은 연관시키는 방법에 따라 다양한 모습을 드러낸다. 그리고 수많은 연관성을 따지다 보면 괘상 그 자체의 구성을 어느덧 깨닫게 된다. 괘상 자체의 구성이란 바로 육효(六爻)를 뜻하거니와, 그것을 해독하기 위해서는 수

많은 괘상 비교가 선행되어야 한다.

어쨌건 이 장에서는 모든 괘상의 외형 구조를 4가지로 분류해 놓았다. 이로써 괘상은 훨씬 더 단순해졌으리라!

玉虛眞經 (15)

上善若水 水善利萬物而不爭 處衆人之所惡 故幾於道

상선은 물과 같다. 물은 만물을 이롭게 하면서도 다투지 아니하며, 남이 싫어하는 낮은 곳에 있다. 그러므로 도에 가깝다.

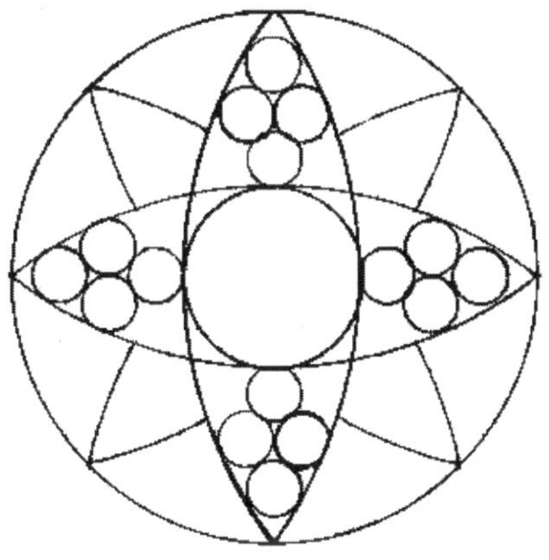

신비한 범주

사물은 여러 종류의 범주로 이루어졌거니와, 주역은 모든 범주에 대해 그 정체를 규명해 준다. 예를 들어 순환 구조로서 가장 적당한 12단계 요소는 군주괘로써 해석할 수 있었다. 군주괘는 예로부터 내려오는 가장 유명한 괘열인바, 이로써 동양의 신비한 범주인 지지(地支)의 구조를 이해할 수 있었다. 동양에서는 오랜 세월 동안 자(子)·축(丑)·인(寅)·묘(卯) 등의 문자를 사용해 왔지만, 그것은 주역으로만 해석이 가능하다.

주역은 이 외에도 24절기(節氣)라든가, 72후(候) 등 많은 범주를 해석해 주었다. 범주는 숫자의 성질을 규명해 주는 것이다. 예를 들어 1은 태극이고, 2는 음양, 3은 천지인 삼재, 4는 ⚎ ⚏ ⚍ ⚌, 즉 사상(四象), 5는 오행, 즉 목·화·토·금·수이다. 또한 6은 육효이고, 7은 칠성(七星)이고, 8은 팔괘이다.

이와 같이 특별한 숫자에 대해 그것을 범주로써 설명이 가능하다. 12는 일 년 열두 달, 또는 시계 눈금이지만, 범주 체계인 군주괘 12개로 해석할 수도 있다.

우리는 앞서 13이라는 숫자도 해석한 바 있다. 모든 숫자가 범주는 아닐지언정 참으로 많은 숫자가 범주로 사용되고 있다. 그 중에는 60이나 64 등도 있지만 28이라는 숫자도 있다. 이 숫자는 아주 신비한 숫자로, 하늘에 있는 중요한 별 28개를 상징하고 있다. 별 28개란 소위 28수(宿)라는 것으로, 동양 천문에서는 가장 중요한 별들이다. 실제로 이들 28개의 별을 알면 천기를 잘 살필 수 있다. 이렇듯 28이라는 숫자는 이미 자연적 범주로서 자리잡고 있는 것이다. 옛 사람이 28개의 별을 먼저 알고 그것을 범주화했는지, 아니면 원래부터 28이라는 숫자 범주가 있어서 별자리 28개를 정했는지는 알 수 없다. 다만 28수라는 하늘의 범주가 있기 때문에 필자는 예의 주목하였던 것이다. 순환의 숫자라면 으레 12일 텐데, 하필 28인가 말이다. 24라도 좋고 72나 60도 좋다. 하지만 28은 왠지 납득이 가지 않았던 것이다. 주역에 있어서도 28이라는 숫자는 쉽게 떠오르지 않는다. 가령 24는 팔괘의 모든 효가 24개이다. 즉, 8×3 → 24인 것이다. 72는 군주괘의 모든 효가 72이다. 즉, 12×6 → 72이고 60은 간지(干支)로서 동양의 범주로서 가장 활발하게 쓰이고 있다. 연월 일시가 모두 이것으로 표현되고 있는 실정이다.

64라는 숫자는 바로 주역 64괘이다. 그렇다면 28은 도대체 무엇인가? 옛날 중국에서는 천계를 한 바퀴 휘두르는 28개의 별을 상정했던 것이다. 그 별들은 하늘에서 쉽게 찾을 수 있고, 그 하나하나에는 화려한 이름이 붙어 있다. 동양에서는 달이 한 번 순환하는 주기도 28일이다. 여성의 생리 주기도 대개 28일이다. 이슬람교에서는 마호메트 이전에 28명의 예언자가 있었다고 한다. 수학에서는 28을 완전수라고 하는데, 완전수는 약수의 합을 의미한다. 6도 완전수인데, 28은 6 다음의 완전수이다. 즉, 1+2+3 → 6, 1+2+4+7+14 → 28이다. 어떤 여자 물리학자는 28이 원자핵 내의 중성자 결합과 관련된 안정된 수라고 밝혀냈고, 또한 28을 마법의 숫자라고도 했던 것이다.

　이러저러한 이유로 28이라는 숫자는 아주 신비한 범주인데, 북두칠성이 회전하면서 네 방향으로 만들어질 수 있는 숫자도 28이다. 즉, 7×4 → 28인 것이다. 그런데 7이라는 숫자도 주역에서 쉽게 등장하지 않는다. 단지 4라는 숫자는 사상(四象)으로서 주역 숫자이다. 필자는 28수에 대해 신비감을 느끼고 있었지만 이토록 질서정연한 수가 주역과 연관이 없다는 것이 몹시도 의아스럽게 생각되었다. 28은 반드시 주역과 연관 있는 숫자라고 필자는 굳게 믿었다. 왜냐 하면, 동양의 모든 범주가 주역으로부터 비롯되었는데, 유독 28만 제외될 리 없기 때문이다. 만일 28이 주역과 연관이 없다면 신비할 것도 없게 된다. 주역에서 나오지 않은 숫자는 범주로서의 가치가 없다. 주역은 이미 모든 사물에 대해 완벽한, 그리고 유일한 범주로서 자리잡고 있는바, 이것에서 나오지 않은 범주란 합리적일 수 없기 때문이다. 하늘의 별 28개는 우연일 수가 있다. 북두칠성 7개의 별도 하늘의 우연인 것이다. 그러나 주역은 우연이 아니다. 저 우주 다른 하늘에 가면 그 곳에는 북두칠성도 없고 28

개의 특별한 별도 없겠지만, 주역의 숫자는 엄연히 존재한다.

주역의 숫자는 자연의 법칙을 나타내는 숫자이다. 원에서 나타내는 숫자(π)는 3.141592……이지만, 이는 지구인의 발명이 아니라 발견이다. 즉 '파이'는 자연의 범주인 것이다. 이렇듯 주역의 숫자도 자연의 범주일 뿐 인간이 만들어 낸 것이 아니다. 인간은 단지 그 숫자들을 발견한 것이다. 신비의 숫자 28이 만일 합리적인 범주라면 반드시 주역에서 나올 것이다.

어린 시절, 필자는 그렇게 믿고 그것을 찾기로 굳게 결심했었다. 당시 필자는 이미 주역의 상당 부분을 연구하고 있어서 28이라는 숫자를 찾는 것이 그리 어렵게 느껴지지 않았다. 하지만 아무리 괘상을 뒤져 봐도 28은 나오지 않는 것이었다. 수많은 문헌도 뒤졌다. 그러나 주역과 연관된 체계에서는 28이 발견되지 않았다. 필자는 답답했다. 28은 상당히 매력 있는 숫자라서 반드시 주역에서 나오길 희망했다. 그래서 28이라는 숫자는 필자의 뇌리와 가슴에 항상 사무쳐 있었다. 28은 무엇일까? 이러한 생각은 자나 깨나 따라다녔다.

어느덧 3년이란 세월이 흘렀다. 그러나 절대 잊지 않고 오히려 결심은 더욱 굳어졌다. 평생이 걸려서라도 반드시 이 28을 해독하고야 말겠다는 각오였다. 그것은 28이라는 숫자가 매력적이었기 때문이다. 28은 정녕 아름답고 신비했다. 그러나 필자는 28이 주역의 숫자가 아니라면 아낌없이 버릴 생각이었다. 신비한 것도 좋지만 진리가 아니면 소용이 없는 것이다. 다만 이토록 아름다운 숫자가 주역과 연관되지 않을 리 없다고 필자는 생각하고 있었다.

이런 나날은 계속되었다. 그러던 어느 날 비밀의 문은 열리고 말 았다. 필자는 친구와 함께 목욕탕에 갔었다. 그 날은 유난히 피곤해서 필자는 졸면서 열탕에 몸을 담그고 있었다. 그런데 갑자기 하나의 생각이 떠올랐다. 28로 구성된 어떤 체계가 떠올랐던 것이다. 순간 필자는 이렇게 생각했다.

'해결했구나!'

검토할 필요조차 없었다. 지난 수년간 이 문제가 머릿속에 있으면서 끊임없이 답을 강구하고 검토해 왔기 때문에 정답이 나타나는 순간, '바로 이것이다' 하고 느낄 수 있었기 때문이다.

필자는 정답을 깨닫고 나서 이를 검토하기는커녕 일부러 잠시 잊어버리고 피곤한 몸을 쉬었다. 한동안 열탕에 기대 있던 필자는 온탕으로 옮긴 다음 그에 대한 검토를 시작했다. 그 순간 필자의 머릿속에 괘상들이 아지랑이처럼 떠오르고 있었다. 그러나 그것들은 필자의 눈앞에 완전히 그려져 있는 것이나 마찬가지였다.

그 당시 상황을 보자. 제1 관문은 28이라는 숫자를 찾는 것인데, 그것은 2차원 단군도의 둘레였다. 주역의 괘상은 $8 \times 8 \rightarrow 64$지만 바깥 테두리는 28이다. 이토록 가까이에 28이 있었지만 필자는 3년 동안이나 몰랐던 것이다. 등잔 밑이 어둡다는 말을 다시 한 번 실감했다.

그러나 다음 문제가 있었다. 그것은 $4 \times 7 \rightarrow 28$인바, 7을 찾는 일이었다. 단군 평면도는 한 변이 8이어서 $4 \times 8 \rightarrow 32$가 될 것 같지만, 모서리 4개는 중복이어서 이것을 빼면 28이 된다. 즉, $32 - 4 = 28$이다. 7은 어떻게 찾을까? 그것은 아주 단순했다. 그림을 보자.

O	O	O	O	O	O	O	O
O							O
O							O
O							O
O							O
O							O
O							O
O	O	O	O	O	O	O	O

이 그림에서 O은 28개이다. 이것을 4로 나누어 한 토막을 보자.

B	B	B	B	A	A	A	A
B							A
B							A
B							A
C							D
C							D
C							D
C	C	C	C	D	D	D	D

여기서 A를 비롯한 B, C, D는 각각 7개이다. 이러한 모양은 필
자가 목욕탕에 몸을 담그고 있는 동안 마음 속에서 그려지고 있었

던 것이다. 이어 세 번째 문제가 떠올랐다. 그것은 완전성 문제로 서, 가장 중요한 것이다. 다음을 보자.

　　1 2 3 4 5 6 7

이것은 28개 둘레의 4분 토막이다. 전체적으로 이러한 모양은 4 개가 있다. 문제는 1과 7, 2와 6, 3과 5의 대칭성이다. 4는 중앙으로서 독특해야 한다. 이러한 문제는 필자의 머릿속에서 속속들이 점검되고 있었다. 결과는 OK!

다음 문제가 있었다. 네 번째 문제인 것이다. 그것은 1 → 2 → 3 → 4까지 어떤 특성이 규칙적으로 증가해야 하고, 또한 4 → 5 → 6 → 7까지는 역현상이 일어나야 하는 것이다. 그래야만 순환을 이룰 수 있기 때문이다. 물론 문제는 하나가 더 있었다. 그것은 4분 토막 4개에 똑같은 결과가 이루어져야 하는 것이었다.

필자는 시간 가는 줄 모르고 계산하기에 여념이 없었다. 이윽고 계산은 완료되었고, 모든 것에서 원하는 결과를 얻었다. 아름답고, 신비하고, 합리적인 내용이었다.

이로써 28이라는 순환 체계를 얻었고, 또한 그 과정에서 얻어진 구성 원리는 괘상의 내부 현상을 한층 더 깊게 이해할 수 있게 해주었다.

필자는 목욕을 마치고 집으로 돌아왔지만, 노트를 꺼내 메모 같은 것은 하지 않았다. 오히려 주역을 떠나 다른 일상 생활로 돌아 갔을 뿐이다. 그러나 밤이 되어 잠자리에 들어서는 눈을 감고 다시

한 번 28 순환 체계를 음미했다.

　이러한 과정은 2개월 내내 지속되었는데, 그 동안 필자는 28개의 괘상에 대해 100여 차례 이상 음미하고 있었다.

　지금부터 그것을 설명해 보겠다. 독자들은 주역의 신비한 순환 체계에 탄복할 것이다. 먼저 제1상한의 내용을 보자.

䷗	䷆	䷊	䷋
			䷍
			䷎
			䷏

　이 그림에서 괘상은 7개인바, 이는 28수(宿) 중 남쪽 하늘에 있는 7개 별에 해당된다. 물론 중요한 것은 괘상의 성질이다. 위의 그림에서 나타난 괘상은 모두 ☰, 즉 ↑인바, 이러한 괘상의 성질은 앞장에서 이미 설명한 바 있다. 그러나 그것을 좀더 깊게 파고 들어가 보자. 우선 괘상 값의 차를 적어 보면 다음과 같이 된다.

6	4	2	0
			2
			4
			6

이 그림은 훌륭한 체계를 보여 주고 있다. 나무랄 데 없는 대칭성을 보이고 있는 것이다. 게다가 중앙을 향해 공차(公差) 2라는 수치로 정확히 이어지고 있다. 내용은 어떤 것일까?

䷠과 ䷙ 괘를 비교하자. 먼저 ䷙을 보면, 윗괘는 7로서 막강한 상승력을 보이고 있다. 이에 비해 아랫괘는 겨우 1이어서 위를 따라갈 수 없다. 그 차이는 6으로 벌어져 상당히 느슨한 편이다. ䷠은 어떤가? 윗괘는 1로서, 상승력이 약하다. 그런데 아래에 있는 ☶은 7이어서 윗괘를 강하게 밀어붙이고 있다.

이것은 앞차와 뒤차와의 관계와 같다. 앞차는 속도가 1이고, 뒤차가 7이면 어떻게 되겠는가? 심한 압박을 받게 될 것이다. 반면 ䷙은 앞차가 7이고 뒤차가 1이어서 압박이 전혀 없다. 오히려 앞차는 달아나는 상황이다. 이렇듯 ䷙과 ䷠는 아주 다른 것이다. 비록 상하 값의 차이는 같을지언정 내용이 다르다. ䷙은 상하가 6만큼 벌어지고 있고, ䷠은 6만큼 압축되어 있는 것이다.

䷀은 상하가 똑같은 속도여서 벌어지는 것도 없고 압축력도 없다. 상하의 차가 0이라는 것은 상황이 일정하게 유지됨을 보여 주는 것이다.

다른 괘상들은 어떨까? ䷙과 ䷕을 비교하자. 두 괘상은 모두 윗괘가 7로서, 앞차의 속도가 높다. 반면 ☰은 1이고, ☲는 3으로, 따라가는 입장이다. 그러나 느리기 때문에 앞차와의 간격이 넉넉하다. ䷙은 6이고 ䷕는 4다.

이제 이것을 순서대로 보자. ䷖은 뒤차가 속력이 7이고 앞차가

1이어서 정체가 가중되고 있다. 이에 뒤차는 클랙션을 울리고 난리이다. 그러자 앞차가 속도를 조금 높인다. ☷ → ☳, 이렇게 높인 것이다. 그래서 ䷊ → ䷡가 되었는데, 여전히 앞차의 속도가 느리다. 뒤차는 밀어붙이며 재촉한다. 이에 앞차는 속도를 더 높인다. ☳ → ☱이 된 것이다. 그래도 뒤차는 난리이다. 빨리 좀 가자는 것이다. 결국 앞차는 속도를 높여 ☱ → ☰이 되었다. 이제야 앞뒤차의 속도가 같게 되었다. 즉 ䷀이다. 이 괘상은 윗괘의 상승과 아랫괘의 상승이 같은 속도여서 압축력은 0이다. 이대로 좋다. 일정히 달리면 되는 것이다.

그런데 이번에는 뒤차가 속도를 늦추기 시작했다. 즉, ䷀ → ䷫이 된 것이다. 따라서 앞차와 뒤차의 간격이 멀어진다. 그러나 앞차 입장에서는 지장이 없다. 앞차는 그저 잘 달리고 있을 뿐이다. 뒤차는 속도를 더욱 줄이고 있다. ☴ → ☶ → ☷이 된 것이다. 이제 ䷋이 되어 앞차와 뒤차는 간격이 넉넉하다.

정리해 보자. 전 과정은 다음과 같다.

(䷊ → ䷡ → ䷪) → ䷀ → (䷫ → ䷠ → ䷋)

그림에서 ( )는 성질이 같은 것끼리 묶은 것이다. 즉, 다음의 3단계인 것이다.

(압축) → 0 → (느슨)

다른 괘열의 과정을 보자. 이번에는 제3상한이다. 제2상한을 건너뛴 것은 이해를 돕기 위함이다. 기실 모든 상한에서 괘상들은 똑같은 과정을 거친다. 어쨌건 제3상한의 괘상을 먼저 그려 보자.

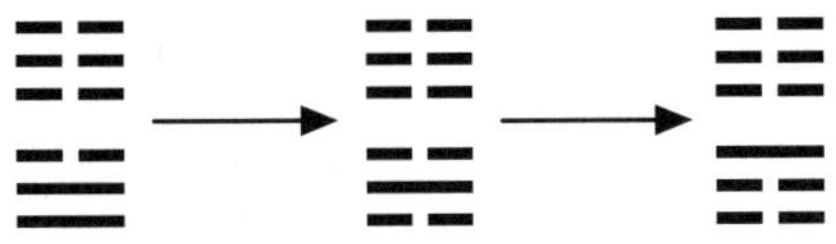

이 그림에 나타난 괘상들은 모두 ↓인 성질을 갖고 있다. 그러나 속도에 따라 서로 다른 내용이 발생하게 된다. 순서대로 보자.

☷은 윗괘의 하향력이 7이고, 아랫괘의 하향력이 1이다(하향력이 작용하는 것은 괘들이 음이기 때문이다). 따라서 압력이 발생한다.

이 과정은 아랫괘가 분발함으로써 압력이 해소되고 있다. 이윽고 ☷에 도달하면 압력은 0이 되고 사이좋게 하강을 계속한다. 이제 상괘가 하강 속도를 늦춘다. 그렇게 되면 간격이 벌어져 느슨해지는 것이다.

이 과정을 보면, 하괘는 하강 속도가 일정한데, 상괘는 7 → 5 → 3 → 1로 줄어든다. 따라서 간격이 발생하는 것이다. 그런데 우리는 이와 같은 전 과정을 거꾸로 살펴볼 수도 있다.

이 그림에서 전 과정은 압력이 가중되는 방향으로 움직인다. 그러나 여전히 다음 세 단계의 성질을 유지한다.

(느슨) → 0 → (압축)

이상으로 ↓의 현상을 살펴봤는데, 이것은 ↑현상과 완전히 같다. 단지 방향만 다를 뿐이다. 이제 제4상한을 보자. 이번에도 제2상한을 다루지 않고 있는데, 그만한 이유가 있다. 물론 제2상한이 특별하지는 않다. 모든 상한이 실은 완전히 같다. 단지 사람에 따라 다소 특별한 느낌을 갖는다. 제4상한을 그려 보자.

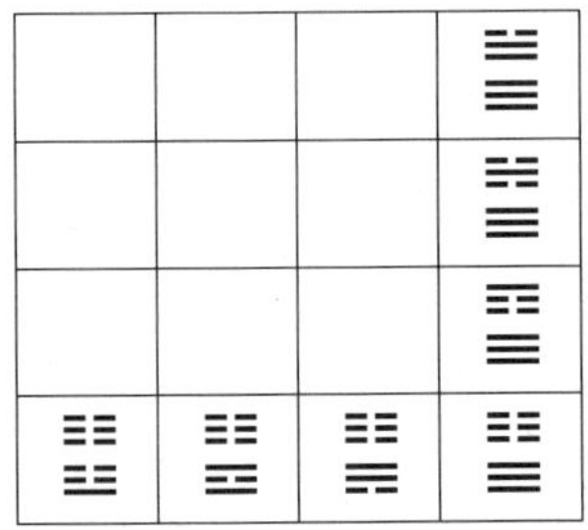

이 그림은 ↓↑인 현상으로서, 가장 활발하고 알기 쉽다.

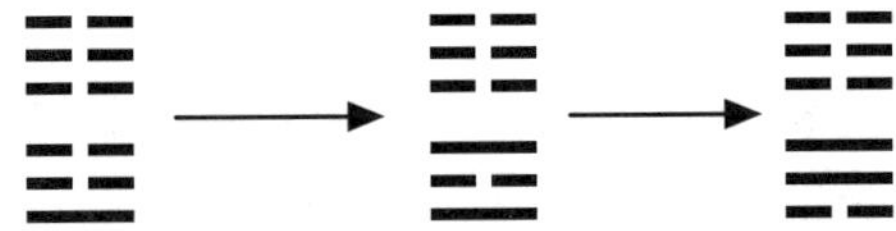

이 과정은 윗괘가 모두 7의 속도를 가지고 하향하는데, 아랫괘는
1, 3, 5의 속도로 상향하고 있다. 따라서 6, 4, 2의 크기로 내리눌리
고 있는 것이다.

다음은 ☵인데, 이것은 하향력과 상향력이 같아서 완충 작용을
일으키고 있다.

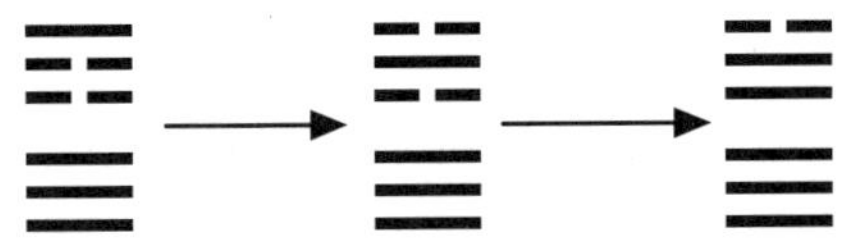

위의 괘들은 아랫괘가 모두 7의 힘으로 상향하고 있는데, 윗괘는
5, 3, 1의 힘으로 하향한다. 따라서 위를 향해 2, 4, 6으로 받들려
올라가고 있는 것이다. 끝으로 제2상한을 보자.

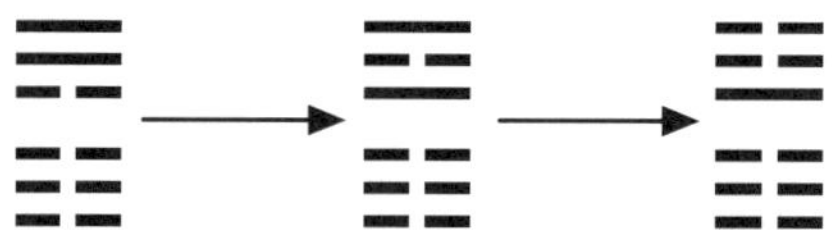

이 그림에 나타난 괘상들은 모두 ↑↓ 현상으로서, 가장 느슨하고 알기 어렵다. 그러나 사람에 따라서는 특별히 어렵다는 생각을 하지 않는다.

단순히 종류가 다른 현상일 뿐이고, 그 현상은 ↑ ↓ ↓ ↑ 중의 어느 하나일 뿐이다. ↑↓ 라고 해서 특별할 것이 무엇이랴! 맞는 말이다. 필자도 그렇게 느낄 뿐, 조금도 이상할 것이 없다.

이 과정은 모두 윗괘가 상향 7로서 강하게 올라가고, 아랫괘는 하향 1, 3, 5로서 당기는 중이다. 따라서 괘들은 위로 6, 4, 2의 힘으로 끌려 올라가는 중이다. ☵ 는 상하로 당기는 힘이 같아서 전체적으로는 0, 즉 정지 상태이다.

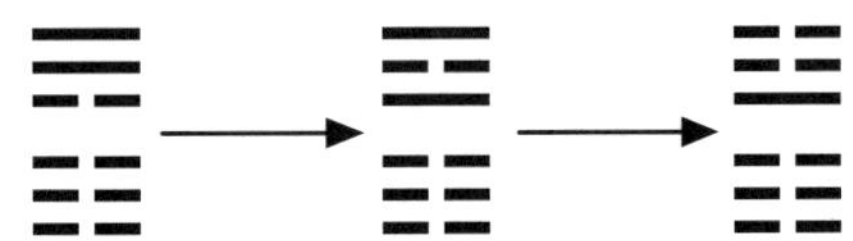

이 과정은 모든 아랫괘가 하향 7로서, 강하게 내리끌고, 윗괘는 상향 5, 3, 1이다. 따라서 괘들은 아래로 2, 4, 6으로 끌려내려가는 중이다.

이상으로 모든 상한에 대해 조사해 본 결과이다. 다소 복잡하게 느껴질 수는 있지만 실은 일정한 규칙이 있다. 그것을 정리하면 제1, 3상한에서는 다음과 같다.

느슨 → 0 → 압축, 또는 압축 → 0 → 느슨
그리고 제2, 4상한은 다음과 같다.

상향 → 0 → 하향, 또는 하향 → 0 → 상향

물론 전제된 상황은

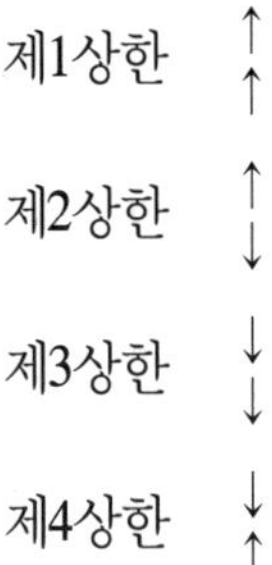

제1상한

제2상한

제3상한

제4상한

이다. 이것을 간단하게 부호로 나타내 보자.

($\downarrow\atop\uparrow$) → E (동쪽) → 木

($\uparrow\atop\uparrow$) → S (남쪽) → 火

($\uparrow\atop\downarrow$) → W (서쪽) → 金

($\downarrow\atop\downarrow$) → N (북쪽) → 水

영어를 사용한다고 거부감을 가질 필요는 없다. 오늘날 문명은 수학에서 비롯되었는바, 수학은 영어 표기법을 쓰지 않는 한 절대로 유지될 수 없다. 예를 들어보자.

$$y = ax^2 + bx + c$$

이것을 한문이나 한글로 어떻게 표시할 것인가! 그리고 TV는 무엇이라고 말해야 하나? 앞으로 만 년 후에는 모든 언어가 통일될 것이다. 주역을 공부하는 데 있어서 영어를 사용하는 것이 촌스럽다고 생각될지 모르지만, 편리하게 이해할 수 있으면 그것으로 족하다. 우주인은 우주인 나름대로의 언어를 사용해서 주역을 공부할 것이다. 기호를 사용하는 것이 처음엔 생소하겠지만, 익숙해지면 그처럼 편안한 것도 없다.

각설하고, 기호 사용법을 정리 하자. 예를 들어보자.

≣ 은 ↓ 인 현상이다. 그러므로 이 괘상은 일단 E에 속한다. 그 다음으로는 ☶의 하향력이 3이고 ☰의 상향력이 7인바, 전체적으로 4만큼 위로 떠올려지는 것이다. 곧이곧대로 표시하면 다음과 같다.

$$(\updownarrow) \uparrow 4$$

이 표시법의 뜻은 (↕)인 현상 덩어리가 위로 4만큼 떠오르고 있다는 것이다. 복잡하지만 어쩔 수 없다. 여기서 우리는 화살표를 일일이 쓰기 귀찮으니 기호로 나타내자. 앞서 (↕)는 E로, ↑는 S로 쓰기로 약속했다. (↕)↑은 ES로 4는 그냥 4이다. 따라서 (↕)↑4는 ES4이다.

그런데 여기에 하나의 기법을 더 가미하자. 맨 우측의 4는 ( ) 속에 넣는 게 좋다. 즉, ES(4)라고 표기하자는 것이다. 4를 ( ) 속에 넣는 이유는 그 자리에 다른 숫자도 들어갈 수 있기 때문에 유동성을 표시하기 위함이다. 수학에서도 이런 방법을 쓰고 있다. 예를 들어 보자.

$$y = t\,(x)$$

여기서 x에 ( )를 사용한 것은 x가 변화하는 값이라는 뜻이다. 수학에서 기호법을 사용하는 것은 그 방법이 가장 편리하기 때문이다. 우주인도 아마 이런 방법을 쓰고 있을 것이다. 그래서 주역에서도 기호법을 쓰기로 했을 뿐이다. 이제 이 방법으로 괘상의 예를 들어 보자.

䷗은 ↑이다. 따라서 E에 해당된다. 다음으로는 값을 보자. ☷은 7이고 ☳는 3인바, 전체적으로는 아래로 4만큼 눌리고 있다. 따라서 ↓4이다. ↓는 N이다. 그러므로 ↓4 → N(4), 전체를 쓰면 EN(4)가 된다. 몇 개 더 살펴보자.

䷖, 이 괘상 ↑이고, ☷은 3, ☶1이다. 전체적 방향은 ↓이고 차이는 2이다. 따라서 EN(2)가 된다.

마찬가지 방식으로 ䷏은 NE(2), ䷎ → NW(2)

여기서 ䷗과 ䷏을 다시 설명하자. ☷과 ☶은 모두 음괘이므로 ䷗이나 ䷏은 모두 ↓인 현상이다. 그래서 둘 다 N이다. 다음으로 ䷏을 보면, 위는 ↓5이고 아래는 ↓3이다. 따라서 ↓2만큼 압축이 발생한다. 다시 보자.

↓5 뒤차
↓3 앞차

뒤차가 더 빠르므로 압력이 작용한다. 그래서 ䷏은 NE(2)가 된다. ䷗은 아래가 ↓5이고 위가 ↓3이다.

↓3 뒤차

↓5 앞차

앞차가 더 빠르다. 압력이 아닌 '느슨'이 발생하지 않는가! 그래서 ☰은 NW(2)가 된다.

☱은 ↑인 현상이므로 S이다. 그리고 ↑3↑5이므로 압력이 그만큼 발생한다.

☴ → SE(2)

어렵게 생각할 것 없다.

→ ↑5↑3 → SW(2)

☳은 위쪽이 5로서, 아래보다 빨리 상승하므로 압력이 발생할 리 없다. 그래서 W가 되는 것이다. 요점은 ↑는 위쪽이 앞차, ↓는 아래쪽이 앞차이다. 앞차가 빠르면 느슨, 즉 W, 뒤차가 빠르면 압력, 즉 E가 된다. ↓↑와 ↑↓의 경우는 더 간단하다. 상하를 합산해서 아래쪽으로 향하는 힘이 크면 N, 위로 향하는 힘이 크면 S이다. 한 개만 더 살펴보자.

☲ → ↓7↑7 → E(0)

이것은 매우 간단하다. 아래위가 같으면 무조건 0이 나오는데, 이럴 경우는 처음 현상만 보면 된다. 주역 64괘 중 0이 나오는 경우는 모두 16개이다. 아래위가 같거나 정반대인 경우가 그에 해당된다. 이제 기호를 사용해서 28수괘(二十八宿卦)를 전부 써 보자.

W(0)	WS(2)	WS(4)	WS(6)	SW(6)	SW(4)	SW(2)	S(0)
WN(2)							SE(2)
WN(4)							SE(4)
WN(6)							SE(6)
NW(6)							ES(6)
NW(4)							ES(4)
NW(2)							ES(2)
N(0)	NE(2)	NE(4)	NE(6)	EN(6)	EN(4)	EN(2)	E(0)

이 그림에서 무엇이 보이는가? 언뜻 봐도 대단한 규칙성을 볼 수 있다. 기실 완벽한 조화를 이루고 있는 것이다. 어째서 이러한 현상이 나타날까? 우리는 앞서 단군 팔괘도를 사용하여 평면도를 전개한 바 있었다. 그 때 바깥 둘레를 취했는데, 이러한 규칙성이 나타났던 것이다.

이는 두 가지를 말해 주고 있다. 첫째 단군 팔괘도를 사용해서 2차원 괘상도를 만든 것이 옳았고, 둘째는 그러한 평면도의 둘레를 취한 것이 옳았다는 것이다. 28수도에 굳이 기호법을 선택한 것도 이유가 있다. 그것은 일정한 원칙으로 만든 기호율(記號律)에 의해 완벽한 체계가 등장했기 때문이다.

 이것이 수학의 묘미이다. 프랑스의 유명한 수학자 포앵 카레는
말했다.

 "수학의 본질은 자유에 있다. 그러나 모순이 없어야 한다."

 28수도는 순환 체계로서 완전한 규칙성을 갖고 있으며, 지극히
아름답다. 숫자는 숫자대로 완전한 규칙성을 갖고 있으며, 문자는
규칙성과 아울러 묘한 법칙을 시사하고 있다. 이제 규칙성을 더욱
선명하게 보기 위해 28수도를 좀더 단순화하자. 그러기 위해 우선
숫자를 생략하고 같은 문자는 하나로 몰아 쓰자.

EN(6) EN(4) EN(2) → EN
ES(6) ES(4) ES(2) → ES
E(0) → E

 이와 같은 방식으로 전체도를 그려 보자.

W	WS	SW	S
WN			SE
NW			ES
N	NE	EN	E

이 그림은 28수도의 축소판으로, 괘상의 성질을 단순하게 보여주고 있다. 그리고 아주 중요한 것은 인접한 지역과의 결합 법칙이다. 예를 들어 N과 E의 결합을 보자. 우선 자기 자신을 앞에 두고 그 다음엔 상대방을 갖다 붙인다. 서로 악수하는 모습이다. 4가지 요소가 모두 그런 방식으로 결합하고 있다. 기묘하고 아름답다. 주역을 공부함에 있어 사물의 이러한 질서를 발견하는 것은 큰 보람이고 기쁨이다. 여기에서 발견한 질서는 또 다른 곳에서도 출현하는데, 그것은 주역의 체계가 깊고 깊은 곳에서 통일을 이루고 있다는 암시인 것이다.

위의 축약도(縮約圖)를 다시 보자. 모두 12개의 요소가 발현되었다. 우리는 28개에서 출발했는데, 돌연 12가 등장한 것이다. 누가 시킨 것도 아니고 일부러 그런 것도 아니다. 12가 스스로 나타났을 뿐이다. 12라는 숫자는 순환성을 갖는 가장 강력한 숫자이다.

이제 수학적 기호가 뜻하는 괘상을 다시 쓰고 그것을 음미하자. 28수도는 어디까지나 순환도이므로 점진적으로 변화해 가는 현상을 연속적으로 이해하는 것이 좋을 것이다. 이제 다시 28수도를 그려 보자.

이 그림은 순환성을 보여 준다. 이제 어느 방향으로 회전하느냐가 문제이다. 현대 수학에서는 반시계 방향을 취하고 있다. 이것은 순환 요소 i를 곱해서 일어나는 현상인데, 주역과 완전히 일치한다. 먼저 현대 수학의 방식을 보자. 제1상한은 a+bi의 형태로 표시된다. 여기서 a, b는 양의 정수이고 i는 직교 요소이다. 수학에 있어서 a+bi는 행렬식 ($\begin{smallmatrix} b \\ a \end{smallmatrix}$)로 나타낼 수 있다.

$$\left(\begin{matrix} b \\ a \end{matrix} \right) = a+bi$$

그런데 주역의 괘상을 보면,

$$\left(\begin{array}{c}\text{상괘}\\\text{하괘}\end{array}\right)$$

로 되어 있는바, 이것은 바로 ($\begin{array}{c}b\\a\end{array}$)와 완전히 일치한다. 겉보기뿐 아니라 실제로 ($\begin{array}{c}b\\a\end{array}$)에서 a는 x축, b는 y축의 좌표라는 것을 증명해 보일 수 있다. 여기서는 증명을 생략하겠는데, 중요한 것은 수천 년 전에 만들어진 주역이 현대 수학의 기법과 완전히 일치한다는 것이다. 그래서 필자는 자주 우주인을 얘기하고 있다. 만약 우주인이 아니라면 수천 년 전에도 오늘날과 같은 수준의 문명인이 있었단 말인가! 이 문제는 계속 규명해야 할 내용이다.

지금은 괘상 전개를 보자. 수학에서 직각 회전은 i를 곱했다는 뜻이다. 이제 1상한부터 시작하자. 제1상한의 괘상은 모두 ⚌의 구조이다. 위와 아래가 모두 양이라는 뜻이다. 이것에 i를 곱하자.

$$⚌ \times i = ⚍$$
$$⚍ \times i = ⚏$$
$$⚏ \times i = ⚎$$
$$⚎ \times i = ⚌$$

이 계산은 순환을 이루는데, 현대 수학과 주역이 일치하는 장면이다. 우리는 주역을 처음 공부할 때 ⚍ → ⚏ → ⚌ → ⚎의 과정을 공부했다. 군주괘 순환도 바로 이 과정일 뿐이다. 즉,

$$☰ \rightarrow (\ ☱\ ☲\ ☳\ ☴\ ☵\ )$$

인데, ( ) 속은 한 마디로 ☵인 것이다. 이어,

$$☵ \quad → \quad (☵ \; ☵ \; ☵ \; ☵ \; ☵)$$

이 등장하는바, ( ) 속은 바로 ☵이다. 따라서 전 과정은,

$$☰ \quad → \quad ☵ \quad → \quad ☷ \quad → \quad ☵$$

이다. 주역에서는 i를 곱하는 것을 생략했지만, 시간의 흐름이란 것으로 그것을 암시했다. 괘상에 있어서 순환 시간의 흐름은 i를 곱하는 것이다. 이것에 의해 28수괘 모두를 나타낼 수 있지만, 자세한 수학적 과정은 생략하자. 그 대신 괘상 하나하나를 순환하면서 음미해 보자. 아무 곳에서나 시작해도 마찬가지이지만 이왕이면 ☰에서 시작하자.

☰은 양의 극한이다. 이 곳에 이르면 더 이상 양이 커질 수 없으므로 끝내는 음기가 발생하게 된다. 이런 상황을 일컬어 궁측변(窮則變)이라고 한다.

☴은 음이 최초로 발생한 모습이다. 이제 막 음의 성장이 시작된 것이다. 하늘 아래 바람이 분다는 것은 바로 이런 뜻이다. 국민들의 불온한 움직임에 대해 정부는 즉각 대응책을 강구해야 한다. 남자를 유혹하기 위해 꼬리를 치는 여자에게는 관심을 두지 말라.

☷은 음기가 진행되기 시작했다. 하나의 음은 어느덧 상승했다. 일편 단심, 님을 향한 마음이라면 나무랄 것이 없다.

☷ 은 음기의 성장이 마침내 큰 모양으로 나타났다. 하늘에서 양의 기운이 떨어진 것이다.

☷, 이제 아래쪽은 이미 양의 기운이 아니다. 어느 새 기반이 무너지고 있는 것이다. 하늘은 높고 연못은 낮다. 상하의 괴리가 시작되어 아예 방향을 전환 한 것이다.

☷, 상하의 싸움, 이제 상하의 마음은 통합되지 못한다. 아랫사람의 도전이 아주 심하다. 마음먹은 것을 이미 행동에 옮긴 것이다.

☷은 등을 돌리고 있다. 설득이 통하지 않는다. 기분이 나빠서 침묵하고 있는 모습으로, 아예 숨어 버릴 것이다. 도망갈 준비 완료.

☷은 상황 끝, 집안은 풍지 박산이 났다. 윗사람은 호통치고 아랫사람은 고집을 부린다. 서로 나누어 갖고 헤어져야 할 때이다. 여기까지는 배신은 했어도 공격은 하지 않는다. 차마 옛 주인을 해칠 수 없기 때문이다.

☷, 이제는 공격을 시작, 아예 무너뜨리기로 작정했다. 끌어내리기 작전을 전개 중이다.

☵, 상대방의 중심을 공격한다. 상대는 가까스로 견디고 있다. 조금만 더 심하게 공격하면 저항을 못 할 것이다.

☶, 드디어 곤두박질치기 시작한다. 헤어나지 못할 상황으로 날아오르지 못하는 비행기이다. 애쓰고 있을 뿐 해결이 안 된다. 그러나 이러한 상황에서도 의지는 잃지 않고 끝까지 버틸 것이다.

☳, 상황이 완전히 바뀌었다. 이젠 지쳐 버렸다. 먹이를 완전히 낚아챈 상태이다.

☴, 요리를 시작한다. 즉, 합병 작업이 개시되었다. 적은 이미 의지가 상실되어서 순응하는 중이다.

☲, 소탕전은 극에 이르렀다. 최후의 하나까지 공격한다. 산이 무너지듯 적의 자존심은 완전히 짓밟혔다.

☱, 합병, 저항 끝.

☰, 저변이 강화되고 있다. 겨울이 막바지에 이르렀다. 그러나 아직 마음의 문이 열리지 않은 상태이다.

☳, 마음이 풀리고 있다. 이제부터 잘 하면 해결될 수 있을 것이다. 급하면 안 된다. 충분히 쌓일 때까지 기다려야 한다.

☷, 완전한 수용 자세. 이 때 정중히 나서면 성공한다. 마음 속으로는 이미 긍정적인 자세가 되었다. 겨울의 끝에 와 있는 것이다.

☳, 이제 봄의 시작이다. 상대방도 이제는 행동을 약간씩 보이고 있다. 이 때 오만한 모습을 보이면 도로아미타불이다.

☶, 신임이 두텁다. 어느 정도까지는 안심해도 좋으리라. 그러나 아직 육체를 요구할 정도는 안 되었다. 여인의 마음을 얻어 놓으면 육체는 따놓은 당상이다. 따라서 느긋하게 기다리면 모든 것이 잘 될 것이다.

☵, 이제는 무엇을 요구해도 좋다. 상대방의 마음은 이미 흔들린 상태, 그 동안 상대방의 마음 속에 심어 놓은 씨앗이 발아를 시작한 것이다.

☱, 두 사람은 완전한 결합, 약혼의 시기이다. 봄의 기운이 충만한 상태이다.

☴, 높은 산, 실력 있는 사람이 비로소 성공하고 있는 모습이다.

당당한 기상이 엿보인다.

䷀, 쉬지 않고 나아간다. 그러나 세상이 넓은 것을 깨달아야 할 때이다. 우물 안의 개구리가 비로소 탈출한 상태이다.

䷀, 전진을 멈추고 재정비가 필요하다. 때가 성숙할 때까지 기다려야 한다. 봄의 절정으로서 이미 꽃은 다 떨어지고 열매가 맺히는 본격적인 시기가 오리라.

䷀, 드디어 폭발, 큰 무대에 올라섰다. 여름이 시작되어 충분한 실력을 갖추고 세상에 나선 것이다. 결혼.

䷀, 유명세를 한다. 한창 빛나는 여름이다. 절정에 왔으므로 하강에 대비해야 한다. 행복한 가정.

䷀, 지나치게 나아가고 있는 모습으로, 위험하다. 남은 기운은 하늘에 돌려야 하는 법, 있는 재주를 다 부리지 말라. 할 말도 조금은 남겨 두어야 하는 것이다.

䷀, 여름의 절정이다. 더 이상의 영화는 없다. 마음을 기르고 몸은 삼가야 하는 때이다.

䷀, 여름이 기울고 있다. 어두운 그림자가 깃들이고 있는 상황이다. 가까운 곳부터 경계해야 한다. 미래를 대비할 것.

이상으로 한 바퀴 순환을 마쳤는데, ☷ 에 대해서는 한 번 더 설명했다. 순환을 실감나게 하기 위함이었다. 순환의 총체적인 성질을 기호를 보면서 다시 음미하자.

SE는 상하 괘가 모두 상향성을 갖고 있기 때문에 전체적으로 상향하고 있다. 하지만 하괘가 더 강하기 때문에 밀리면서 떠돌려지는 형상이다. 여기서 밀린다는 것은 그만큼 상괘가 기운을 공급받고 있다는 뜻이다.

S — 상하 괘가 똑같은 힘으로 상향하고 있는 중이다.

SW — 상하 모두 상향 전진하고 있으나 상괘의 전진이 빠르기 때문에 간격이 생겨 느슨해진다. 느슨해진 만큼 기운의 소모가 생기고 있다. 이는 양기가 위로 확산한다는 뜻이다.

WS — 이제 아래 괘는 방향을 바꿔 아래로 향한다. 상괘는 이를 억지로 끌고 올라가야 하기 때문에 급속도로 힘이 소모되고 있다.

W — 상괘와 하괘가 같은 힘으로 서로 당기고 있기 때문에 운동은 정지되었다.

WN — 하괘가 아래로 잡아당기는 힘이 강하기 때문에 전체적으로 하향하고 있다.

NW — 상하 괘가 모두 아래로 향한다. 다만 하괘의 속도가 빠르기 때문에 음기가 아래로 확산된다.

N — 상하 괘가 같은 힘으로 하향한다.

NE — 상하 괘 모두가 하향하지만, 하괘가 느리기 때문에 에너지의 압축이 생긴다.

EN — 상괘는 여전히 하향하지만 하괘는 방향을 바꾸어 상향을 시작했다. 따라서 압축은 급속도로 진행된다.

E — 상하가 서로 마주 보며 같은 힘으로 압축한다. 쌓이는 힘은 최대.

ES — 하괘는 여전히 상승하고 있다. 상괘는 하향 속도를 늦췄는데, 이는 위로 팽창하는 힘을 견디지 못하기 때문이다.

이상으로 총체적 성질을 살펴보았다. 그런데 분명한 개념이 하나 눈에 뜨인다. 압축과 소모에 관한 것으로 상하 괘간의 에너지를 의미한다. 이 에너지는 실제로 상하 괘 사이에 작용하는 힘이다. 그것은 가장 중요한 개념이다.

그 동안 우리는 괘상의 총체적 에너지에 유의했다. 그 결과 ☱은 양 에너지가 가장 크고 ☷는 음 에너지가 가장 큰 것으로 이해했다. 이는 총체적으로 볼 때는 맞다. 그러나 문제가 있다. 우리는 그 동안 대상(大象)이라는 것을 공부해 왔다. 하나의 괘상이 외부에 나타내는 의미가 바로 대상이다. 반면 효는 괘상 내부에서 구조적으로 작용하는 의미이다. 최후에 가서는 효를 이해하는 것이다. 다만 갑자기 효에 들면 어렵기 때문에 중간 과정을 설정하려고 한다.

그것은 상괘와 하괘이다. 하나의 괘상 안에서 상괘와 하괘 사이의 작용을 규명하고자 하는 것이다. 주역 원전은 어떤 것에 대해서는 그 작용에 유의했고, 또 어떤 괘에 대해서는 오로지 총체적인 것만 논의하였다. 예를 들어 ☰은 상하의 작용보다는 양기라는 그 자체가 바깥 세계에서 일으키는 현상에 주목했을 뿐이다. 그리고 ☶는 돈(遯)이라고 명명했는데, 하늘이 도망가는 것인지, 땅이 숨는 것인지, 아니면 서로 피하는 것인지에 대한 언급이 전혀 없다.

문제는 상하간의 작용이다. 한 국가가 외국에 대해 어떤 힘을 발휘하느냐도 물론 중요하다. 그러나 자체 내에 어떤 현상이 일어나는가는 더욱 중요하다. 사람에 있어 그 사람의 운동 경기 능력도 중요하지만, 현재 그 사람의 몸 상태가 어떤지는 더욱 중요하다. 암에 걸렸는지, 갈비뼈가 부러졌는지 등등……

우리는 사물에 있어 다른 사물과의 총체적 비교에 관점을 두어 왔다. 그러나 이제부터는 괘상 자체의 내부 구조에도 신경을 써야 할 때가 온 것이다. 말하자면 주역의 해부학이다. 이로써 괘상을 완전히 터득할 수 있다. 그 동안 우리는 애써 괘상을 공부했는데, 그토록 엄밀한 논리를 사용했어도 미진함을 느꼈을 것이다. 그것은 괘상의 내부 세계를 다루지 않았기 때문이다. 인류는 근래 원자의 바깥 구조를 해명함으로써 물질의 화학적 성질을 완전히 이해했다. 그 이후 원자의 내부를 들여다보기 시작한 것이다. 그 작업은 아직도 진행 중이거니와, 과학자들은 물질의 궁극을 이해하려는 야무진 포부를 갖고 있다. 우리는 괘상을 이루고 있는 효를 이해해야 한다. 그것을 이제껏 미룬 것은 괘상에 대한 충분한 이해가 전제되기 때문이다.

필자는 주역을 공부하고 나서 처음 10년 동안은 오로지 대상만 공부해 왔다. 그 작업은 30년이 지난 지금도 계속되고 효에 대한 공부도 함께 한다. 이제 우리는 괘상의 내부 구조에 대해 관심을 둘 때이다. 물론 그렇다고 대상을 팽개치고 내부만 들여다보자는 것은 아니다. 외부, 즉 대상은 언제까지나 중요하다. 대상이라는 것은 다른 사물과의 관계를 분명히 해 주기 때문이다. 그로써 내부에 대한 이해도 자연스럽게 형성될 수 있다. 무작정 마구잡이 식으로 효에 달려들면 설명하는 방법은 조금 늘어나겠지만, 그것은 꿈 해몽하는 것밖에 되지 않는다.

주역의 효는 단순한 시각 논리로써 해결되는 게 아니다. TV의 원리가 화가의 시각 논리에 의해 규명되겠는가! 주역 원전의 빈약한 설명만으로는 효의 뜻이 절대로 밝혀질 수 없는 것이다.

이제 우리는 천천히 접근하자. 우리는 지금 28수에 대해 공부하는 중인데, 그에 대해 다양한 분석 방법이 사용되고 있다. 그것들은 대상을 이해하는 데 아주 훌륭한 방법이 된다. 하지만 괘상의 내부 구조를 이해하는 방법으로는 다소 미진하다. 따라서 새로운 관점을 도입해 보자. 우선 28수도에 새로운 논리의 결과만을 써 보겠다. 이번에는 역으로 파고들어가겠다는 뜻이다. 28수도의 새로운 수치를 보자.

-14	-12	-10	-8	-6	-4	-2	0
-12							2
-10							4
-8							6
-6							8
-4							10
-2							12
0	2	4	6	8	10	12	14

　이 그림은 절묘한 규칙성을 보이고 있다. 아무렇게나 써넣은 수치가 아니다. 일률적인 논리를 적용한 결과 이러한 모습이 나타난 것이다. 수학적 진리는 일률적인 논리와 대칭적 결과가 보장되면 더 이상 의심할 나위가 없다. 지금 우리가 보고 있는 규칙적인 수들은 28수괘로부터 계산된 것이다.

　예를 들어 14는 가장 큰 값인데, 이것은 ䷗를 취한 것이다. 이 괘상은 음양이 이상적으로 결합된 것으로 윗괘는 아래로 작용하고 아랫괘는 위로 작용하여 중앙에서 보면 최대의 압력이 형성된다.

최대의 압력은 곧 최대의 현상력(現像力)을 의미하는데, 주역 64괘 중에서 ䷊ 는 최대의 에너지 축적인 것이다. 이 점에 대해서는 누차 살펴보았다. 반면 ䷋는 최소 에너지라는 것도 우리는 살펴본 바 있다. 현재 28수도에 이것이 나타나 있는데, ䷀과 ䷁은 0이다. 이는 뜨거운 것과 뜨거운 것은 에너지 차이가 없고, 찬 것과 찬 것은 에너지 차이가 없다는 것이다. 이 논리는 오늘날 인류가 발견한 자연과학의 최고 법칙을 보여 주고 있다. 우주인이라도 마찬가지일 것이다.

사실을 말하면 엔트로피의 법칙인 것이다. 우리는 흔히 물 한 그릇에서 반 그릇의 얼음과 반 그릇의 뜨거운 물을 얻고 싶어한다. 그러나 이는 과학의 법칙이 용납하지 않는다. 자연의 법칙은 얼음과 뜨거운 물을 섞어서 미지근한 물을 만들게 할 뿐 그 반대는 만들지 못한다. 우주는 계속적으로 풀려 갈 뿐이다. 뜨거움도 풀리고, 차가움도 풀리고, 태엽도 풀리는 것이다.

주역의 괘상에 있어서 최대한 태엽이 감겨 있는 괘상은 ䷊이다. 반대로, 다 풀려서 힘이 없어진 것이 ䷋이다. 우주의 시작이 ䷊이고, 우주의 종말이 ䷋라는 것은 이미 충분한 논의를 거친 바 있었다. 그 중간쯤 되는 ䷀과 ䷁이 0이라는 값을 갖는 것을 이해할 수 있을 것이다. 자연의 현상이란 에너지의 차이에 의해 발생하는 바, ䷀과 ䷁은 자체 내의 에너지 차이가 없다. 그래서 0이다. 물론 이들 괘상은 외부에 대해서는 둘 다 최강의 작용력을 갖고 있다. 하나는 양 에너지고 하나는 음 에너지이다.

이제 내부 작용력을 나타내는 수치 만드는 방법에 대해 설명하겠다. 그것은 아주 간단하다. 즉, 하괘의 값에서 상괘의 값을 뺀 것이다. 예를 들어보자. ䷀은 상하가 각각 +7이다. 따라서 7−7 = 0이 된다. ䷁도 해 보자. (−7)−(−7) = 0, 이는 틀림없다. 이와 같은 방식으로 모든 괘를 계산할 수 있다.

䷊ → (7)−(−7) = 14

䷋ → (−7)−(7) = −14

䷗ → 7−1 = 6

䷓ → 1−7 = −6

이와 같이 주역 64괘를 모두 계산할 수 있다. 그렇게 얻어진 값은 괘상 자체가 갖고 있는 작용 능력이다. 예를 들어 ䷠은 (−5)−7 = −12인데, ☰과 ☶의 작용이 아주 느슨하다는 것을 보여준다. 서로 작용하지 않으니 원전 괘명도 피할 돈(遯)자인 것이다. 반면 ䷙은 7−(−5) = 12로서, 서로 작용하는 힘이 대단히 크다. 그래서 원전 괘명은 크게 쌓인다는 대축(大畜)이다.

이런 방식으로 원전 괘명은 다 이해할 수 있다. 독자들도 한 번 해 보라. 어설픈 생각으로 괘명을 설명하는 것보다 이와 같은 일률적인 방식이 중대한 의미가 있을 것이다. 28수도를 다시 보자.

이 그림은 ䷗ → ䷗과정을 보여 주고 있다. 우주 자연은 실제로 이러한 성질을 갖고 있다. 이것을 시간의 방향, 흔히 시간의 화살이라고 부른다. 우주는 크게 보면 순환하지 않는다. 단지 조그마한 틀에서 보면 일시적으로 순환할 뿐이다. 태양 주위를 돌고 있는 지구도 언젠가는 멈추게 된다. 태양의 열은 다 식어 버린다. 이것이 자연의 흐름, 즉 시간의 방향인 것이다.

주역의 괘상에서도 그러한 현상이 일어나고 있다. 모든 것은 일정한 방향이 있다. 다만 한정된 인간의 수명으로 볼 때 우주는 수많은 순환 구조를 갖고 있다. 지구가 태양을 돌고 있는 동안 천체 현상도 그렇다. 그것들은 28수이나 군주괘 등으로 나타난다. 이것은 살아 존재하는 세계를 설명하는 데 절대 필요하다. 그러나 그 배경에는 거대한 죽음의 행진이 존재하고 있다.

이 장에서 우리는 그것을 잠깐 엿보고 있는 중이다. 앞으로의 공부에는 그 행진을 포함시킬 것이다. 그것은 기(氣)의 세계이다. 반면, 순환의 세계는 기(機)의 세계인 것이다. 우리는 그 동안 기(機)의 세계를 공부했다. 이는 생명의 세계이다. 그러나 이제부터는 기(氣)의 세계도 공부할 것이다. 이는 시간의 세계이다. 시간과 생명은 주역의 모든 것이라 말할 수 있다.

玉虛眞經 (16)

功遂身退 天之道

공은 이루고 몸은 물러가는 것, 이것이 하늘의 도이다.

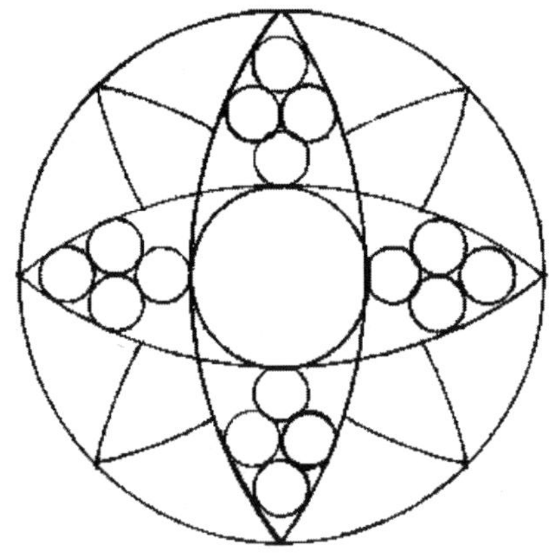

괘상의 대륙(大陸)

이 장에서 공부하는 내용은 주역에서 가장 중요한 대목이라고 할 수 있다. 또한 몹시 재미있는 부분이기도 하다. 우리는 그 동안 괘상을 집단으로 묶어서 이해하는 방식을 취해 왔다. 그것은 사물을 이해하는 데 있어서 가장 기본적인 방식이다. 우리 나라 땅을 이해한다면서 막연히 면적만 논한다면 무엇을 알 수 있겠는가! 그러기 위해서는 먼저 지역을 나누고 특성을 규명해야 한다. 우리는 사물을 이해하기 위해 괘상이라는 추상(抽象)을 도입했다. 그런데 괘상이 64개나 되기 때문에 그에 대한 이해 방식 또한 체계가 필요했던 것이다.

그것이 바로 괘상들을 묶어서 단체로 이해하는 방식이다. 그 중에서도 가장 중요했던 것은 6개 순환군이었다. 실세계의 현상을 살피고 사회적으로 응용하기 위해서는 28수 같은 체계가 필요했다.

그들은 모두 기(機)의 체제였다. 사실 자연계는 사물들이 단위를 이루고 생활한다. 그것이 바로 기(機)의 세계인 것이다. 생명체는 단순히 무게로 볼 것이 아니라 내적 구조가 있다. 간이나 쓸개·폐·심장 등이 그것이다. 생명체가 아니더라도 물·얼음·구름 등으로 단위가 이루어져 있으며, 돌덩이도 각종 모양을 이루고 있다. 사람은 모여서 단체나 조직을 형성하고, 생물들은 집단을 이루며, 먹이사슬을 형성한다. 생명체들이 존재하는 우리 세계는 단순히 물질의 세계가 아니라, 물질이 모양 또는 단위를 이루고 사는 세계인 것이다.

이러한 세계야말로 우주에서는 가장 의미가 있다. 그러나 우주 내에서 그토록 활력 있고 다양한 구조가 존재하는 곳은 극히 한정되어 있다. 그야말로 0.000000001%도 되지 않을 것이다. 하지만 그런 세계는 중요하다. 다행히 우리의 세계는 바로 그런 곳이다. 그래서 주역의 각종 체계가 필요하기도 한 것이다. 다만 우리는 자연의 삭막한 배경을 생각하지 않을 수 없다. 그것은 섬세한 모양이나 단위 체계가 필요 없이 무게나 재료만 따지는 세계이다.

이런 얘기가 있다. 솜 한 근과 쇠 한 근이 어떤 것이 더 무거운가? 이에 대한 답은 '같다'이다.

물질의 세계는 이토록 단순하다. 48kg의 미인과 48kg의 추녀 중에 누가 예쁜가? 같다? 아니다. 미인이 예쁘다. 그러나 물리의 세계에서는 무게만 따진다.

우리는 지금 주역에 있어 가장 근원적인 문제, 즉 재료 구성에 관해 고찰하고자 한다. 이는 아주 단순하지만 하나의 훌륭한 체계이다. 사실 이로써 괘상의 의미가 분명해진다. 다음을 보자.

이 괘상들의 공통점은 무엇인가? 그것은 재료 구성이다. 이들은 모두 양 5개와 음 1개로 구성되어 있다.

은? 이 괘상은 오직 한 가지 재료, 즉 양으로만 이루어진 것이다. 은 음으로만 이루어져 있다. 다음을 보자.

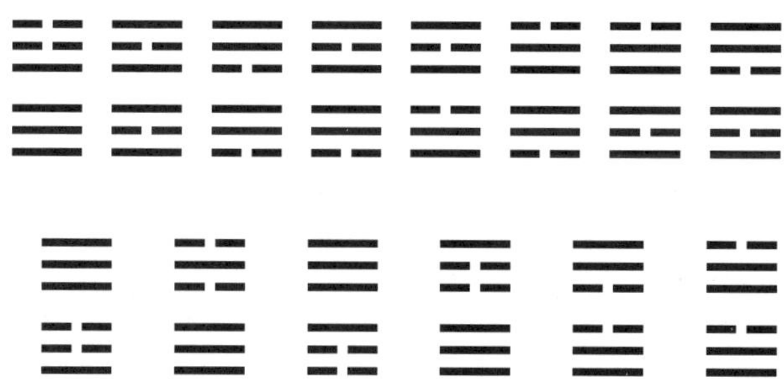

이들은 모두 양 4개, 음 2개로 이루어져 있다. 성질들은 따지지 말자. 오직 구성 재료만 따져 보는 중이다. 이번에는 양 3개, 음 3개로 이루어진 집단을 보자.

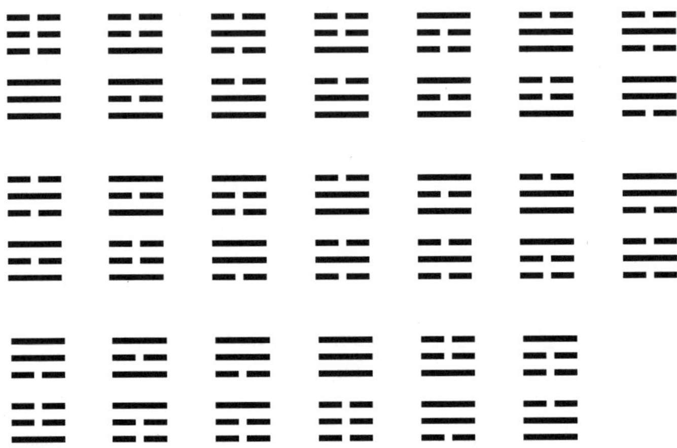

복잡 다단하다. 그러나 분명한 것은 재료의 구성이 똑같다는 것이다. 소고기이든 닭고기이든 개고기이든 무게가 같다. 계속 진행하자.

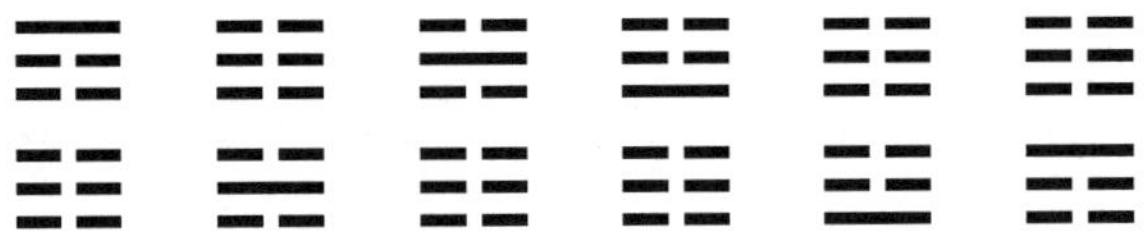

이들은 모두 양 1개, 음 5개이다. 이제 마지막으로 양 2개, 음 4개의 집단이 있다.

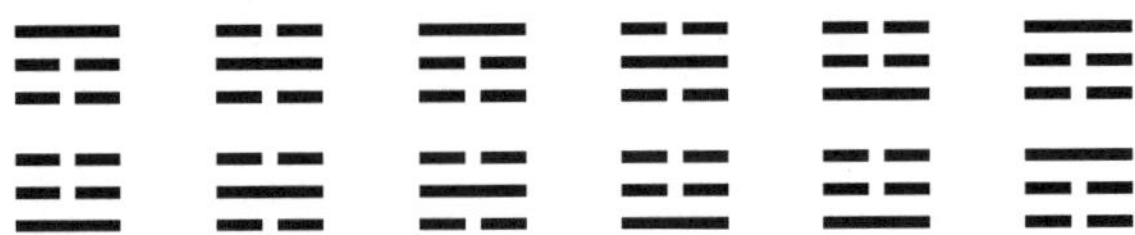

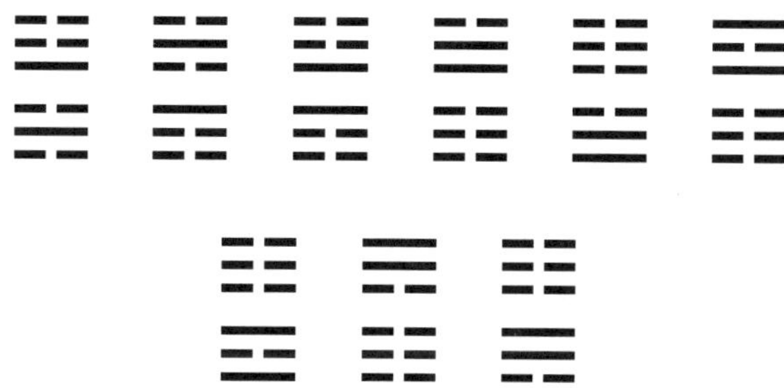

　이상으로 주역 64괘를 모두 살펴보았다. 몇 개의 집단으로 나뉘는가? 이 질문은 아주 중요하다. 절대량을 점검하는 것이기 때문이다. 이들은 7개의 집단으로 나뉘어져 있다. 7은 심상치 않은 숫자이다. 우리는 앞서 순환군 자체를 상하 7층 구조로 배치한 바 있다. 이번에도 7층 구조가 나타났다. 7층 구조는 주역에서 빈번히 나타나는 구조이다.

　이번에 나타난 것은 64괘 전체가 7층으로 나뉠 수 있다는 것이다. 우리는 이것을 주역의 대륙이라고 부를 것이다. 매우 적절한 이름이 아닐 수 없다. 괘상이란 실제로 무심한 자연계에서 볼 때 이들 7개 집단의 상호 변환 작용의 결과일 뿐이다. 주역의 7개 대륙이 있는 것이다. 우리가 사는 지구는 6개의 대륙이 있다. 괘상의 세계를 이와 같이 커다랗게 구분 짓는다면 전체가 일목 요연할 것이다.

　이제부터 우리는 각 대륙을 탐험함으로써 괘상에 대한 이해의 폭을 넓히고 깊이를 더할 것이다. 우선 각 대륙을 정렬시켜 보자.

(6, 0)

(5, 1)

(4, 2)

(3, 3)

(2, 4)

(1, 5)

(0, 6)

이상에서 각 집합은 양의 개수와 음의 개수를 나타낸다. 맨 위의 (6, 0)은 양 6, 음 0으로서 ☰이다. 맨 아래의 (0, 6)은 양 0, 음 6으로서 ☷이다. 이제 각 집합에 포함된 괘상의 숫자를 세어 보자.

(6, 0) → 1개

(5, 1) → 6개

(4, 2) → 15개

(3, 3) → 20개

(2, 4) → 15개

(1, 5) → 6개

(0, 6) → 1개

합계는 당연히 64개이다. 주역 64괘는 이와 같이 7층 구조를 갖고 있는데, 여기서 눈에 띄는 것은 각 층의 괘상 숫자이다. 이것은 수학에서 말하는 조합 숫자인데, 이 숫자들의 분포는 프랑스의 유

명한 수학자인 파스칼이 전개한 것으로서, 파스칼의 삼각형이라고
도 불린다. 파스칼의 삼각형을 전개해 보자.

<pre>
            1   ······ 태극
          1   1   ······ 음양
        1   2   1   ······ 4상
      1   3   3   1   ······ 8괘
    1   4   6   4   1   ······ 16괘
  1   5 10 10   5   1   ······ 32괘
1   6 15 20 15   6   1   ······ 64괘
</pre>

이 그림은 수학에서 이항 전개의 계수를 나타내는 것인데, 주역
의 수리와 완전히 일치한다. 이항 전개란, 바로 음양 전개와 뜻이
같기 때문이다. 주역의 체제는 이항 전개와 일치하는바, 이 또한
주역의 우주 도래설을 제기하는 대목이다.

그림에서 16괘, 32괘 등은 생소하겠지만, 이들이 주역 체제에서
중요한 역할을 하게 될 것이다. 다만 여기서는 현대 수학과 주역의
일치성을 충분히 확인해 두는 것으로 만족하자. 그리고 파스칼의
삼각형에서 알 수 있는 것은 태극의 기묘한 성질인바, 그것을 잠시
살펴보자.

파스칼의 삼각형을 다시 쓰자.

```
              1                      ……  ?
           1     1                   ……  1획(음양)
          1   2   1                  ……  2획(4상)
        1   3   3   1                ……  3획(8괘)
       1   4   6   4   1             ……  4획(16괘)
     1   5  10  10   5   1           ……  5획(32괘)
   1   6  15  20  15   6   1         ……  6획(64괘)
```

이 그림에서 태극은 과연 몇 획인가? 팔괘, 즉 ☰ ☳ ☵ ☶ 등은 3획으로 되어 있고, 음양은 --와 — 처럼 1획이다. 그럼 태극은 몇 획일까? 획의 수열을 따져 보면 0획이라는 것을 알 수 있다. 0획이라는 것은 재료 자체가 없다는 뜻이다. 태극이란 실체가 없으면서 하나인 것이다.

이 문제는 나중에 다시 논하기로 하고 지금은 6획인 대성괘(大成卦), 즉 64괘를 생각하자. 위에서 본 바와 같이 64괘는 7층 구조를 갖고 있고, 그것은 파스칼의 삼각형으로 분포된다는 것을 알았다. 이제 각 층의 구조를 살펴보자.

☰ 은 순양인바, 아주 단순하다. 이 괘상에서 어떤 효 하나가 변한다면 괘상 자체가 달라진다. 예를 들어 초효가 변한다면 ☰ → ☴ 과 같이 바뀔 것이다. 마찬가지로, 제2효가 바뀐다면 ☰ → ☲ 과 같이 되는 것이다. 어떤 효가 변해도 상관없지만 ☰ 에서 하나가 변하면 반드시 (6, 0) → (5, 1)이 된다. (5, 1)은 원소의 개수

가 6이다.

이제 (5, 1)에서 양효 하나가 바뀐다면 (5, 1) → (4, 2)가 된다. 물론 음효가 바뀐다면 (5, 1) → (6, 0)이 되는 것이다. 다시 (4, 2)에서 양효가 하나 바뀐다면 (4, 2) → (3, 3), 이와 같이 된다. 여기서도 물론 음효가 바뀌면 (4, 2) → (5, 1)로 되는 것이다.

이와 같은 사정은 ䷁ 에서도 마찬가지이다. 가령 제 4효가 바뀌면 ䷁ → ䷁이 된다. 즉, (0, 6) → (1, 5)가 되는 것이다. 이어 또 하나의 음이 바뀐다면 (1, 5) → (2, 4) 가 될 것이고, 여기서 또 하나의 효가 바뀐다면 (2, 4) → (3, 3)에 이르게 된다. (3, 3)이란 양과 음의 수가 같은 괘상으로서, 예를 들면 ䷁ ䷁ ䷁ 등이다. 이제 (3, 3)에서 음이 하나 바뀌면 (4, 2)가 되고, 양이 하나 바뀌면 (2, 4)가 된다. 결국 ☰과 ䷁는 하나씩 변함으로써 서로에 도달할 수 있다. 이것을 그림으로 나타내자.

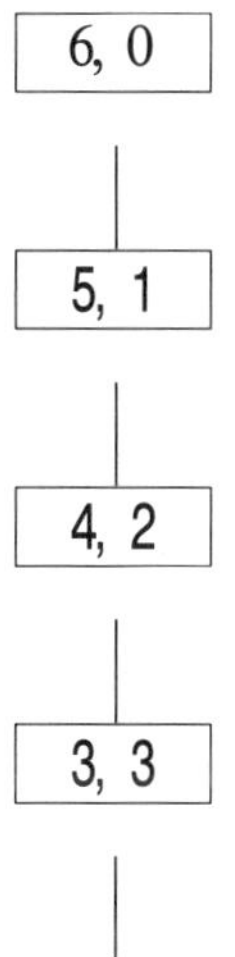

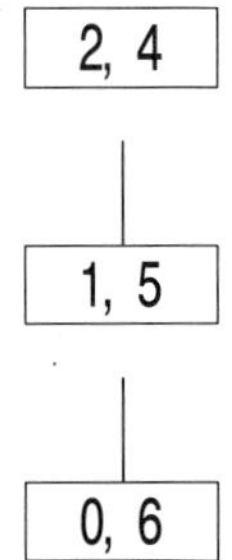

집단 사이를 선으로 연결한 것은 반드시 통과해야 한다는 것을
보여 준다. 이는 일종의 다리처럼 7개 대륙을 서로 연결해 주는 것
이다. 괘상의 세계란 이처럼 단순하다. 변화라는 것은 겨우 7개 대
륙 사이를 오고 가는 과정일 뿐이다. 이제 우리는 각 층의 성질을
규명함으로써 주역의 괘상 64개를 7개의 집단으로 단순히 이해할
수 있게 된다.

주역의 괘상은 고작해야 7개의 집단인데, 그 중에서 ☰와 ☷ 은
원소가 단 하나인 대륙을 이루고 있다. 양극(兩極)을 빼고 나면 대
륙은 5개뿐이다. 5라는 숫자는 오행(五行)과 닮아 있는데, 이는 아
주 익숙한 범주이다. 기실 오행이란 양극과 음극이 서로 기운을 교
환함으로써 그 사이에 만들어 놓은 자식과 같다. 오행의 실체는 바
로 이런 것이다. 7개 대륙이란 양극과 오행을 합친 것을 말한다.

이제 각 대륙의 성질을 살펴보자. 우선 일률적인 법칙을 적용하
여 각 대륙마다 불변량(不變量)을 찾아봐야 한다. 다음의 괘상을
보자.

☰은 순양으로서, 양은 다음과 같이 위에서부터 셀 수 있다.

━━ 1
━━ 2
━━ 3
━━ 4
━━ 5
━━ 6

각 효의 옆에 붙은 숫자는 위에서부터 내려오는 단계를 표시한다. 이들 숫자의 총합은 21이다. 반면 ☷는 숫자의 방향이 아래에서부터 위로 향한다. 다음을 보자.

━ ━ -6
━ ━ -5
━ ━ -4
━ ━ -3
━ ━ -2
━ ━ -1

여기서 수치에 마이너스를 붙인 것은 '음'을 뜻하는 것이다. 이들 숫자의 합계는 −21이 된다. 이제 여기서 변화를 시도해 보자. 다음을 보라.

이들은 (5, 1)인데, ☰에서 하나의 자리가 변한 것이다. 이제 이들의 수치를 조사하자. 어디까지나 양효는 아래로, 음효는 위로 향하는 법칙이 적용된다.

이제 각 괘상의 수치를 합해 보자.

$$\to 1+ -5+3+4+5+6 \to 14$$
$$\to -6+2+3+4+5+6 \to 14$$
$$\to 1+2+3+4+5+ -1 \to 14$$
$$\to 1+2+3+4+ -2+6 \to 14$$
$$\to 1+2+3+ -3+5+6 \to 14$$
$$\to 1+2+ -4+4+5+6 \to 14$$

기가 막힌 결과가 나왔다! 서로 다른 괘상들인데도 불구하고 모두 14가 나왔다. 이는 주어진 대륙의 값으로서 대륙에 속한 괘상들의 불변량(不變量)인 것이다. 즉, (5, 1) → 14인바, 같은 방식으로 또다시 진행할 수 있다.

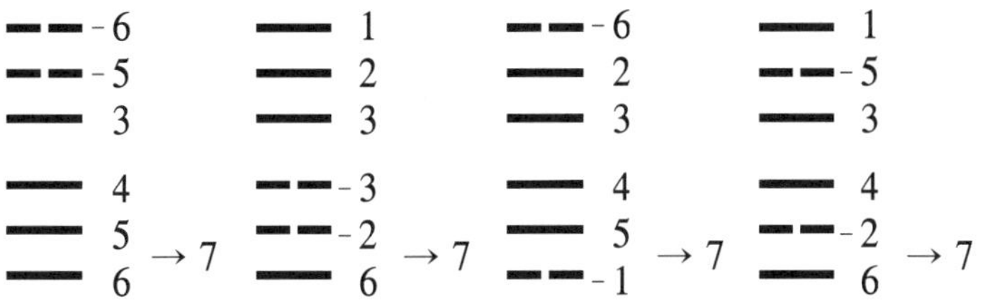

이것은 모든 (5, 2)에 대해 계산할 수 있는데, 일일이 다 해 볼 필요도 없다. 독자들이 스스로 계산해 보라. 어떠한 괘상이라도 값은 오직 7이 나온다. 이는 (5, 2)라는 대륙의 값이 7이라는 뜻이다. 한 단계를 더 진행해 보자. 이번에는 (3, 3)의 대륙이다.

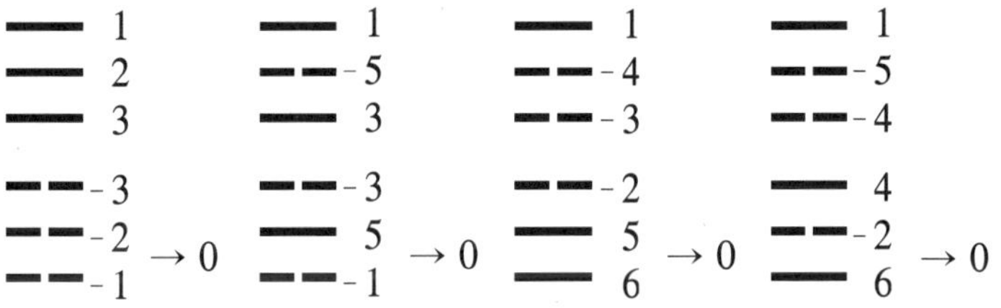

이번에도 모든 괘를 나열할 필요가 없다. 계산은 모든 괘에 대해 정확히 0이 나온다. 의심이 나는 독자들은 스스로 계산해 보라. 위와 같은 계산 결과는 아래 대륙들에서도 나타난다. 두 개씩만 조사하자.

$$\begin{array}{ll} \text{---}\,6 & \text{---}\,1 \\ \text{---}\,5 & \text{---}\,5 \\ \text{---}\,4 & \text{---}\,4 \\ \text{---}\,3 & \text{---}\,3 \\ \text{---}\,5 & \text{---}\,2 \\ \text{---}\,1 & \text{---}\,1 \end{array}$$

$(1,\,5) \to -14$ 이고 $(2,\,4) \to -14$

즉, $(1,\,5) \to -14$이다.

$$\begin{array}{ll} \text{---}\,6 & \text{---}\,1 \\ \text{---}\,5 & \text{---}\,5 \\ \text{---}\,3 & \text{---}\,4 \\ \text{---}\,3 & \text{---}\,3 \\ \text{---}\,5 & \text{---}\,2 \\ \text{---}\,1 & \text{---}\,6 \end{array}$$

$\to -7$ 이고 $\to -7$

즉 $(2,\,4) \to -7$이다. 이제 모든 대륙의 값을 나열하자.

$$(6,\,0) \to \ \ \ 21$$
$$(5,\,1) \to \ \ \ 14$$
$$(4,\,2) \to \ \ \ \ 7$$
$$(3,\,3) \to \ \ \ \ 0$$
$$(2,\,4) \to \ \ -7$$
$$(1,\,5) \to \ -14$$
$$(0,\,6) \to \ -21$$

참으로 아름다운 모습이다. 각 대륙간에도 일정한 규칙이 존재하는 것이다. 대륙간의 차이는 정확히 7이다. 여기서 21이란 숫자는 양극(兩極)의 값인데, 이것은 주사위의 값을 모두 더한 것이다. 21은 주역의 숫자이거니와, 이 숫자는 서양에서도 아주 중요하게 쓰인다. 블랙잭이라는 도박이 있는데, 그것은 21에 도달하는 게임이다. 이것은 전 세계 카지노에서 이루어지는 게임인바, 주역의 수와 일치하는 21을 사용한다는 것이 흥미롭다.

어쨌건 이제 우리는 주역의 새로운 세계를 발견했다. 그것은 바로 주역의 7개 대륙으로서 완전히 질서가 잡힌 세계였다. 이 질서는 괘상의 뜻을 더욱 분명히 밝혀 준다. 각 대륙은 7이라는 간격을 가지고 위치하는바, 우주의 모든 현상은 이 대륙간의 이동으로 설명할 수 있다. 이들 현상들은 거시적으로 이루어지는 것들인데, 미시적으로 보면 더 많은 현상들이 그 안에서 이루어지고 있다. 대륙간의 이동, 즉 거시 현상은 마치 우주에서 지구를 바라보는 것과도 같다.

특히 중앙을 차지하고 있는 대륙이 값이 0인 것은 통쾌감을 준다. 0은 평등이라는 뜻이다. 즉, 음양의 차이가 없다는 뜻이다. 그것은 또한 그 내부의 세계에서는 가장 다양한 현상이 일어나고 있다는 뜻이다. 이는 지구에 있어서의 적도(赤道)가 갖는 뜻과 유사하다. 지구에서 가장 다양한 곳이 적도이다. 반면 북극과 남극은 현상이 미미하게 나타난다. 21 또는 -21은 치우친 값으로서 한쪽의 현상만이 두드러진다. 그러나 주역의 대륙을 굳이 지구 대륙과 견줄 필요는 없다. 그것은 흥미를 줄 뿐 자칫 주역의 정밀할 논리를 훼손할 수 있다.

이 장에서는 거시적 기(氣)의 세계를 살펴봤다. 그것은 상하 괘의 구분 없이 통합적인 현상인 것이다. 우리는 이어 각 대륙에서 일어나는 현상들을 더 정밀하게 살필 것이다. 아울러 시간의 흐름이라는 우주의 절대 현상도 다룰 것이다.

玉虛眞經 (17)

載營魄抱一 能無離乎
혼백을 타고 하나를 안으며 능히 떨어지지 않게 한다.

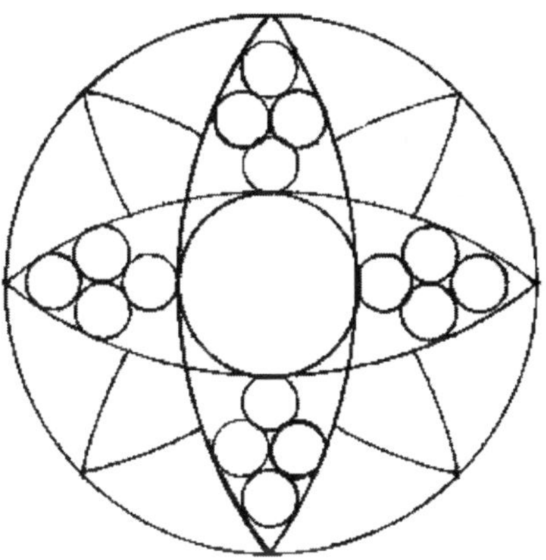

시간의 흐름

우주의 현상 중에 시간처럼 중요하고 신비한 것은 없다. 이것이 있음으로 해서 우주에는 현상이 존재할 수 있다. 관점에 따라서는 우주의 현상 그 자체가 시간의 흐름이라고 볼 수 있는데, 이 관점에서는 현상이 먼저 있고 그에 대해 수리적 해석을 내린 것이 시간이 된다. 오늘날 과학에서 통용되는 시간의 실체는 바로 이것이다. 그러나 시간을 이러한 존재로 보는 것은 아직 이르다.

사실 인류는 시간이 무엇인지를 잘 이해하지 못하고 있는 것 같다. 오늘날 많은 과학자들이 아직도 시간에 대해 논의하고 있는 것이 그 상황을 잘 보여 주고 있다.

뉴턴 시대에는 시간이란 공간과 완전히 독립된 절대적인 흐름으로서, 우주의 현상과는 전혀 관계가 없는 것이었다. 따라서 그 당시의 시간은 우주의 현상을 흐름의 길이로 나타내는 절대적 단위

였던 것이다. 시간의 이러한 속성은 아예 시간을 물리적 대상에서 제외시켜 버렸다. 예로부터 인류는 시간을 철학적 문제로 생각했을 뿐 물리적 현상으로는 보지 못했던 것이다. 시간은 그만큼 독립적이었고 절대적이었다.

철학자 칸트는 시간을 공간과 더불어 우리의 인식 구조에서 절대로 빼놓을 수 없는 존재 형식으로 보았다. 칸트에게 있어서 시간이란 정신보다 먼저였고, 자연의 모든 현상보다 근원적이었다.

사실 시간이란 철학자나 물리학자, 또는 수학자들에게는 절대적 개념이었다. 이는 신이나 생명보다도 우선적인 존재였던 것이다. 자연이란 시간과 공간이라는 좌표 위에 단순히 존재하는 것일 뿐이었다.

이러한 관점은 인류가 생긴 이래 이어져 왔는데, 최초로 시간에 의문을 품기 시작했던 사람은 아인슈타인이었다. 아인슈타인에게 있어서 시간은 절대적인 것이 아니라, 상대적으로 개념으로 다룰 수 있는 물리적 대상이었던 것이다. 아인슈타인은 시간을 단순한 현상으로 간주했다. 따라서 시간은 늘어나기도 하고 줄어들기도 하고 심지어는 정지하기도 하는 존재였다. 뿐만 아니라 공간과 독립해서 따로 떨어져서는 존재할 수 없는 것이다.

이것은 과학이 철학을 이긴 중대한 사건이었다. 칸트는 시간과 공간이란 철학의 대상이지 물리적 연구의 대상이 될 수 없다고 생각했다. 그러나 그 것은 확실한 오류였다. 오늘날 과학자들은 시간의 느려짐, 또는 공간의 찌그러짐 같은 현상을 실제로 목격했다. 그뿐이 아니다. 과학자들은 아예 시간과 공간을 물질처럼 다루는 일에 착수하고 있다. 그러나 아직도 시간의 근원에 대해 좀더 많은 것을 원하고 있다.

오늘날 밝혀진 바에 의하면, 시간에는 흐르는 시간과 흐르지 않는 시간 두 종류가 있는 것 같다. 이상하게 여길지 모르겠지만, 흐르지 않는 시간도 분명히 존재한다. 다만 이 문제는 다소 철학적인 문제도 포함되기 때문에 여기서 논의하지는 않겠다.

시간이 없으면 현상도 없고, 현상이 없으면 시간도 없기 때문에, 주역도 필요 없을 것이다. 우리는 여기서 현상으로서의 시간을 논의할 것이다. 이는 오늘날 과학에서 취하는 입장이다. 시간은 주역에 있어서 가장 중요한 요소인데, 이를 주역적으로 규명함으로써 과학자들의 생각에 도움을 줄 수도 있다.

먼저 과학에서 확립된 시간의 현황을 살펴보자. 여기 코카콜라가 있다고 하자. 펩시콜라도 상관없다. 콜라에는 탄산가스가 함유되어 있는데, 시간이 지나면 날아가고 만다. 그리고 한 번 날아간 탄산가스는 절대로 되돌아오지 않는다.

왜 그럴까? 이것이 바로 시간 현상이다. 오늘날 과학계는 고도의 수학적 방법을 동원하여 그 개념 상황은 파헤치고 있다. 다시 한 번 자연 현상을 보자. 호수에 돌을 던지면 파동을 일으키고 돌은 호수 속으로 들어간다. 이러한 일의 반대 상황은 일어날 수 없다. 가령 파동이 몰려들고 돌이 떠오르는 일은 있을 수 없다.

이것은 엔트로피 원리 때문에 그렇다. 과학을 조금 아는 사람들은 엔트로피 원리를 마치 섞임의 법칙인 것처럼 느끼고 있다. 예를 들어 얼음과 뜨거운 물을 섞어 놓으면 미지근한 물이 되는 식이다.

또한 산은 계속 낮아지고 호수도 낮아져 결국 수평을 이룬다는 것이다. 그래서 평균화 경향을 엔트로피 현상으로 여기는데, 실은 그렇지 않다.

엔트로피의 법칙은 특징 감소의 법칙일 뿐이다. 그 과정에서 평균 상태가 이루어지지만, 그것은 어디까지나 중간 과정일 뿐이다. 예를 들어 콜라 속 한 곳에 탄산가스를 압축해 놓으면 이것은 잠시 후 물과 골고루 섞인다. 그러나 시간이 더 지나면 탄산가스는 날아가 버린다. 결국 물은 물대로, 탄산가스는 탄산가스대로 분리되는 것이다. 즉, 가벼운 것은 올라가고 무거운 것은 내려와서 상하가 나뉘게 된다. 소금과 고춧가루를 섞어 놓으면 시간이 갈수록 섞이게 된다. 그러나 시간이 흐르면 소금은 가라앉고 고춧가루는 그 위에 뜨게 된다. 즉 무거운 것과 가벼운 것이 분리되는 것이다.

이것이 엔트로피 현상의 실체이고, 또한 시간의 방향이다. 우리는 이와 같은 현상을 주역에서도 발견할 수 있다. 그것을 살핌으로써 시간 현상을 이해하자. 우리가 시간 현상이 무엇인지 주역을 통해 규명하게 되면 자연히 시간 현상의 원인도 이해할 수 있게 된다. 시작하자. 다음의 괘상들을 보라.

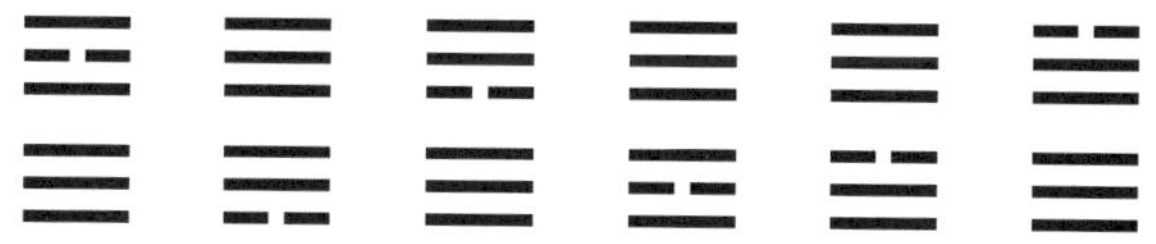

이들은 앞에서 논의한 (5, 1)인 주역 대륙이었다. 이제 이들을 가지런히 정렬시켜 보자.

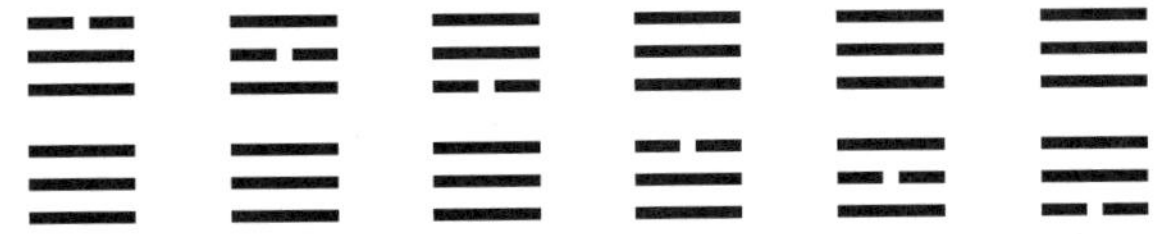

여기서 무엇을 알 수 있는가? 분명한 규칙이 보인다. 그러나 좀 더 깊이 생각해 보라. 음이 아래로 떨어지고 있지 않은가! 이는 마치 돌이 호수 아래로 가라앉는 모습과 같다. 자연 세계에서 돌이 떨어지는 이유는 만유 인력 때문이며, 주역에서 음이 떨어지는 이유는 음의 본성 때문이다. 이는 음양 회귀력(陰陽回歸力)이거니와, 양은 떠오르는 성질이 있다.

여기서 음의 하강은 만유 인력의 법칙과 완전히 일치한다. 양의 상승력은 오늘날 과학에서 발견하지 못한 또 하나의 현상인데, 이는 시간의 원인을 제공해 주고 있다. 이것은 주역이 현재 과학의 수준을 넘어서 있음을 보여 주는 것으로, 또다시 주역 우주 도래설을 생각게 한다. 다시 괘상을 보자.

이상은 화살표 방향으로 흘러간다는 뜻이다. 자연 현상은 바로 이렇듯 진행 방향이 뚜렷하다. 예를 들어 와 같은 현상은 순수 자연계에서 일어날 수 없다. 다시 보자.

앞의 그림과 똑같다. 무엇이 보이는가? 음이 떨어진다고? 물론 그렇다. 다른 것은 보이지 않는가? 양이 상승하고 있다. 자연의 절대 법칙은 양이 상승하고 음이 하강하는 것이다. 현재 우리의 우주는 총체적으로 이와 같은 과정을 밟고 있다. 때문에 주역의 괘상도 뚜렷한 경향이 존재하는 것이다. 그것이 바로 주역에 있어서 시간의 흐름이다.

이 과정이 바로 시간의 흐름인데, 그 내용은 엔트로피 증대를 보여 주는 것이다. 오늘날 과학에서 확립된 이론은, 하나의 독립된 계(系)는 시간에 따른 에너지의 변화는 없으나 엔트로피가 변한다는 것을 밝히고 있다.

이들은 모두 (5, 1)에 속하는 괘상들로서 겉보기는 값이 14로서 일정하다. 그러나 내용은 변하고 있다. 과학에서의 엔트로피 법칙은 심오하고도 아름답다. 총체적인 에너지가 변하지 않으면서도 내면의 세계는 꾸준히 변화해 가는 것을 보여 준다. 사물은 스스로가 변해 가는 존재인 것이다. 이것이 시간의 흐름을 단적으로 나타낸다. 시간에 따른 괘상의 성질을 살펴보자.

▦은 어떤가? 음이 높은 곳에 있기 때문에 매우 위태로운 모습이다. 원전 주역에서도 이 점을 지적하고 있다.

▦는 어떤가? 음이 낮은 곳에 있어서 좀처럼 움직이지 않는다. 언어로는 독단·고집 등 유별난 행동을 뜻한다. 하지만 지금 우리는 사회적 관념을 잠시 덮어 두어야 한다. 단지 ▦은 불안하고 ▦은 안정되어 있다는 것을 이해하면 된다. 이 괘상들은 ▦ → ▦의 과정을 의미하거니와, 자연 현상은 위치 에너지가 낮은 방향으로 진행되는 것이다.

앞으로 우리는 ▦와 ▦의 차이를 구분하는 세련된 방법을 공부하게 될 것이다. 그것은 바로 엔트로피의 수치화이다. 그러나 지금은 시간 현상의 시각 관찰에 주안점을 두기로 하자. 괘상을 확대하여 시간의 흐름을 살펴보자. 이번에는 (4, 2) 집단이다. 다음 괘상을 보라.

▦은 (4, 2) 집단에서 가장 불안한 괘상이다. 반면 ▦은 가장 안정된 괘상이다. 이해할 수 있는가? 원전에서는 괘상 ䷡을 '대장(大壯)'으로 명명하고 기상이 드높은 것으로 표현하고, ䷠은 돈(遯)으로 명명하여 숨어서 잠잠한 것으로 표현되어 있다.

과학에서는 작용 에너지가 적을수록 안정되었다고 말한다. 괘상 ▦은 음이 최대한 올라가 있고 양이 최대한 내려가 있어, 압력이 극심한 것을 나타내고 있다. 반면, 괘상 ䷖은 양은 최대한 높은 데 있고 음은 최대한 낮은 데 있어, 서로의 작용이 미미하다. 즉, 안정되어 있다. 인간 사회의 기준으로 볼 때 안정되어 있다는 것은 할 일도 없고 변화도 적다는 것이니, 결코 바람직한 일은 아니다. 다만 무심한 자연에서 볼 때 작용이 없다는 것은 조용해서 좋을까? 자연은 확실히 조용한 방향을 선택하고 그 길로 치닫고 있다.

이제 ䷗와 ䷖의 사이에 어떤 과정이 있는지 살펴보자.

우선 일 단계를 보면 ䷗ → ䷆ 인데, 이 과정은 음과 양의 최초의 작용(자리바꿈)이다. 양은 하나가 풀려 올라갔고 음은 떨어졌다. 다음 단계를 보자.

$$ ䷆ → ䷎ $$
$$ ䷆ → ䷕ $$

두 개의 과정이 나타났는데, ䷆에서 변화할 수 있는 두 가지 경우를 나타냈다. ䷎와 ䷕은 둘 다 ䷆에서 한 차례 변해서 이루어진 것이다. 어떤 것에 우선권이 있지는 않다. 동시적 위치에 있는 것이다.

다음으로 ䷎은 ䷕로 변한다. 어렵게 생각할 것 없다. 어느 곳이든 아래에 있는 양과 위에 있는 음을 하나 바꿔 놓으면 그만이다. 이제 ䷎을 보면 바꿀 수 있는 자리가 두 곳임을 알 수 있다. 즉, 제6효와 5효, 그리고 제3효와 2효 자리이다. 이것을 바꾸면 다음과 같이 된다.

䷀䷁ → ䷁ 또는 ䷀䷁ → ䷀

이와 같은 방식으로 모든 괘를 계속 바꾸어 나갈 수 있다. (4, 2)의 모든 단계를 나열하자.

		䷁	䷁	䷁	䷁	䷁		
䷁	䷁			䷁			䷁	䷁
		䷁	䷁	䷁	䷁	䷁		

그림은 (4, 2)의 모든 괘상을 총망라한 것이다. 전 과정은 ䷁ → ䷀ 에 이르는 9단계이다. 좌측에서 우측으로 갈수록 안정되어 간다. 처음 ䷁ 은 몹시 불안하다. 활력이 넘쳐흐른다는 뜻이다. 반면 최후의 ䷀ 은 안정되어 있다. 즉, 죽어 있다는 뜻이다. 중간에 있는 ䷁ ䷁ ䷁, 이들 세 가지 괘상은 서로 똑같은 정도의 안정성이 있다. 그리고 이들은 (4, 2) 대륙의 중앙 가장 적합한 위치에 있다.

이제부터 모든 괘상을 총망라한 그림을 대륙의 지도라고 부르겠는데, (4, 2) 대륙의 지도를 보면 한 가지 뚜렷한 모습이 나타나고 있다. 대륙은 좌우가 대칭으로 되어 있는바, 이는 공간 대칭이 아니다. 대륙 지도는 공간 지도가 아니라 시간 대칭인 것이다. 이는 우주의 시작과 종말이 닮아 있음을 밝혀 주는데, 과학자들이 찾고자 하는 시간 대칭이 바로 이것이다. 시간 대칭은 서로 회전한 모습이다. 예를 보면 다음과 같은 것들이다.

☳ → ☶, 또는 ☴ → ☲

　이는 우주 현상의 또 다른 면을 보여 주고 있는데, 시간 현상이
라는 것은, 크게 보면 회전 현상이라는 것을 알 수 있다. 따라서
회전에 의해 불변인 괘상들은 중앙에 위치할 수밖에 없다.
☵ ☲ ☶ 등이 그것이다. 그렇지만 이들은 시간이 흐름에 따라
자체 대칭은 무너지고 총체적 대칭을 향해 계속 흘러가게 된다.
　우주에서 시간의 흐름이란 맺힌 것이 풀어지는 과정인바, 우리는
이것을 결도(結度)와 해도(解度)라고 부를 것이다. 시간에 있어 처
음 시간은 그 어느 사물이든 간에 결도가 높다. 그러나 시간이 지
날수록 해도가 높아진다. 여기서 해도는 정확히 과학에서 말하는
엔트로피의 개념이다. 그러나 주역은 엔트로피의 개념에 따라 체계
화된 것이 아니다. 오히려 주역 자체의 시간 구조가 엔트로피 현상
을 설명해 주고 있다. 엔트로피 현상은 현대 물리학에서 자랑스럽
게 여기는 개념이지만, 주역 속에 이미 그러한 개념이 근원적으로
존재한다는 것은 또 한번 주역의 우주인 도래설을 실감케 한다.

　이제 (3, 3) 대륙의 지도를 그려보자.

		䷠	䷠	䷠	䷠	䷠	䷠		
䷁	䷁		䷁	䷁	䷁	䷁		䷁	䷁
		䷁	䷁	䷁	䷁	䷁	䷁		

이 지도를 가지고 괘상을 잠깐 음미하고 넘어가자.

☴☵ 은 어떤 괘상인가? 원전 주역의 괘명은 환(渙)으로서 흩어짐을 의미한다. 바람과 물이 상하로 흩어지는 것이다. 이는 그릇이 엎어진 모습을 나타내는데, 대조적으로 ☵☴ 은 그릇 속에 물이 담겨 있어 안정을 이루는 모습이다. ☴☵ 과 ☵☴ 은 시간적으로 대칭을 이루고 있는데, ☵☴ 은 앞쪽에 있고 ☴☵ 은 뒤쪽에 있다. 그만큼 작용이 감소되어 있음을 나타낸다. (3, 3) 대륙에 있어 ☴☵ 는 가장 끝에 있는데, 그것은 ☴☵ 가 가장 풀어져 있음을 보여 준다. ☵☴ 은 그나마 ☴☵ 보다는 아직 쓸모가 있다.

또 다른 괘상을 보자.

☳☶ 은 엄중한 곳에 틀어박혀 있는 것인바, 갇혀 있는 정도가 ☶☳ 과 같다. 즉, 결도(結度)가 같은 것이다. 그런데 ☶☳ 는 대륙의 끝 쪽으로 많이 처져 있어 해도가 높다. 원전 주역에서 ☳☶ 을 '풍(豊)'이라고 명명한 것은 쌓여 있는 모습을 말한 것이고, ☶☳ 를 '여(旅)'라고 명명했는바, 여행이란 집에서 해방된 것이니 풀어진 모습이다.

대륙 지도는 모든 괘상에 대해 시간상의 위치를 말해 줌으로써 상호간의 의미를 분명히 해 주고 있다. 예를 들어 〓는, 불은 위로, 물은 아래로 가고자 하는 괘상으로, 아주 못마땅한 모습이다. 그러나 〓와 〓을 비교하면 〓가 조금 낮다는 것을 보여 준다. 시간상으로는 〓 → 〓으로서, 불과 물이 멀어져 가는 바로 다음 단계가 〓임을 나타낸다. 대륙 지도는 음미할 것이 무한히 많다고 해도 과언이 아니다. 필자는 대륙 지도를 10여 년간 계속 들여다봤는데, 아직도 무궁 무진한 주역의 묘리(妙理)가 그 속에서 나오고 있다.

또 다른 대륙 지도를 보자. 이번에는 (2, 4)의 대륙이다.

		〓	〓	〓	〓	〓			
〓	〓			〓				〓	〓
		〓	〓	〓	〓	〓			

이 지도의 내용을 한 가지 음미하고 넘어가자. 괘상 〓은 혼돈 속으로 진입하는 용의 형상인바, 원전 괘명은 '둔(屯)'이다. 혼돈에서 벗어나는 용의 형상은 〓인데, 원전 괘명은 '해(解)'로서, 문자 그대로 풀려나는 것을 의미한다. 그런데 지도를 보면 〓이나 〓는 결도가 같다. 다소 이상한 느낌이다. 하나는 혼돈으로 향하고 하나는 벗어나는 괘상인데도 불구하고 결도가 같은 것이다. 이는 〓와

☷의 특성 때문이겠지만, 인간의 본능적 인식 감각과 많이 다르다. 하지만 우리는 본능적 인식보다는 순수 논리를 더욱 중시해야 한다. 순수 논리에 위반되는 감각은 착각에 불과할 뿐이다.

따라서 우리는 ䷠와 ䷎에 대하여 차분한 분석 능력을 발휘해야 한다. 두 괘상은 아주 다른 듯 보이지만 실은 결도가 같다. 이는 우리의 표면적 의식이 진리를 곧이곧대로 느끼지 못한다는 것을 암시하고 있다. 물론 어느 때는, 우리의 인식은 진리를 찾는 데 있어서 훌륭한 장치이다. 그러나 완전하지 않다는 것을 알아야 한다.

다시 괘상 지도를 보자. 이번에는 (1, 5)의 대륙이다.

이 지도의 모양은 어떤가? 호수 밑에서 공기 방울 하나가 떠오르는 모습이다. 지저(地底)에 갇힌 에너지가 밖으로 폭발해 나오면서 땅 위에 산을 만드는 과정을 보여 준다. 이것은 시간이 흐르는 방향으로 전개된 것이다.

이제 모든 대륙의 양끝을 그려보자.

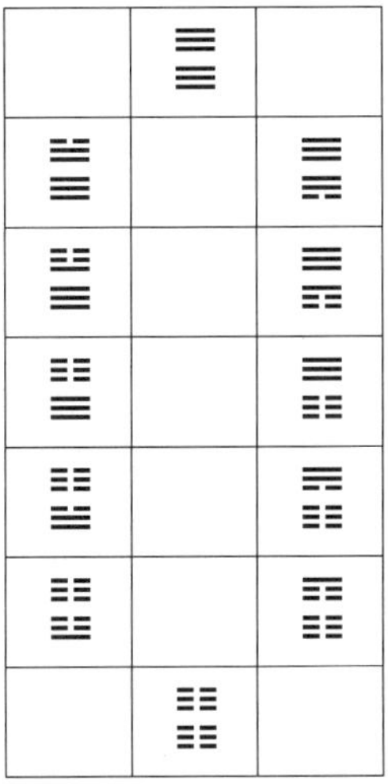

이 그림은 어디서 본 듯하다. 기억이 나는가? 바로 E군이다. E군? 영어가 익숙하지 않으면 군주괘(君主卦)라고 부르자. 엉뚱한 곳에서 군주괘를 만났다. 알고 보니 군주괘는 모든 대륙의 둘레를 나타내는 것이었다. 따라서 주역의 모든 괘상은 이 안에 자리잡게 된다. 과연 군주괘이다. 주역의 모든 원리는 그물망처럼 연결되어 있어서 한 곳의 원리는 도처에 나타나게 되어 있다. 군주괘만 하더라도 새로운 논리 세계에 느닷없이 등장했다.

당초 우리는 어떻게 해서 군주괘를 관찰 대상에 올려놓았나? 그 것은 시각 논리에 의해 막연히 상정했던 것이다. 물론 군주괘의 순환 단계는 정연한 수리 체계가 존재하고 있다. 이제 대륙 지도에 군주괘가 등장함으로써 군주괘의 현주소가 밝혀졌다. 그런데 한 가지 문제가 발생했다.

그것을 살펴보기 위해 대륙의 둘레를 다시 그려 보자.

	䷀	
䷁	→	䷀
䷁	→	䷀
䷁	→	䷀
䷁	→	䷀
䷁	→	䷀
	䷁	

　지도의 중앙에 화살표를 그려 넣은 것은 시간의 방향을 나타내기 위함이다. 자연에서 사물은 화살표 방향으로 흘러간다. 이는 자발적으로 일어나는 현상이다. 음과 양이 맺혀 있다가 저절로 풀려 나가는 것이다. 지도에서 좌측에 있는 괘상은 결도가 높고, 우측에 있는 괘상은 해도가 높다. ☰과 ☷는 시간의 흐름상 대등한 위치에 있다. 시간에 있어 음과 양은 평등하다. 시간 대륙 지도는 그것을 극명하게 보여 준다.

　그런데 우리는 앞서 군주괘를 살펴보면서 순환을 공부한 바 있다. 과연 그러한 순환은 존재하는가? 그것은 한정된 세계에서만 존재한다. 지구가 태양 주위를 돌고 있는 한 그러한 순환 양상은 존재한다. 그러나 그것은 단서가 붙어 있다.

'태양이 존재한다면…….'

주역의 법칙은 이러한 조건부를 용납하지 않는다. 그것은 전 우주적으로 일어나는 현상이기 때문이다. 엔트로피의 법칙은 한정된 지역에서 일어나는 현상이 아니다. 그렇다면 군주괘의 순환은 소용없는가? 그렇지 않다. 군주괘는 모순의 체계로서 대륙의 둘레를 총망라하고 있다. 우리가 해안선을 따라 걸어가면 군주괘의 순환이 등장한다. 자전거를 타고 가도 마찬가지이다. 자동차가 비행기를 타고 가도 마찬가지이다.

우리는 지구라는 우주선을 타고 태양을 순환하는 과정을 가정해 볼 것이다. 이러한 순환은 시간의 강을 가로질러 한 바퀴 돌고 오는 여행에 비유될 수 있다. 거기에는 의지가 포함되고 단서가 붙어 있다. 우리가 일부러 해안선을 돌아다니지 않으면 순환 체계는 볼 수 없다. 사물은 그저 무심히 시간에 따라 흘러갈 것이다.

이제 각 대륙의 시간 상황을 점검하자. 우리는 앞서 해안 지도를 그리면서 ䷗과 ䷖가 대등한 시간 위치에 있다는 것을 알았다. 다른 괘상들은 어떨까? 다음을 보자.

이 지도에서 ䷀과 ䷁은 생략했다. 그것은 두 괘상이 대등한 시간 위치에 있기 때문이다. 문제는 좌측에 있는 모든 괘상이 대등한 시간 위치에 있는가이다. 또는 우측에 있는 모든 괘상이 대등한가이다. 그러나 이는 쉽게 알 수 있다. 서로의 길이를 재 보면 된다. 각 대륙은 서로의 길이가 다르기 때문에 시간상 같은 위치에 있을 수 없다. 대륙의 길이는 당초 시간의 단위, 즉 상하 교환의 개수로 그려졌다. 이제 각 대륙의 시간 단위를 보자.

$(6, 0) \rightarrow 1$

$(5, 1) \rightarrow 6$

$(4, 2) \rightarrow 9$

$(3, 3) \rightarrow 10$

$(2, 4) \rightarrow 9$

$(1, 5) \rightarrow 6$

$(0, 6) \rightarrow 1$

여기서 9라는 것은 다음과 같은 의미이다.

이 지도에서 가로의 칸 수는 9개이다. 이것이 바로 시간 단위인 것이다. 따라서 우리는 (3, 3)이 가장 길다는 것을 알 수 있다. (3, 3)은 중앙에 위치한 광대한 대륙인데, 길이는 10이고, 포함된 괘상의 숫자는 20이다. 다시 정리해 보자.

$(6, 0) \rightarrow 1 \rightarrow 1$

$(5, 1) \rightarrow 6 \rightarrow 6$

$(4, 2) \rightarrow 15 \rightarrow 9$

$(3, 3) \rightarrow 20 \rightarrow 10$

$(2, 4) \rightarrow 15 \rightarrow 9$

$(1, 5) \rightarrow 6 \rightarrow 6$

$(0, 6) \rightarrow 1 \rightarrow 1$

이 그림에서 중앙열은 괘상의 숫자이다. 우측은 대륙들의 시간 길이인데, 대칭성이 당장 눈에 띈다. 중간층으로부터 같은 거리에 같은 숫자가 나타난다.

$$(6,\ 0) = (0,\ 6) \rightarrow 1$$
$$(5,\ 1) = (1,\ 5) \rightarrow 6$$
$$(4,\ 2) = (2,\ 4) \rightarrow 9$$

이들의 의미를 확인하기 위해 실제 괘상들을 써 보자.

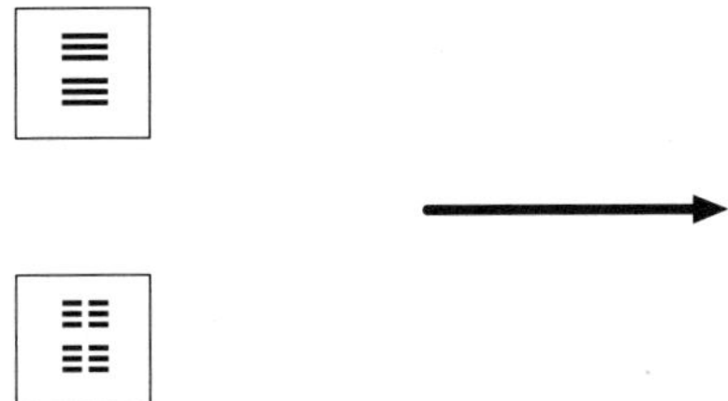

이것은 (6, 0)과 (0, 6)인바, 음극과 양극은 평등함을 보여준다. 화살표는 시간의 방향이다.

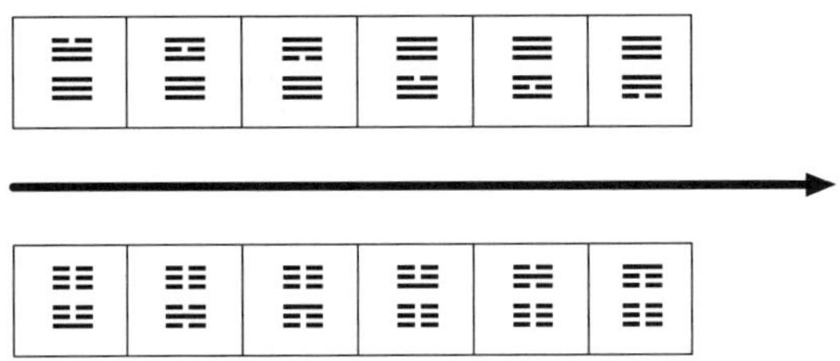

이 지도는 (5,1)과 (1, 5)인데, 양끝을 비교하자.

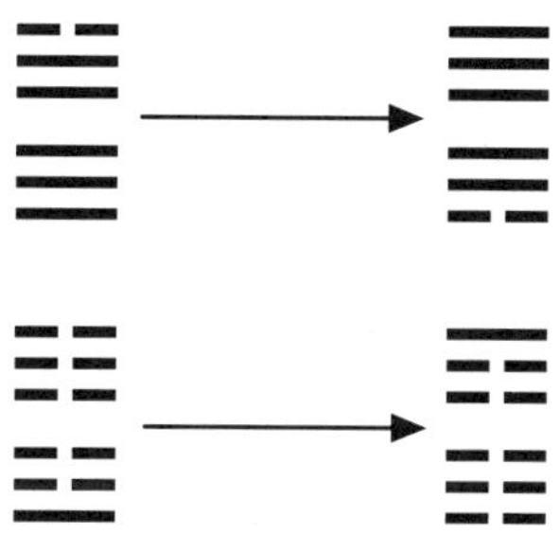

여기서 알 수 있는 것은 ䷗ 와 ䷖ 이 같고, ䷁ 와 ䷀ 이 같다는 것이다.

우선 ䷁ 와 ䷀ 을 보자. 이들은 상음 하양인 부분이 하나도 없다. 따라서 변화의 여지가 없는 죽어 있는 괘상이다. 반면 ䷗ 와 ䷖ 은 잔뜩 모아 놓고 있다. 작용 에너지가 충만한 모습이다. 그 힘들이 서로 같다는 것은 음양이 평등한 것에 기인한다. ䷗ 은 음이 바닥까지 내려오는 데 6단계이고, ䷖ 은 양이 꼭대기까지 올라가는 데 6단계다.

이제 우리는 괘상들을 서로 비교하면서 이해의 수위를 조절할 수 있다. 예를 들어 ䷗ 와 ䷖ 이 대등하다는 것을 염두에 두고 해석할 수 있는 것이다. 땅 위에 우레가 진동하여 땅을 일으켜 세우고자 하는 것은 ䷗ 이다. 반면 하늘 아래 연못이 정착하여 하늘을 끌어내리려는 것은 ䷖ 이다. 기묘한 대칭을 이루지 않는가! 이로써 괘상의 뜻을 분명히 할 수 있다.

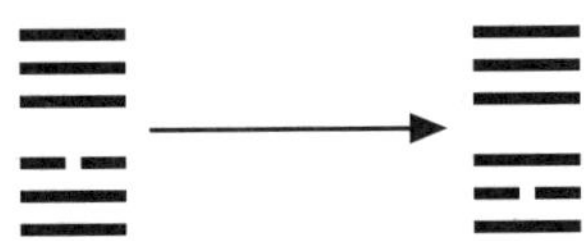

이것은 기다리던 양기가 박차고 올라가는 것이고,

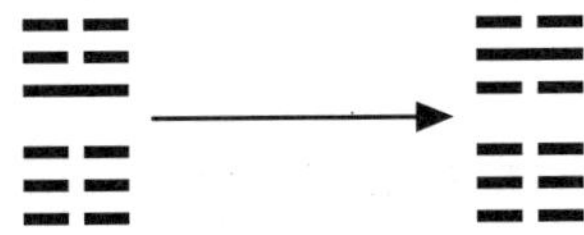

이것은 기다리던 음기가 땅으로 덮이는 것이다.

이 외에도 우리는 ☳이 장차 ☶로 변할 것을 알 수 있고, ䷗는 장차 ䷀로 변한다는 것을 알 수 있다. 이것은 시간에 따른 필연적 과정이다.

또 다른 대륙 지도를 비교하자.

<table>
<tr><td></td><td></td><td>䷗</td><td>䷗</td><td>䷗</td><td>䷗</td><td>䷗</td><td></td><td></td></tr>
<tr><td>䷗</td><td>䷗</td><td></td><td></td><td>䷗</td><td></td><td></td><td>䷗</td><td>䷗</td></tr>
<tr><td></td><td></td><td>䷗</td><td>䷗</td><td>䷗</td><td>䷗</td><td>䷗</td><td></td><td></td></tr>
</table>

		▦	▦	▦	▦	▦		
▦	▦			▦			▦	▦
		▦	▦	▦	▦	▦		

여기서도 음양은 평등하다. 따라서 ▦ 와 ▦ 은 대등한 위치에 있다. 그리고 지도에서 유의할 것은 ▦ 과 ▦ 의 비교 등이다. 원전 주역에서 ▦ 의 괘명이 비록 '대축(大畜)'이라고 하지만, ▦ 이 더 큰 축적이다. ▦ 의 괘명은 '대장(大壯)'인데, 대축보다는 에너지가 더 크다는 것이 재미있다. 괘명으로서 ▦ 은 대축이라고 해도 되지만, ☳ 이 동적(動的)이어서 대장이라 이름한 것이고, 또한 ▦ 에서 ☶ 은 정적(靜的)이기 때문에 대축이라고 이름한 것이다. 이름을 떠나서 에너지의 축적은 당장 시각적으로 드러난다. ▦ 은 갇혀 있는 양기가 3개(☰)이다. 맨 위의 양기 하나는 음 위에 있으니 아무런 축적 효과도 없다. 반면 ▦ 은 양기가 4개나 갇혀 있다. 당연히 ▦ 이 큰 축적인 것이다.

지도에서 각 괘상의 위치는 우리의 인식을 초월해서 기(氣)의 축적에 관한 진실을 밝혀 준다. 가장 중요한 것은 각 괘상들이 몇 단계를 거쳐 모든 축적을 해소하느냐이다. 이제 임의의 괘상에 대해 다음 순간에 어떤 괘상으로 변하느냐를 말할 수 있고, 또한 괘상이 갖고 있는 기(氣)의 축적량을 정확히 알 수 있게 되었다. 뿐만 아니라, 자연적 시간의 흐름이 사물에 있어서 어떠한 의미를 갖는가를 알게 된 것이다.

방금 우리는 (4, 2)와 (2, 4)의 지도를 비교했는데, 그들은 9단계의 시간 길이를 갖고 있었다. 이제 대륙 모두를 적절히 배치함으로써 그들이 갖는 시간 길이를 보다 세밀히 측량할 수 있다.

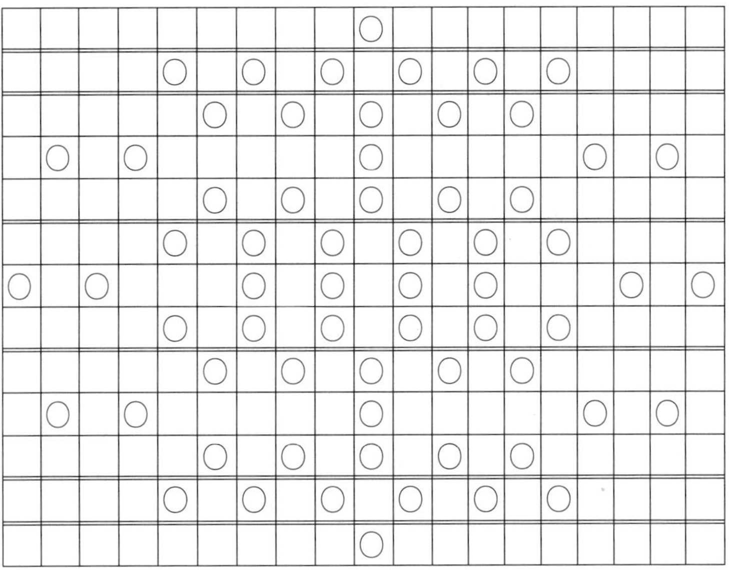

이상의 그림은 7개 대륙을 모두 그린 것이다. 상하는 크게 나눠 7층이지만, 각 층에도 나뉨이 있어 전체적으로 13층을 이루고 있다. 주역의 숫자로서 13은 이미 나온 바 있으나 지금 나온 의미는 가장 강력한 의미이다. 13이란 숫자는 기묘한 듯 보이지만 엄연한 법칙에 의해 나타났다. 13이 아니면 각 대륙의 넓이를 완전히 나타낼 수 없다. 그리고 가로는 19인데, 이것도 자세히 살펴보면 7개 대륙의 시간 길이를 나타내기 위해서는 필연적이라는 것을 알 수 있다.

19는 어떤 숫자인가? 이것은 두말 할 나위 없이 주역의 숫자인데, 바둑판의 한 변이 19이다. 물론 바둑판은 정사각형으로, 19×19이지만, 이는 대륙 지도와 불가분의 관계에 있다는 것을 알게 될 것이다. 바둑판은 둘레가 72여서 상당히 중요한 뜻이 있지만, 여기서는 바둑판이 주역의 원리에 의해 나왔다는 것만을 밝혀 두자.

19, 13, 또는 주역의 논리에 등장하는 모든 숫자들은 범주의 숫자들로서 사물의 구성 원리를 제공해 준다. 전체 대륙의 지도를 보면 대칭적 아름다움이 우선 눈에 띄지만, 원소들의 갯수들은 아주 중요한 의미를 갖는다. 세로 숫자인 13은 상하로 양음의 크기에 따라 분포되어 있는데, 중앙 수평선에는 음양의 숫자가 같은 것이 모여 있다. 이는 8개인바, 주역의 64괘 중 완전 섞임괘가 모두 망라되어 있는 것이다. 또한 중앙 수직선에도 8개의 괘상이 배치되어 있는바, 이로써 수평·수직이 각각 8개라는 의미 있는 숫자 조화가 나타난 것이다. 그리고 중앙 수직선상에는 회전 불변괘 모두가 망라되어 있다.

원래 대륙 지도는 각각 독립되어 있었던 것인데, 이들을 함께 모아 놓음으로써 또 다른 질서를 보이고 있다. 이는 대륙 지도 자체가 의미 있다는 뜻이지만, 주역은 미시(微視)와 거시(巨視)가 서로 관통하고 있다는 것을 여실히 보여 주고 있다.

정리된 대륙 지도에서는 군주괘가 해안선을 완전히 감싸면서 그 질서를 자랑하고 있다.

주역이란 사물의 질서를 발견하는 학문인바, 질서는 아름다움을 함유하고 있는 것이다. 우리는 대륙 지도 안에서 많은 아름다움, 즉 질서를 발견할 수 있다. 그것들은 주역의 모든 괘상을 단순히 이해할 수 있는 관점을 제공해 주는데, 이미 군주괘에 대한 의미를 확연히 깨달을 수 있었다.

그와 같이 이제 우리는 대륙 지도에 정렬되어 있는 괘상들을 심도 있게 관찰해 볼 것이다. 이제 다음 장에서 독자들은 정리된 대륙 지도에서 ○로 표시된 부분에 괘상들을 직접 써놓고 그것을 여러 장 복사해 두자. 아울러 여러 가지 색깔의 펜을 마련하는 것도 잊지 말자. 이제부터 아주 심오하고 아름다움 주역의 법칙을 찾아볼 수 있을 것이다.

玉虛眞經 (18)

五色 令人目盲 五音令人耳聾

오색은 사람의 눈을 멀게 하고, 오음은 사람의 귀를 멀
게한다.

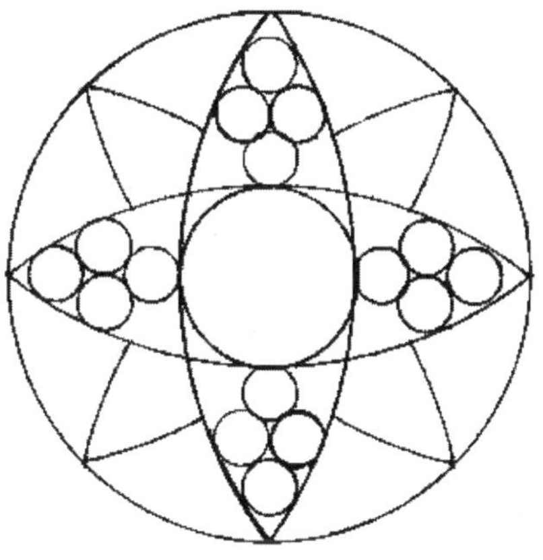

자연의 대조직

우리가 사는 우주는 시간과 공간이라는 근원적인 좌표가 있으며, 그 위에 물질이 존재한다. 오늘날 이루어진 자연과학의 발견은 물질 허공의 한 형태에 지나지 않는다는 것을 말해 준다. 이는 허공 자체가 에너지를 갖고 있으며, 그것들의 요동에 의해 물질이 돌연 발생할 수 있다는 뜻이다. 실제로 우리가 진공이라고 부르는 세계에는 끊임없이 물질이 창조되고 소멸되고 있다.

물질은 소립자들로 이루어져 있는데, 오늘날 이러한 것들은 수백 개나 발견되고 있다. 거시적으로 보면 물질은 양자·중성자·전자·광자 등으로 이루어져 있는데, 물질을 이루는 요소가 수백 개나 존재한다는 것은 무엇인가 잘못된 듯한 느낌을 준다.

하지만 이들은 중간 과정으로서 더 깊게 추구해 들어가면 결국 최소한의 개수로 물질이 조직되어 있을 것이라고 짐작할 수 있다.

실제로 거의 모든 입자들은 쿼크라는 근원적 요소로 환원될 수 있다는 것이 밝혀졌다.

그런데 최근의 과학 이론은 그러한 근본 요소들이 저마다의 수명을 갖는다고 제안했다. 예를 들어 가장 안정된 입자로 알려져 있는 양자(陽子)도 수명을 갖는다. 그러나 호킹 박사는 이 입자가 붕괴되는 존재라고 했으며, 그 수명을 밝혔다. 이로 인해 세계 각국은 실제로 양자가 붕괴되고 있는지 관찰하기 시작했다.

그 실험은 긍정적으로 완료될 것이라고 확신하지만, 아주 중대한 사실을 시사하고 있다. 그것은 시간에 관계된 문제이다. 양자뿐 아니라 모든 입자에 수명이 있을 것으로 과학자들은 생각하고 있다. 수명이 있다는 것은 그 입자들이 시간에 따라 변한다는 뜻이다. 그리고 시간에 따라 변하는 입자들은 내부 구조가 반드시 존재해야 한다. 그러한 입자가 정말 존재할 수 있을까?

철학자 라이프니츠는 그의 '단자론(單子論)'에서 내부 구조가 없는 절대 입자를 가정했다. 그는 모든 사물이 단자로부터 이루어질 수 있을 것이라 생각했다. 만일 단자가 존재한다면 그것은 시간의 흐름에도 변치 않는 존재일 것이다. 즉, 단자의 수명은 영원하다.

그러나 우리의 우주에서 실제적으로 그러한 입자는 존재할 수 없다. 입자란 허공이 에너지를 응축시킨 결과로 만들어진 것이기 때문이다. 에너지의 응축이란 바로 구조가 있다는 뜻이다. 그리고 구조가 있는 한 시간에 따라 변화하게 마련이다. 즉, 수명이 있는 것이다.

우리는 주역에 있어서도 괘상의 수명을 상정할 수 있는데, 예를 들어 ▦는 수명이 가장 길다고 할 수 있다. 다음으로 수명이 긴 괘상은 ▦과 ▦이다. 반면 ▦ ▦ ▦ 등은 죽어 있는 괘상이니 수명을 논할 수 없다. 죽어 있는 괘상은 64괘 중 5개이다. 그리고 갓 태어난 괘상도 5개가 존재하는데, 그것은 ▦ ▦ ▦ ▦ ▦ 이다.

대륙 지도를 보면 모든 괘상에 대해 수명을 알 수 있다. 대륙 지도에서 괘상들은 우측으로 흘러가고 있는데, 이에 따라 최종적으로 죽음에 도달할 수 있고, 더 나아가서는 괘상 자체가 붕괴될 수도 있다. 예를 들어 ▦은 죽어 있는 괘상인데, ☰은 위로 더 올라가 사라지고, ☷은 아래로 내려가 사라지게 된다. 그로써 괘상은 붕괴되고 사물도 없어지는 것이다. 대륙 지도는 자연계 전체가 시간의 흐름에 참여하는 장관을 보여 준다.

우리는 이 괘상들의 상호 체계를 발견할 수 있는데, 그 중 하나는 군주괘로서, 대륙의 해안선을 완전히 순환시킨 것이었다. 괘상의 체계는 시간이라는 무대 안에서 존재하는데, 대륙 지도에는 군주괘 외에 어떠한 체계를 발견할 수 있을까? 이 장에서는 이것을 살펴보기로 하자. 염두에 둘 것은 괘상들이 위쪽에 있으면 양기가 많고 아래쪽에 있으면 음기가 많다는 것이다. 또한 괘상들은 저마다 나이가 있는바, 그것은 우측으로 갈수록 많아진다.

대륙 지도를 살펴보자.

									E									
				E		D						D		E				
	E		D												D		E	
									D									
E		D														D		E
									D									
	E		D												D		E	
				E		D						D		E				
									E									

이상은 E군과 D군을 표시했는데, 기묘한 대비를 이루고 있다. 의미를 발견할 수 있는가? 어렵게 생각할 필요 없다. 눈앞에 보이는 것이 바로 의미이다. E군과 D군은 각각 시간을 초월한 조직인데, 대륙 지도 안에서는 이와 같은 모습으로 나타나고 있는 것이다. 독자들은 각 군을 단순히 표시하지 말고 순서에 따라 선으로 연결해 보라. 이왕이면 각 군의 색깔을 다르게 그려 보라. 그리고 시간 대륙 내에서 순환 6개 군을 비교하기 위해 다음과 같은 것을 염두에 두면 좋을 것이다.

$$\mathrm{E}-\mathrm{D}-\left(\begin{matrix} F \\ L \end{matrix}\right)-\mathrm{C}-\mathrm{H}$$

이 그림은 앞에서 공부한 바 있다. 다시 지도를 보자.

						D		L				D						
					L													
			D												D			
							L		D				L					
				L								L						
		D														D		
						L								L				
					L				D		L							
			D												D			
													L					
						D						L		D				

이 그림에서 D군과 L군은 대비가 잘 나타나고 있다. 하지만 L군의 대칭성이 좀 약한데, 그것은 L군 자체가 비대칭 군이기 때문이다. 이러한 결함은 F군이 등장함으로써 보충될 수 있다. F군과 L군은 서로 회전 대칭을 이루기 때문에 두 군을 함께 써넣으면 비로소 전체적인 대칭을 이루게 된다. F군과 L군 외에 E, D, C, H군은 자체 대칭이다. 따라서 F군과 L군의 대칭을 보고자 한다면 이것을 함께 그려 보면 될 것이다.

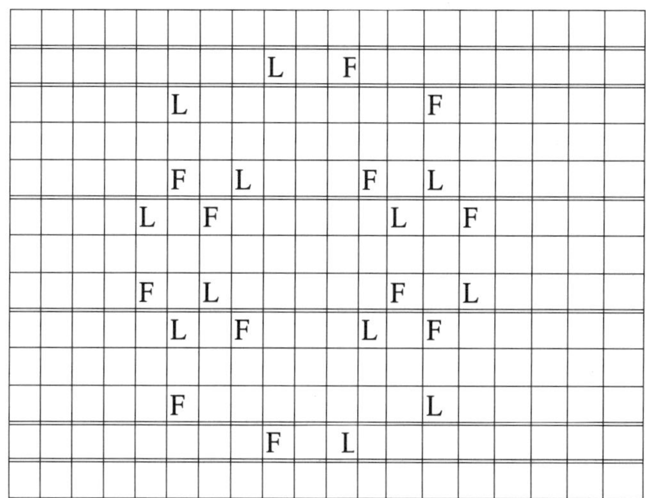

그림에서 F군과 L군은 절묘한 대칭을 이루고 있다. L군과 F군은 따로 존재할 때 비대칭을 나타내기 때문에 체계의 혼란을 가져온다. 그러나 자연의 법칙이란 비대칭을 해소하려는 성질이 있으므로 한 곳이 비대칭이 있으면 먼 곳에서 그것을 보충하는 비대칭이 또다시 발견된다. L군과 F군은 상호 보완적 관계에 있는 것이다.

이제 F군과 C군을 함께 그려 보자. 항상 위상도를 염두에 두어야 한다.

										F						
							C				C		F			
									C							
					F						F					
						F		C		C				F		
						C						C				
				F				C		C		F				
							F						F			
									C							
					F		C				C					
								F								

여기에서도 비대칭이 나타나는데, 그것은 F군 탓이다. C군 자체만 보면 아름다운 대칭을 이루고 있다. 이 그림에서 F와 C를 하나씩 짝지어 보라. 대칭적이고도 합당한 짝짓기는 오직 한 가지 방법이 있다. 여기서는 그림이 훼손되기 때문에 생략하겠다. 독자들 각자가 색깔을 사용해서 그려 보면 C군과 F군의 상관 관계를 보다 깊이 이해할 수 있을 것이다.

상관 관계란 위상도의 관계를 말한다.

$$E-D-\left(\begin{matrix} F \\ L \end{matrix}\right)-C-H$$

여기서 L군은 생략했는데, 써놓고 함께 보면 (F, L)과 C군의 관계가 더 선명하게 보일 것이다. 이번에는 C군과 H군을 보자.

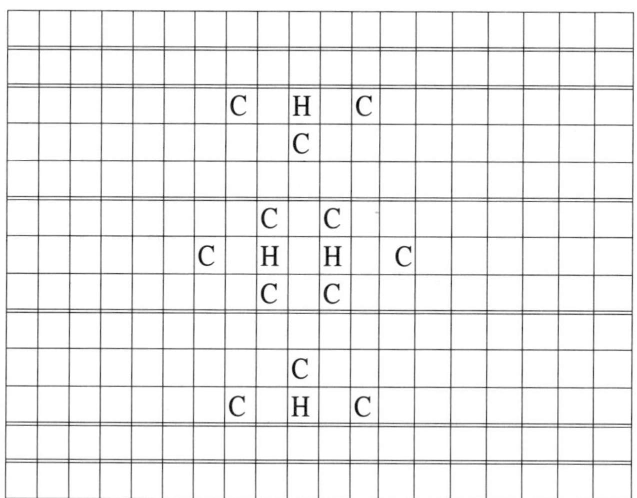

이 그림은 완전하다. C군은 H군을 감싸고 있으면서 대칭을 이루고 있다. H 하나는 C 세 개를 끌어당기고 있는데, H군의 원소가 4개뿐이라는 것을 암시하고 있는 것이다.

이상으로 모든 군에 대해 순차적인 연관도를 그려 보았다. 이것은 위상 관계를 시각화한 것이다. 중요한 것은 시간 대륙 안에 6개 군의 관계가 질서를 잡는다는 것이다. 이것은 시간 대륙의 존재 의미와 6개 군의 존재 의미를 더욱 강화시켜 준다. 원래 시간 대륙과 6개 군은 독립된 체제였다. 그런데도 불구하고 두 체계를 하나로 화합하고 있다. 이것이 바로 자연의 대조직인 것이다.

이는 매우 중요하다. 하나의 체계가 더 큰 체계 내에서 존재가 보장되면 그 체계는 비로소 진실임이 입증된다. 만약 어떤 체계가 완전히 독립되어 있어서 다른 체계와 연관성이 없다면 그것은 당연히 진리로서 의심받게 될 것이다. 원래 진리란 그 속성이 다른 진리를 수용하는 법이다. 자연은 하나의 진리가 다른 진리를 부정하는 법은 결코 없으며, 오히려 다른 진리를 이끌어 준다.

우리는 지금껏 대륙 지도를 살펴봤는데, 그것은 6환 군과 연관이 있었다. 그러나 대륙의 시간 길이 19는 갑자기 등장한 느낌이 없지 않다. 어디선가 그러한 숫자가 또 발견된다면 대륙의 시간 길이는 더욱 큰 의미를 가질 것이다. 더구나 시간 길이 19라는 숫자가 바둑판과 연관이 있다는 것을 암시했는데, 정사각형도 아직 등장하지 않았다. 하지만 주역의 체계는 일부러 지어 낼 수 없는 법이다. 부득이 그럴 수밖에 없을 때만 자체 모순이 없다는 전제 조건으로 체계는 이루어진다. 그리고 후에 다른 곳에서도 그 체계를 이끌어 주는 또 다른 체계를 발견한다면 더욱 안심하고 그 체계를 신용할 수 있다.

그 동안 우리는 대륙 지도를 찾아냈거니와, 그것으로 인해 6환 군의 존재 의미가 더욱 확고해졌다. 따라서 6환 군으로 이루어지는 소득은 더욱더 안심하고 사용할 수 있게 되었다. 앞으로 6환 군의 더욱더 철저한 의미와 그 응용을 살펴볼 것이다.

그럼 지금까지 공부하느라 무척 힘들었으리라 생각되어 잠깐 쉬어가는 의미에서 인격에 대해 논해 보기로 하자.

인격은 주역의 공부하는 데 있어서 중요하다.

인생을 살다보면 갑자기 행운을 얻는 수가 있다. 극단적인 경우에는 복권에 당첨되어 당장에 부자가 되기도 하는 것이다. 또 어떤

경우는 대수롭지 않게 시작한 사업이 잘되어 갑자기 풍족해지기도
한다. 요점을 얘기하면 재물이라는 것은 짧은 시간에 많이 모일 수
도 있다는 것이다.

미국에는 수많은 카지노가 있는데, 그 곳에서 벼락부자가 되는 경
우가 드물지 않다. 밤새 많은 큰돈을 따기 때문이다. 물론 대개는
재산을 몽땅 날려 벼락거지가 되기도 하지만, 행운을 얻은 사람은
그야말로 눈 깜짝할 사이에 부자가 되는 것이다.

필자가 아는 어떤 사람은 평생을 가난하게 지내다가 어느 날 우
연히 옷을 만들어 팔았는데, 그것이 너무나 잘 팔려 큰돈을 벌었다.
이후 그 사람은 사장님이 되어 자세도 의젓하게 변했고, 순진하던
사람이 안하무인으로 변했던 것이다. 그럴 수밖에 없을 것이다. 평
생 제대로 돈을 만져 보지 못하다가 갑자기 큰돈을 벌었으니 세상
에 아쉬울 것이 뭐가 있겠는가!

그러나 사람은 운명에 대해 겸손해야 한다. 인생이란 행운이 갑작
스레 찾아오듯 불운도 순식간에 찾아온다. 가장 흔한 예로 교통 사
고를 들 수 있는데, 신체에 큰 손상을 입어 평생 걷지도 못하고 부
부 생활도 할 수 없게 된다. 더 심한 경우는 아예 식물 인간이 되
기도 하는데, 인생 길에는 이러한 위험도 적지 않게 도사리고 있는
것이다.

이래서 사람 팔자 두고 봐야 하는 것이라고 하지만, 어쨌건 인간
의 행·불행은 갑작스럽게 찾아올 수도 있는 것이다. 다시 말하지
만, 거지도 갑자기 부자가 될 수 있고, 재벌도 하루 아침 사이에 빚
지고 형무소까지 갈 수 있다.

그러나 인생에 있어서 절대로 갑자기 이루어질 수 없는 것이 하나 있다. 그것은 무엇일까? 세상의 일은 천년 왕국도 하루 아침에 무너질 수 있는 법이다. 소련의 붕괴도 바로 그런 식이었다. 이토록 우주 자연은 무상한 것이다. 하지만 하루 아침 사이 갑자기 변치 않는 절대적 요소가 있다 하니 그것은 무엇이란 말인가!

그것은 바로 인격이라는 것이다. 인격이란 착한 성품, 강한 의지, 총명·지성 등 정신에 관계된 것이려니와, 이것은 하루 아침에 만들어질 수가 없다.

인격과 함수 관계에 있는 개념으로서 공부라는 것이 있는데, 인격은 오랜 세월 동안 공부를 통해 발전하는 것이다. 이 기간은 아주 길다. 어린아이가 초등학교에 들어가서 6년 간 공부하는 것도 인격이 길러질 수 있는데, 대개 보통 사람은 그 이후 10년도 공부를 더 하게 된다.

물론 공부라는 것이 곧 인격을 의미하는 것은 아니다. 오늘날에 있어 공부는 전문 지식을 습득하는 것을 뜻한다. 인격 향상이라는 것은 아예 교육 제도상에 존재하지도 않는 것이다. 이러한 일은 종교에 맡겨져 있는 형편이지만, 종교에서도 현실적인 인격을 발전시키기보다는 내세의 복을 추구하기 위해 신(神)에게 자신의 운명을 내맡기고 있다.

그러나 인격이라는 것은 절대로 누가 만들어 주는 것이 아니다. 신이 천국에 들여보내 줄지는 모르지만, 인격이란 오로지 자기 자신에게 달려 있는 것이다.

여기서 지금 말하고 있는 인격은 물론 보편 인격을 말하는 것이지 교리를 말하는 것이 아니다. 보편 인격이란 우주 어느 곳에서나 통용되는 선덕(善德)을 의미한다. 설마 우주 어느 곳에선가 도둑질·강간·살인·사기 등이 선한 행위로 인정되는 곳이 있을까!

인격이란 보편적인 것이다. 그리고 이것은 은행이나 창고 등에 보관할 수 있는 것이 아니고, 오직 인간의 마음 속에 차곡차곡 쌓여 가는 것이다. 아니, 인격이란 쌓여 간다기보다 정신 속에 구축되어 가는 것이다. 인격은 따라서 파괴되기도 하는데, 훌륭한 인격이란 단단하게 자리잡고 있다는 뜻이 된다.

문제는 인격의 형성이다. 이것은 결코 하루 아침에 이루어지지 않는다. 인격은 부모로부터 상속될 수도 없다. 또한 국가에서 상으로 받을 수도 없다. 부모도 신도 부인도 친구도 인격을 나누어 줄 수 없다. 그것은 자기만의 영역인 것이다. 그리고 그것은 천천히 만들어진다.

오늘날 부자라고 해서 반드시 인격이 있다고 볼 수는 없지만, 인격이란 부자의 재산처럼 단시간 내에 형성될 수 없는 것이다. 이것은 인간이 올바른 길로 들어섰을 때 꾸준히 커 갈 수 있다.

그런데 우리는 지난 생애를 통해 인격을 기르기 위해 얼마나 노력했는가? 사람은 누구나 열심히 돈을 벌든가, 또는 열심히 내세를 위해 기도하지만, 스스로 인격을 기르기 위해 노력하는 사람은 드물다.

인생에 있어 가장 중요한 것은 무엇인가? 두말 할 필요도 없이 인격이다. 그 다음은 하늘과 인간에 대해 공을 세우는 일일 것이다. 여기서 공에 대해서는 얘기하지 않기로 하자. 저마다의 신념이 있고 계획이 있겠지만, 인격이란 공통적인 것이다. 그리고 이것은 영원하다.

만일 어떤 사람이 일생을 통해 근면하고 요령 있게 처신했다면 많은 재산을 축적했을 수도 있다. 하지만 그뿐이다. 인격은 저절로 생기지 않는다. 돈으로 살 수도 없다.

나이 들어 인격이 없는 사람은 아무런 대책이 없다. 죽을 날이 멀지 않았기 때문이다. 현재 다소나마 인격이 있는 사람은 다행이다. 이런 사람은 씨앗이 있는 것이기에 희망을 가질 수 있다.

인격은 자라나는 존재이다. 물론 씨앗이 있어야 하지만, 만들어진 인격은 상당히 빠르게 키워 갈 수도 있는 법이다.

인생은 무엇을 위해 존재하는가? 그것은 바로 인격이다. 인격이란 성인에까지도 이르게 해 주는 가장 소중한 생명의 길이다. 인간으로 태어나서 인격 향상에 뜻이 없다면 그는 짐승과 다를 바 없다. 그런 사람도 권세와 돈을 잡아서 행복할 수는 있지만, 삶을 영위했던 보람은 없는 것이다.

지금 나이 들어서 인격이 없는 사람은 후회할 수밖에 없다. 물론 인격 없는 것에 대해 후회하는 것은 곧 반성의 뜻이 있는 것이므로 이제부터 인격은 싹이 틀 것이다.

그러나 너무 늦었다. 인격에는 기초가 있어야 한다. 그것은 오랜 세월 동안 준비되어야 하는 것이다. 인격이 형성되어 가는데는 당연히 지성의 도움도 절대 필요하지만, 지성도 하루 아침에 이루어지지 않는다. 이래저래 비인격자는 절망인 것이다.

하지만 뒤늦게 조금이라도 인격을 기르고자 한다면 겸허한 마음으로 즉시 시작하면 된다. 그럴 경우 좋은 방법이 있다. 먼저 마음을 정돈하는 것은 필수적이지만, 그 다음으로는 지성을 높이면 된다. 사실 지성이라는 것은 긴 세월 동안 많은 공부를 통해 이루어지기 때문에 하루 아침에 지성을 높이는 것은 불가능하다. 다만 한 가지 길은 있다. 그것은 주역을 공부하는 것이다. 주역은 인간으로 하여금 급격히 지성을 높이게 해 준다.

　지성이란 지식이 아니다. 지성은 사고 방식 그 자체가 최선이 되어 가는 것을 의미한다. 주역이 추구하는 것은 바로 이것이다. 물론 주역이라는 것도 단기간에 습득할 수 있는 것은 아니다. 단지 우리가 지금 가고 있는 길은 주역을 깨닫는 데 지름길이라는 것을 단언할 수 있다. 다시 세심한 공부로 돌아오자.

玉虛眞經 (19)

常無欲以觀其妙 常有欲以觀其徼

욕심 없음으로써 그 깊은 묘리를 보고 욕심에 매달려 헤
어나지 못하면 겉에 드러난 것만을 보게 되나니……

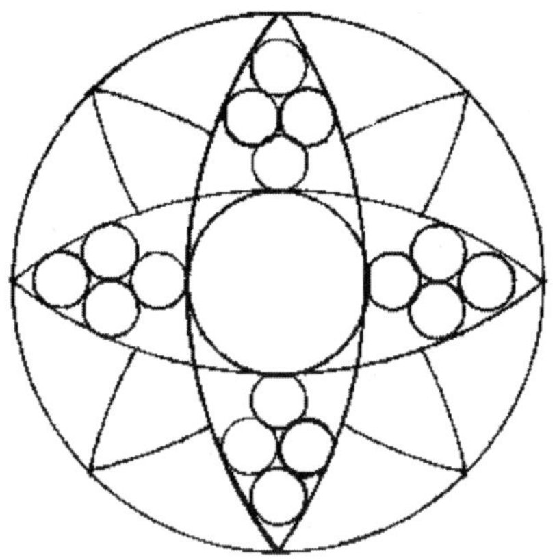

기(氣)의 밀림

공자는 자신이 성인이면서 그 이전의 성인인 주공과 문왕을 평생 흠모하였다. 주공은 공자보다 1000여 년이나 앞선 시대에 살았던 성인이었거니와, 그는 고대 중국을 통일하고 문화의 틀을 잡아 놓은 성인이었다. 기실 중국의 문화는 거의 모두 주공의 손을 거쳤다고 해도 과언이 아니다. 주공은 문왕의 아들로서, 주역을 저작하는 데 결정적인 기여를 한 바 있는데, 공자가 주공을 흠모한 이유는 바로 여기에 있다고 볼 수 있을 것이다.

한편 문왕도 천하 통일을 이룩하기 전부터 주역을 연구하였는데, 7년간 동굴 속에 갇혀 주역을 연구했던 일은 아주 유명하다. 그 결과로써 문왕은 주역의 대상(大像)을 저술하였고, 공자는 후에 문왕과 주공의 저술에 대한 해설을 붙여 놓았던 것이다. 이것이 오늘날 전해지는 주역의 원전이다.

물론 괘상 자체가 만들어지고 또한 그에 대한 이름이 붙여진 것은 문왕보다 수천 년이나 앞서고 있다. 그 또한 성인의 저작이고 보면 주역이 완성되기까지는 여러 성인이 관여하였고, 기간도 5000년이나 걸렸던 것이다. 그만큼 주역이란 경전은 아주 신령한 경전이 아닐 수 없다.

그런데 주역의 저작에 관해 알려져 있지 않은 실화가 존재하고 있다. 문왕은 천하를 통일하기 전에 위대한 스승을 만나게 되는데, 그러한 역사적 사실은 그냥 지나쳐 버릴 수 없는 의미 심장한 내용이 아닐 수 없다.

문왕은 한때 점을 친 적이 있었다. 문왕에게는 점을 담당하는 신하가 있었는데, 그는 문왕이 어느 날 사냥을 가면 그 곳에서 위대한 스승을 만난다고 점괘를 내놓았던 것이다. 이에 문왕은 여러 날 목욕 재계를 하고 사냥을 떠났던바, 과연 그 곳에서 성인을 만날 수 있었다.

그 성인은 바로 강태공인데, 문왕은 세 번이나 간청을 해서 궁궐로 모시고 올 수 있었다. 이 때부터 문왕은 강태공으로부터 정치·군사·문화·학문·주역 등을 배워 본격적인 성인의 수업이 시작된 것이다. 문왕의 큰아들이나 작은아들, 주공도 강태공을 스승으로 모시고 공부했음은 물론이다.

후에 이들은 모두 성인이 되었거니와, 강태공이 이들을 가르쳤던 내용이 일부 전해 내려오고 있다. 그것이 바로 《육도 삼략》이라는 책 중에 육도라는 부분이다. 필자는 30여 년 전에 이 책을 읽어 보았는데, 이에 대해 잠시 얘기하고 싶다.

어린 날 필자의 꿈은 세계 최고의 과학자가 되는 것이었는데, 더 큰 꿈은 과학을 능가하는 최고의 지혜를 이룩하는 일이었다. 물론 최고의 지혜란 무엇이라고 쉽게 단언할 수 있는 것은 아니다. 하지만 필자는 그것이 있다고 믿었던 것이다.

현대의 과학자인 아인슈타인과 먼 옛날 신출 귀몰했던 제갈공명과 누가 더 지혜가 있다고 말할 수 있을까? 필자는 처음엔 과학을 취했고 나중에는 병법을 취했었는데, 오늘날에 와서 두 가지 모두, 또는 그 이상의 지혜가 최고의 지혜라고 깨닫게 된 것이다.

어린 날 필자에게는 이런 일이 있었다. 학교 급우가 《손자 병법》이라는 책을 읽고 있는 것이었다. 그에 의하면 세상의 최고 지혜란 《손자 병법》에서 나온다는 것이다. 필자에게는 귀가 번쩍 뜨이는 일이었는데, 어렵게 책을 빌려서 보니 과연 심오한 이론이 전개되고 있어 상당히 감명을 받았다.

그로 인해 필자는 병법에 관심을 기울이게 되었는데, 여러 종류의 병법 책을 읽다가 결국 《육도 삼략》이라는 것을 읽기에 이른 것이었다. 《육도 삼략》은 제갈공명도 공부한 책이거니와, 더 먼저는 손자도 그것을 공부한 것이었다. 필자는 《육도 삼략》을 읽으면서 강태공을 만날 수 있었고, 이어 문왕·무왕·주공을 알게 되었고, 마침내 주역의 세계로 들어오게 된 것이다.

당연한 일이지만 주역은 《육도 삼략》이든 《손자 병법》이든, 주공의 학문이나 문왕의 학문 등 그 심오하고 광대한 지혜를 근원적으로 제공하고 있는 것이다.

그런데 필자가 하나 아쉬워하는 것이 있다. 주역에는 여러 성인이 등장하는바, 가장 위대한 성인 한 분이 거론되지 않고 있는 것이다. 공자는 일찍이 주역책을 통해 문왕과 주공의 학문을 배웠다. 문왕과 주공은 누구에게 그 학문을 배웠었던가? 바로 강태공이 아닌가!

강태공의 이름은 강자아인데, 문왕이 그를 존경하여 태공이라 칭한 바 있거니와, 그토록 위대한 성인이 오늘날 주역의 세계에서 언급되지 않는 까닭은 무엇일까? 강태공은 너무나 높은 성인이라서 그 이름마저 숨길 수 있었던 것일까?

오늘날에 와서 필자가 생각해 보니 주역 원전에 들어 있는 문왕·주공의 저작은 강태공이 직접 저작한 것이거나 또는 강태공의 감수를 받았던 것으로 여겨진다.

물론 그러한 사실이 그토록 중요한 것은 아니다. 강태공은 문왕과 주공을 통해 온 세상에 주역을 가르쳤을 뿐이다. 성인의 학문은 그 내용이 중요하지 결코 명예가 중요한 것은 아니다. 주역은 공자를 통해 수천 년이 지난 오늘날 우리도 주역 공부를 하고 있는 중이다. 필자는 주역을 공부하는 사람은 누구나 강태공을 잊지 말아 달라고 당부하고 싶다.

하나 덧붙일 것은 강태공은 동이족, 즉 조선족이라는 것이다. 주역에 관여한 더 먼 옛날의 성인으로는 복희씨가 있는데, 그분 역시 동이족이며 단군 중 한 분이었다.

복희씨에 대해서는 별로 전하는 것이 없지만, 강태공에 관한 것은 육도나 또는 강태공의 일대기 등이 전해지고 있는바, 독자들에게 반드시 섭렵해 보라고 권하고 싶다.

이제 주역 공부를 시작하자. 이 장의 제목을 기의 밀림이라고 했는데, 그것은 바로 우주 자체를 뜻하는 것이다. 우리가 사는 이 세계는 실로 기(氣)의 작용이 난무하는 세계이다. 기란 사물이 갖고 있는 성품인바, 우리는 그 동안 그러한 성질을 수리로써 이해하려고 애써 왔다. 그것은 사물의 기를 이해하는 데 당연하고도 유일한 방법인 것이다.

하지만 생활 언어로써 사물의 기를 이해하는 데 익숙한 사람은 수리 논리가 어렵게 여겨질 수도 있다. 어떤 사람은 주역에 관한 수리 논리적 접근이 괘상을 이해하는 데 혼선을 빚을까 염려하기도 한다.

그래서 이 장에서는 언어를 사용하여 괘상을 해석하는 여유를 갖기로 하자. 다시 잠깐 쉬어간다는 뜻으로 생각해도 좋다. 그 동안 딱딱한 수리 논리로 일관했기 때문에 언어 논리는 신선한 자극을 줄 수도 있을 것이다. 다음을 보자.

☴

이 괘상은 바람이다. 하지만 지금에 와서 바람이니 풍이니 하면 안 된다. 아무리 언어가 익숙하다고 해서 ☴을 바람이라고 하면 주역 공부는 못 하게 된다. 우리는 괘상 ☴의 구조에 유의하여야 한다. ☴은 음이 아래에 있을 뿐이어서 양이 자유롭게 풀려 있는 모습이다. 이러한 양은 위로 향하면서 작용을 나타낼 것이 틀림없다. 이 때 위에 ☷이 있다고 하자. 그러면 ☴의 양이 위로 상승하면서 ☷에 영향을 미칠 것이다. 만일 ☰이 위에 있고 ☷이 아래에 있다면 ☰의 양은 소용없이 위로 날아갈 것이다. 그러나 위에 ☷이 있다면 양의 기운은 ☷과 만나 작용을 일으키게 된다. 이러한 상황을 괘상으로 나타내면 다음과 같다. 즉,

이 괘상은 이름이 승(升)이라고 되어 있지만 우리는 굳이 이름을 모른다 해도 괘의 내면에서 일어나는 작용을 짐작할 수 있다. 위의 괘상에서 ☷은 양기를 받아 활성을 띠게 될 것이다. ☷은 ☴이 덮어주기 때문에 양기의 분산, 소모가 방지될 것이다. 그 결과 음양은 서로 섞이면서 작용을 일으키는 것이다.

현실의 예를 들어 보면 영양 실조에 걸려 있는 사람이 좋은 음식을 섭취함으로써 차츰 기력을 회복하고 있는 모습이다. 이는 국가나 사회일 수도 있고, 회사 또는 가정일 수도 있다. 요컨대 주어진 계(系)가 활력을 띠기 시작하는 것이다. 땅에 씨앗을 심어 장차 수확을 기대할 수 있는 상황도 바로 이러한 괘상이다.

다른 상황을 보자. 우리 국군은 6.25 동란 때 초기에는 계속 밀리는 상황이었다. 이 때 유엔군이 속속 도착하면서 상황을 정비할 수 있었다. 유엔군 병력이 막 도착하여 아직 실전에 배치되지 않았다 하더라도 이미 힘을 느낄 수 있는 것이다. 또 다른 상황을 보면 응급 환자가 의사를 만나 위기를 면하고 회복의 국면으로 들어선 모

습이다. ☳, 이 괘상의 응용은 이렇다.

우리가 죽어가고 있는 사물을 볼 때 이에 기운을 공급할 필요를 느낄 것이다. 그것이 바로 ☳의 상징이다. 이 때 기운이란 ☵인 바, 병력일 수도 있고 자본일 수도 있고 약일 수도 있고, 또는 음악일 수도 있다. 이른바 활력소라는 것이다. 물론 이미 시기가 늦은 사물은 ☷이라고 볼 수가 없다. 그래서 ☵을 공급해도 소용 없는 것이다.

여기서 ☵ 자체를 보자. ☵은 원래 위에서 막아주는 것이 있을 때 활용 가치가 있는 것으로, 무작정 낭비가 심한 사람에게는 보람 있는 사업이 필요한바, 그것이 바로 ☵인 것이다. 따라서 괘상 ☳은 활력소가 필요한 곳에 공급되고 있는 상황을 나타내고 있는 것이다.

다음 괘상을 보자.

이 괘상은 물건을 지나치게 많이 담아 놓은 그릇을 나타내고 있다. 위는 ☷로서 이는 그릇이 아닌가! 안에 담겨 있는 것은 활력이 풍부한 ☵이다. ☵은 많은 물품을 뜻한다.

왜냐고? 잘 생각해 보라. ☵은 양이 발산된 모양인바, 통제되지 않은 많은 사물을 의미하는 것이다. 잘 훈련된 군인은 이럴 리 없겠지만 유치원 아이들을 보라! 10명만 되어도 통제하기가 힘들다. 물건이 이리저리 널려 있는 것도 ☷이다. 여자의 마음도 ☷인데, 종잡을 수 없기 때문이다.

☷을 많은 물건이라고 즉각 이해할 수 있다면 그 사람은 괘상의 이해가 깊은 사람이다. 여기서 많다는 뜻은 상황을 뜻하는 상대적 의미이지 단위 척도가 아니다. 100만 원은 재벌에게는 껌값이겠지만 가난한 서민에게는 많은 돈이다. 어린아이가 100만 원을 가지고 있다면 너무 많이 가지고 있다고 볼 수 있다. 바로 이러한 상황을 나타내는 괘상이 ☵인 것이다.

술을 너무 많이 마신 상태도 바로 이것이다. 군대에 통제 불능인 과격한 집단이 포함되어 있으면 바로 이 괘상이다. 또한 홀어머니가 난폭한 아들을 감당하지 못하고 있는 상황도 이 괘상인 것이다. 옛 성인은 감당하지 못할 것을 많이 가지고 있는 것을 경계하면서 괘상의 이름을 대과(大過)라고 짓고 있다.

많이 갖고 있는 것이 좋은 것은 아니다. 감당 못 할 정도로 돈을 가지면 인격이 상하는 것이다. 기를 능력이 없는 자식은 없느니만 못 하다. 오늘날 북한은 필요 이상으로 군대를 많이 갖고 있는데, 그로 인해 적을 치기는커녕 주체를 못 하면 궤멸할 것이다.

이 괘상을 보면 연못이 나무(바람)까지 삼켰으니 지나치고 또한

연못의 위치가 땅 위가 아니고 바람 위에 있으니 위태로운 것이다. 옛말에 "열두 가지 재주 가진 놈 굶어죽기 일쑤다"라는 말이 있는데, 지나치면 무엇이든 해로운 법이다. 허세를 부리는 경우도 ䷛에 해당되는데, 한때 우리 나라 경제가 겉으로만 지나치게 팽창하는 바람에 IMF체제를 당하게 된 것이다. 만일 실제 세계에서 이러한 상황에 부딪친다면 군자는 지나침 대문에 위태로움을 알고 시급히 지나침을 해소하는 처방을 내놓아야 한다. 이는 주역의 응용이려니와 사물을 주역의 관점에서 바라본다면 요점이 당장에 드러나는 법이다. 다음 괘상을 보자.

이번에는 그릇 속에 바람이 들어 있는 것이 아니라 불이 들어 있는 것인데, 이것은 ䷛에 비해 다소 지나침이 완화되어 있는 모습이다. 그러나 ䷶ 이 괘상도 적당한 수준을 넘어선 상태이다. 음식을 잘못 먹어 체기가 있는 모습인바, 재빨리 대책을 강구해야 한다. 내버려 두거나 음식을 더 먹게 되면 ䷶ → ䷸가 되는 것이다.

괘상 ䷶은 밝음이 침몰해 있는 모습인데, 사회로 말하면 정의가 맥을 못 쓰고, 인재가 억압당하고 있는 상황인 것이다. 군대로 말하면 강한 적을 포위한 상태이고, 실생활에서 보면 돈 없는 자가 미인을 얻은 상태이다. 적은 반드시 반격해 올 것이고, 미인은 도망갈 것이다. ䷶ 이 괘상은 이름이 혁(革)인바, 현상 황이 유지될 수 없다는 뜻이다.

괘상을 보면 ☷는 그릇인바, 담아놓는 것이고, ☳는 높게 움직이는 사물로서, 담아 놓기에 적당한 것이 아니다. 어린아이는 집 안에 두어도 좋지만 어른은 너무 집에만 가두어 놓으면 반발하는 법이다. 개도 너무나 묶어서 기르면 성질이 난폭해진다.

다음 괘상을 보자.

이 괘상은 연못이 하늘을 삼키고 있다. 아니 될 말! 어찌 오래 견디기를 바라겠는가? 사마귀가 수레바퀴에 버티는(螳螂拒轍) 모습이다. 국가나 사회, 또는 회사가 이런 상태라면 고칠 생각하지 말고 도망가는게 상책이다. ☱이 괘상은 이름이 쾌(夬)인데, 이는 처단한다는 뜻이다. 하늘이 연못을 처단하거나 양이 음을 처단한다는 의미이다.

이상에서 설명한 세 개의 괘상, 즉 ☳ ☴ ☶ 등은 모두 위태로운 괘상이다. 이것들의 위태로운 순서는 다음과 같다.

이들 중 ☴는 가망이 없고 ☳는 다급하고, ☶는 위험하다. 이

들 괘상은 모두 하괘가 양괘인데, 수리 논리로 따져 보면 아주 단순하게 이해할 수 있다. 이것을 따져보자.

☰은 7로서, 위에 있는 ☱, 즉 -1인 괘상이 담아 두기가 벅차다. 그리고 ☴은 5, ☲는 3으로서 역시 균형이 맞지 않는다. 수리 논리로 보면 세 개의 괘상을 극명하게 비교할 수 있는데, 수리가 아니고 그저 사물을 직접 본다 해도 비교는 가능하다. 그릇에 하늘·바람·불 세 가지 사물을 담아 놓는다면 과연 어떤 것이 어려울까?

어느 정도 이해가 될 것이다. 다만 이해를 정밀하게 하기 위해 수리는 절대 필요하다. 그러나 수리에만 전적으로 매달리면 현실감각이 무뎌질 수 있다. 영어에 있어 미군 부대 근방에 살면서 미국 사람과 마구잡이로 접촉하면 회화 능력이 향상될 수 있다. 되는 말이고 안 되는 말이고 마구 지껄이는 것이다. 그러나 역시 제대로 영어를 배우려면 책을 본다거나 대학에 들어가 체계적으로 배워야 하는 것이다.

주역도 마찬가지이다. 괘상을 사물에 적용하여 이해하는 법이 중요하기는 하지만 이는 수리 논리를 응용해 보는 것에 지나지 않는다. 주역의 대가가 되기 위해서는 거의 모든 능력을 수리를 이해하는 데 사용해야 할 것이고, 언어적 이해는 가끔씩 시도해 보면 족하다.

지금은 그 동안 애써 공부한 내용을 밖에 나와 응용해 보는 중이다. 점에 응용해 보자. 점을 치는 방법은 여기서 굳이 논하지 않겠다. 대나무를 사용하든, 카드를 사용하든, 점괘가 만들어졌다고 하자.

이 때 [괘상]가 나왔다면 어떻게 해석해야 하는가? 만일 쿠데타를 계획한 군인이라면 성공은 보장된 셈이다. 민중 봉기라면 더욱 그렇다. 그러나 왕이나 사장이 이런 괘상을 얻었다면 빨리 도망가야 한다. 여자가 이런 괘상을 얻었다면 버림받고, 임신 중이라면 산모나 아이 모두 죽을 염려가 있다. 증권을 사두었을 때는 대박(?)이 터지는 것이다.

괘상이란 고유의 뜻이 있지만 사람의 처지가 다르기 때문에 그것을 적용하는 데 차이가 있다. [괘상], 높은 데 있거나, 여자이거나, 인격이 없는 사람의 경우에는 흉한 것이다. 하지만 아랫사람·남자·젊은 사람·개척자 등은 아주 좋은 괘상이다.

다시 보자. [괘상], 이 괘상은 급히 축소를 해야 하는바, 투자를 논의하는 중이라면 투자를 그만두어야 하는 것이다. 계약은 반드시 파기된다. 건축 현장에서 사고가 발생한다. 비밀이 폭로된다. 사기를 당하는 수가 있다. 회사에서 쫓겨난다. 대체로 위험한 괘상이다. 하지만 시험에 합격하고, 복권에 당첨되고, 허락을 받아내며, 형사 사건의 경우 좋게 결말이 난다.

다른 괘상을 보자. [괘상], 이 괘상은 점점 견디기 어려워지는 모습을 보여준다. 장사꾼의 경우 물건을 잘못 산 것이고, 여자의 경우 남편이 실업자이다. 단체의 경우 배신의 움직임이 있고, 건강은 위장병을 얻을 수 있다.

만일 괘상을 정확히 해석할 수만 있다면 여간 편리한 게 아니다. 점을 쳐가면서 인생의 이익을 증진시킬 수 있는 것이다. 그러나 점이란 괘상 해석에 앞서 괘상 그 자체를 얻어내는 데 문제가 있다. 성인 군자라면 점을 칠 때마다 제대로 된 괘상을 얻겠지만 비인격자는 엉터리 괘상을 얻게 된다. 엉터리 괘상을 얻어서 엉터리로 해석한다면 엉터리 × 엉터리 → 아주 엉터리가 될 것이다. 이래서 점은 신중히 쳐야 하고 괘상 해석은 정밀해야 한다.

노자는 점을 치지 않아도 알 수 있다고 했는데, 주역의 괘상이란 점을 칠 때보다 사물을 해석하는 데 더욱 유용한 것이다. 다음을 보자.

점 → 괘상 → 사물

이 경우 우선 점을 제대로 쳐야 하고, 둘째 괘상을 바르게 해석할 수 있어야 한다. 그런데 괘상을 보고 그에 맞는 사물을 찾기는 쉬운 게 아니다. 괘상이란 원래 무수히 많은 사물을 추상한 것인바, 그 중에서 자신에게 딱 맞는 사물을 찾아내기가 쉽지 않은 것이다.

물론 뻔한 괘상이 있다. 예를 들어 4.19 당시 이승만 전 대통령이 ☷를 얻었다면 진작부터 하야(下野)를 결심해야 하는 것이다. 암에 걸린 사람이 ☷를 얻었다면 아주 죽는 것이지만, 시험을 치르는 사람이 이 괘상을 얻었다면 어떻게 되는가? 연애를 하는 중이라면?

점이란 세 가지 난관이 있다.

첫째, 점괘를 얻기 어렵고

둘째, 괘상 해석이 어렵고

셋째, 실세계 적용이 어렵다.

그러나 점을 치지 않고 사물을 보고 그것의 괘상을 찾는 일은 비교적 쉽다(제대로 주역을 공부한 사람이라면 말이다).

사물을 보고 괘상을 찾는 일은 사물 자체에 대한 완벽한 해석이므로 그 자체로써 이미 길흉을 판단할 수 있는 것이다. 제갈공명은 굳이 점을 치지 않아도 작전의 성패를 미리 알았으며, 성인은 점을 치지 않아도 미래를 내다보고 있는 것이다.

괘상 공부를 철저히 해 두자. 그리하면 천하에 통달하지 않는 것이 없다.

玉虛眞經 (20)

聖人處無爲之事 行不言之敎

성인은 함이 없는 일을 하고 불언의 가르침을 행한다.

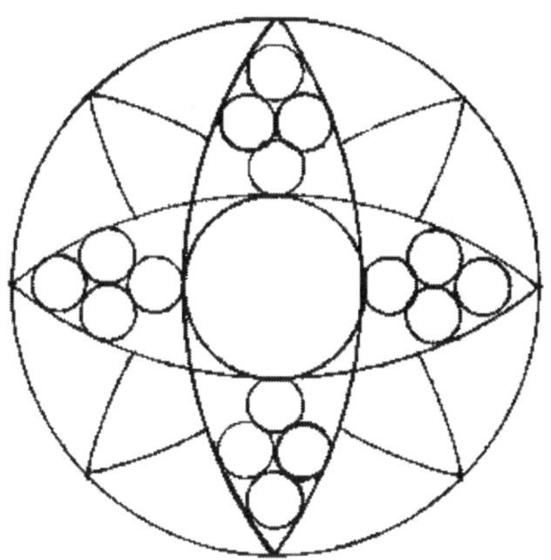

도인이 사는 곳

한산자라는 도인은 시를 통해서 이렇게 말했다.

"층 층 바위틈이 내가 사는 곳." 이라고……. 그는 은거 도인으로서 평생 시를 벗하며 깊은 산중에서 혼자 살았다. 그의 시는 산중 석벽 등에 남아 있어 오늘날까지도 전해지는 바이지만, 그 수준은 가히 시선(詩仙)의 경지이다.

흔히 이태백을 시선이라고 하지만, 이태백은 도인이라 할 수 없고, 시의 수준을 보더라도 한산자와 비할 바 되지 않는다.

시인 두보는 한산자의 시를 한번보고 혀를 차며 탄복을 했다고 전한다. 한산자의 시는 인간의 경지를 멀리 넘어 서 있는 것이다.

필자도 시를 좋아하여 오랜 세월 동안 음미했지만, 그 깊이는 측량할 수 없는 경지였다. 시 자체뿐만이 아니라 실은 그 속에 들어 있는 사상은 바로 성인의 섭리였다.

한산자는 결코 공자(孔子)에 뒤떨어지지 않는 성인(聖人)이다. 다만 한산자가 주역에 통달했는지는 필자로서는 알 길이 없다. 그러나 도인인 한산자는 필경 주역에도 통달했을 것이다. 산중에 은거하여 시를 벗하며 사는 것은 더할 나위 없는 행복이겠지만, 도인이 천지 자연의 이치를 공부함에 있어 소홀함은 있을 수 없다.

필자도 한때 산중 생활을 한 바 있고, 아예 세상을 등지고 영원히 산중에 은거하려고 마음먹은 적이 있다. 물론 나중에 그 생각을 고쳐먹게 되었는데, 그 원인은 첫째 시를 한산자처럼 쓸 수 없기 때문이었다. 만일 필자가 한산자처럼 탈세간적인 시를 지을 수 있었더라면 시를 벗하며 산중에서 살았을지도 모른다.

그러나 한 가지 문제가 더 있다. 바로 주역인데, 필자는 시만큼이나 주역을 좋아한다. 아니 주역은 도인의 필수 과목으로 이것을 놓칠 수는 없는 것이다.

이 문제는 아주 중요하다. 주역을 공부함에 있어 그 방법이 문제가 되었던 것이다. 깊은 산중에서 심신을 단련하면서 괘상을 연구하거나, 또는 하늘의 계시를 구할 수는 있다.

그러나 그것은 최선이 아니다. 적어도 필자의 판단은 그것이었다. 필자는 이렇게 생각했다. '주역을 깊이 연구하기 위해서는 천지 자연의 수많은 섭리를 통달할 필요가 있다'고. 그 길은 산중에 있는 것이 아니고 오히려 세속에 있는 것이 자명하다. 세속에 있으면 첨단 지식을 무한히 접할 수 있다.

지금 독자가 읽고 있는 주역 원론도 세속에서 구할 수 있는 것이었다. 세속이란 그리 나쁜 곳이 아니다. 오히려 수많은 지식이

바다를 이루고 있는 곳이다. 비록 도인이라 할지라도 오늘날에 와
서는 세속의 지식을 무시할 수 없다. 무시는커녕 오늘날 인류가 발
견한 첨단 지식을 모른다면 오히려 뒤떨어질 수 있는 것이다. 본시
진리란 세속과 산중의 구별이 없고, 도인의 마음 속이나 과학자의
마음 속이나 모두 평등이 존재하는 것이다.

　공자는 평생을 세속에서 살면서 끊임없이 새로운 지식을 접했다.
주역도 그 중에 하나이겠지만, 결국 세속의 지식을 토대로 하여 성
인의 위대한 섭리를 깨달을 수 있었던 것이다. 옛 성인도 이와 같
이 세속의 학문을 무시할 수 없었던 것인데, 하물며 오늘날 평범한
도인은 어떻겠는가?

　도를 구하러 반드시 산중을 헤맬 필요는 없다. 물론 조용한 산중
보다 세속이 낫다는 것은 아니다. 필자도 머지않아 산중으로 몸을
옮겨 살 생각이다. 도를 닦는 데는 역시 산이 좋은 까닭이다.

　하지만 필자는 아직도 세속에서 할 일이 많이 있다. 주역의 진리
를 세상에 밝히는 것도 그 중의 하나이다. 또 한 가지 이유는 세상
의 수많은 책을 읽고자 하는 것이다. 마음의 단련은 세속에 있다고
해서 못 할 것은 없다. 중요한 것은 환경이 아니라 마음가짐이다.
만일 경치 좋고 상서로운 깊은 산중에 있다고 해도, 마음이 속되다
면 산중에 있는 것이 무슨 이익이 되겠는가?

　반면 세속에 있어도 그 마음이 성인과 닮아 있다면 조금도 걱정
할 필요가 없을 것이다. 도인의 삶이란 결국 몸이 중요한 것이 아
니라 그 마음이 아니겠는가? 또한 도인은 자신의 수행도 중요하지
만 결코 인간 세상을 외면해서도 안 될 것이다.

예로부터 도인은 자신을 닦고 만인을 구한다고 하였는바, 본시 닦고 구하는 것을 늘 함께 하는 법이다. 특히 주역을 공부한 도인이 그 지혜를 세상에 나누어주지 않는다면, 천지 신명의 큰 자산을 썩히는 일이 될 것이다. '성인은 천지 화육을 돕는다'고 한 것도 바로 이러한 뜻이 아닐까? 도인이 큰 학문을 성취한 후에 반드시 인간 세상으로 돌아오는 것은 천지간의 크나큰 의리가 아닐 수 없다. 필자는 여기서 말하겠다. "도인이 사는 곳은 천하의 마음 속"이라고…….

이는 특별한 장소를 지칭하지 않는다. 마음 속에 성인과 함께 하는 길이 있다면 그는 곧 도인이요, 몸이 비록 깊은 산중에 있다 하더라도 마음이 속인과 다를 바 없다면 굳이 도인이라고 말할 내용이 없다. 주역이라는 학문도 마찬가지이다. 만일 괘상의 정수를 깨닫고 있다면 도포를 입지 않고 있어도 좋고, 붓글씨를 못 써도 좋고, 한문을 몰라도 상관없다.

중요한 것은 실제의 내용이다. 겉으로 그럴 듯한 도인의 면모는 그것에만 치중한다면 오히려 해가 되는 것이다.

먼저 실질을 갖춘 연 후에는 겉으로 형식을 갖추지 않아도 좋다. 도복을 입고, 문자를 외우며, 깊은 산중에 살며 존경을 받아도 되는 것이나, 하지만 마음으로 깨달은 내용이 성인의 섭리 그 자체가 못 된다면 열심히 공부에 열중 할 일이다. 여기서 한 가지 문제를 제시해 보자.

☶☵은 무슨 뜻인가? 괘명은 산수몽이다. 여기에 대한 전래의 해설은 주역책에 있다.

뜻이 무엇인가? 확실히 알고 있는가? 무슨 말로 설명을 할 것인가? 어떻게 느끼고 있는 것인가?

䷗은 주역의 64개 괘상 중 하나이다. 형식으로 보면 물 밖에 머리를 내밀고 있는 섬, 또는 안개 속에 조금 모습을 보이는 산이다. 발 아래는 강, 머리 위에는 산이라도 좋다. 이에 대해 완벽한 깨달음은 과연 어떤 것일까?

독자들의 마음에 어떤 견해가 있다면, 그것은 더도 덜도 아닌 공자의 마음과 같다고 자신 할 수 있는가?

만고의 도인과 또는 오늘날 최고 지성인 과학자에 대해 당당하게 ䷗을 피력 할 수 있는가? 주역 공부는 혼신의 힘을 다해 깨달아야 하는 것이다. 남이 존경해도 스스로가 부족하다고 느끼면 더욱 노력해야만 한다. 또한 스스로 만족해도 성인과 견주어서 깨달음이 부족하다면 아직 갈 길이 멀다.

도인이 사는 곳이 어디인가? 생각 생각마다 성인의 마음을 헤아리는 곳이 바로 그 곳일 뿐이다.

—— 4권에서 계속 ——

한국주역과학연구원에 당신을 초대합니다

한국주역과학연구원은 새로운 천 년, 인류 정신 문명의 새시대를 예견하면서 주역의 과학 운동을 통해 동양의 정신 문명과 서양의 과학 문명의 조화와 통일을 꾀하여 인류에게 미래 창조의 새로운 지혜와 능력을 드리고자 합니다.

또한 우주의 법칙, 자연의 질서, 인간의 삶의 원리가 암호(괘)로써 표현되어 있는 주역(周易)의 과학적이고 수학적인 연구를 통해 주역을 올바르게 이해하여 인간 내면의 잠재력을 극대화함으로써 인간 지성의 수준을 더 한층 높이고, 이 시대의 개인과 민족과 인류에게 새로운 정신 문명과 세계관(世界觀)을 제시하고자 합니다.

이에 관심 있는 독자를 한국주역과학연구원의 회원으로 정중히 모시어 주역에 대하여 함께 대화하고 연구하여 주역 과학 운동에 새로운 지평을 열고 한국이 세계 주역과학연구의 총 본부가 될 수 있도록 독자 여러분의 많은 지도 편달을 바라며, 적극적으로 동참하여 위의 대업을 이루어 나갑시다!!

회원 자격 : [주역 원론] 책 속에 삽입된 독자 카드를 성실하게 기재하여 보내주신 분
독자 카드를 받은 즉시 회원 고유 번호를 부여하여 당사자에게 알려 드립니다.

준 회 원 : 독자 카드를 보내주신 분과 주역 과학 화운동에 관심 있는 학술 단체, 사회 단체, 연구 기관, 국가 기관 등

다음과 같은 혜택을 받게 됩니다

1. 한국주역과학연구원에서 발행되는 자료를 받아 볼 수 있습니다.
2. 한국주역과학연구원에서 주관하는 강연회 및 각종 행사에 참여하는데에 우선권을 갖습니다.
3. 회원 상호간의 정보 교환 및 소모임 활동을 주선해 드립니다.

정 회 원 : 한국주역과학연구원의 정관에 따라 입회하신 분
정회원은 다음과 같은 혜택을 받게 됩니다.

1. 준회원에 대한 혜택은 그대로 유지됩니다.
2. 각종 행사 참가에 혜택을 드립니다.
3. 정회원증을 발급받음으로써 본 연구원와 제휴를 맺는 각종 단체(생명문화원, 백제신검, 신라화랑검, 천진사물놀이 패 등)의 입회비 및 수강료의 할인 혜택을 받으실 수 있습니다.
4. 정회원만을 대상으로 하는 세미나 및 강연회, 연구 소모임에 참가할 수 있습니다.
※ 사단법인 새생활국민운동협회는 '73년부터 국민의식개혁 및 생활문화개혁과 민족의식 교육을 통하여 국민정신운동과 민족정기살리기 운동을 전개하고 있습니다. 독자 여러분의 관심을 부탁드립니다.

**사단법인 새생활국민운동협회
부설 한국주역과학연구원**

문의전화 : 사단법인 새생활국민운동협회(Tel 883-3566, Fax 874-3566)
한국주역과학연구원(Tel 3401-0388, Fax 3401-0388)

머피의 인생을 마음대로 바꾼다

이 책 속에는 당신의 인생을 변하게 하는 마법과도 같은 방법이 제시되어 있다. 다시 말해 기적이라고 할 만한 이야기들이 가득차 있다. 당신의 마음속에 내재되어 있는 마법과도 같은 잠재의식을 어떻게 사용해야만 당신이 인생에서 성공할 수 있는지 흥미진진한 실례들을 통해 상세하게 알려주고 있다.

머피의 승리의 길은 열린다

당신이 이 책에서, '인생은 마음먹기에 따라 달라진다'는 평범한 진리가 당신의 인생에 있어서 얼마나 중요한가를 실감하게 될 것이다. 이 책에 제시된 인생의 법칙을 읽고 그것을 당신의 인생에 응용하면, 당신은 당신의 인생을 건강하고 즐겁게, 그리고 유익하고 성공적으로 가꿀 수 있는 힘을 얻게 될 것이다.

머피의 인생에 기적을 일으킨다

마음의 힘에 관해서는 많은 책 속에 여러 가지로 쓰여 있으나, 이 책에서는 당신의 모든 생활을 변환하기 위하여 이 힘을 어떻게 이용할 것인가, 건설적이며 성공할 수 있는 사고방식, 그리고 자신의 생활을 보다 풍족히 할 수 있는 방법 등을 기록했다.

머피의 100가지 성공법칙

인생에서 성공한 사람들을 보면 하나같이 잠재의식이 법칙을 실천했던 사람들이다. 만일 당신이 지금 충분히 행복하지 않고, 충분히 부유하지 않으면, 충분히 성공하지 못했다면 그것은 당신이 잠재의식을 충분히 이용하지 못하기 때문이다. 이 책에는 당신이 가고자 하는 성공의 길, 부자가 되는 길, 인생을 한껏 즐길 수 있는 기술이 감추어져 있다.

오사카 상인의 지독한 돈벌기 76가지 방법

오사카 상인의 13대 후손이며 미쓰비시 은행의 상무를 역임한 저자가 오늘날 일본 경제를 일군 오사카 상인들의 정신을 분석 수록했다. 무일푼으로 출발하여 그들만의 돈벌이 노하우와 끈질긴 생존능력, 아이디어를 바탕으로 세계적으로 유명한 유태상인과 어깨를 겨룰만큼 성장한 오사카 상인들의 경영비법을 바탕으로 부와 성공을 이룰 수 있는 방법이 자세히 제시되어 있다.

중국 상인의 성공하는 기질 74가지

미국, 일본의 뒤를 이어 세계 3대 경제대국으로 뛰어오른 중국의 숨은 잠재력, 서서히 이론의 경제를 위협하는 존재로까지 급부상한 그들에게 끈질긴 생명력과 강력한 경제력을 지닌 화교 사회는 중국 대륙의 비밀 병기였다.

그들이 성공하기까지 철저히 지켜지는 상인 정신의 기본 자세를 배워 현재의 어려움을 극복하는 지혜를 배운다.

유태상인의 지독한 돈벌기 74가지 방법

유태인들은 화교와 함께 세계제일의 상인으로 손꼽히고 있다.

그것은 2천 년 동안 국가도 없이 흩어져 살면서 수없이 쏟아지는 박해와 압박을 견디며 일군 끈질긴 민족성의 승리였다. 그들은 열악한 환경 속에서도 자신들만의 독특한 상술을 발휘하여 오늘날 세계 경제를 좌지우지하는 지위에까지 오르게 된 것이다.

임어당의 웃음

우리의 심리적 소질 가운데는 진보와 개혁을 저해하는 어떤 요소가 존재하고 있다. 즉 모든 이상을 웃어넘기고 죄악 그 자체조차 인생의 필요한 부분으로 미소로서 바라보는 유머임을 발견한다.

중국인의 특성의 장점과 단점이 흥미진진한 소재와 감동적인 문체로 전해지는 임어당 문학의 진수!

인디언 우화

동물과 인간의 구분도 없고 생물과 무생물도 구별 할 줄 모르는 그래서 어쩌면 첨단을 달리는 현대과학의 분위기와 맛을 그대로 간직한 채 우주 속에서 살았던 북아메리카 인디언들의 이야기들은 오늘날 잊혀져버린 인간의식의 고향을 찾을 수 있는 오솔길이 될 것이다.

오늘 같은 내일은 없다

동화 속 새처럼 맑은 영혼을 가진 혜세가 열에 들뜬 내 눈동자에 가까이다가와 옛 노래의 추억을 속삭여 줍니다.

가장 달콤하고 이상적인 충고, 세월이 흐른 지금도 그의 이야기는 멋진 동화책처럼 우리들 앞에 펼쳐져 생생하게 되살아납니다.

저자와
협약에
의하여
인지를
생략함

주역 원론 ③

1999년 4월 20일 1판 1쇄 인쇄
1999년 4월 30일 1판 1쇄 발행
2017년 5월 30일 3판 3쇄 발행

지은이 / 한국주역과학연구원·김승호
편집인 / 장상태·김범석
펴낸이 / 김영길
펴낸곳 / 도서출판 선영사
주소 / 서울시 마포구 서교동 485-14 영진빌딩 1층
전화 / (02)338-8231~2
팩스 / (02)338-8233
E-mail sunyoungsa@hanmail.net

등록 1983년 6월 29일 (제02-01-51호)

ⓒ Korea Sun—Young Publishing Co., 1998
잘못된 책은 바꾸어 드립니다.

ISBN 978—89—7558—373—3   93150